Lutz Geldsetzer
Han-ding Hong

Chinesische Philosophie

Eine Einführung

W0034227

Philipp Reclam jun. Stuttgart

Schriftzeichen auf dem Umschlag:

有爲　You Sein Wei Handeln
無　　　Wu Nichts

Handeln und "Nicht Handeln"
bzw. Das Sein und das Nichts
zur Geltung gelangen lassen

RECLAMS UNIVERSAL-BIBLIOTHEK Nr. 18588
Alle Rechte vorbehalten
© 1998, 2008 Philipp Reclam jun. GmbH & Co., Stuttgart
Gesamtherstellung: Reclam, Ditzingen. Printed in Germany 2008
RECLAM, UNIVERSAL-BIBLIOTHEK und
RECLAMS UNIVERSAL-BIBLIOTHEK sind eingetragene Marken
der Philipp Reclam jun. GmbH & Co., Stuttgart
ISBN 978-3-15-018588-9

www.reclam.de

Geldsetzer · Hong
Chinesische Philosophie

金置

Inhalt

1. Kapitel

Die Idee des Philosophierens in China

2. Kapitel

Die Grundthematik der chinesischen Philosophie

3. Kapitel

Fundamentale Denkweisen der
chinesischen Philosophie

4. Kapitel

Die hermeneutischen Grundlagen der
chinesischen Philosophie

Vorwort

Die chinesische Philosophie erfreut sich gegenwärtig in Deutschland eines ausgebreiteten Interesses. Wer sich damit näher befassen will, kann auf eine ansehnliche Reihe von philosophiegeschichtlichen Darstellungen, auf Anthologien und auf Spezialuntersuchungen zurückgreifen. Die Gesamtwerke der Hauptklassiker sind übersetzt, teils sogar in mehrfachen Versionen, die auch verschiedene Ansichten, Bewertungen und Interpretationen zu ihrem Gehalte widerspiegeln.

Aber es ist eine Sache, sich dem Wesen des Chinesischen mittels Übersetzungen und wie auch immer kompetenter fachlicher Interpretationshilfe anzunähern, und eine andere, auch nur ein gewisses Gefühl der Vertrautheit mit diesem Wesen zu gewinnen. Die chinesische Sprache und erst recht ihre Schriftzeichen haben sich hier als genauso dauerhaftes Abschirmungssystem erwiesen wie die bekannte chinesische Mauer. Beides hat nicht dazu getaugt oder auch nur dazu dienen sollen, das Eindringen zu verhindern, sondern das Hinausgehen und Hinaustragen zu kontrollieren und womöglich zu beschränken. So ist es auch dahin gekommen, daß sich die Chinesen viel umfassender und mit grösserer Leichtigkeit über alle außerchinesischen Kulturen und ihre Leistungen informiert und das zu ihnen Passende sich zu eigen gemacht haben, als es je umgekehrt der Fall war.

Um hier nun einen Anfang zu machen und auch dem nicht sinologisch vorgebildeten Interessenten die Sprachbarriere überwinden zu helfen, haben wir im vorliegenden Buche alle vorkommenden genuin chinesischen Begriffe auch mit ihren chinesischen Schriftzeichen (nebst ihrer Aussprachetranskription in "Pinyin") wiedergegeben, und dies gegebenenfalls auch wiederholt, so daß der Leser bei intensiver Lektüre sich daran gewöhnen und vielleicht einen gewissen Schatz an solchen Fachbegriffen sich aneignen kann. Des weiteren haben wir Wert darauf gelegt, alle in - teils erstmaligen und von uns stammenden - Übersetzungen vorgelegten Zitate aus den klassischen chinesischen Textausgaben im Anhang im Original beizufügen, damit auch der weitergehend Interessierte und zumal der künftige Sinologe an ihnen lernen und die Übersetzung kontrollieren kann. Dem gleichen Zweck sollen auch die beigegebenen Indices dienen. Wir erhoffen uns davon zumindest den oben genannten Effekt, hierdurch eine gewisse Vertrautheit auch mit dem Schriftbild neben der Lautung wichtiger Begriffe zu fördern.

Auch im Text selbst, der ja auf die Grundlagen der chinesischen Philosophie eingehen will, haben wir uns darum bemüht, Hinweise und Erläuterungen zu dem zu geben, was sich aus einer für den westlichen Leser, der mit der Buchstabenschrift und damit Lautungen darstellenden Schrift umzugehen gewohnt ist, so gänzlich ungewohnten Sinnschrift für den denkenden Umgang mit darin fixierten Begriffen ergibt. Viele westliche Sinologen, die nach herrschendem Sprachverständnis auch die chinesischen Schriftzeichen für eine nur altertümliche und umständliche Lautschrift halten, deren Bildhaftigkeit eher zufällig und jedenfalls für die transportierten Sinngehalte unerheblich sei, haben diesen Unterschied wenn nicht übersehen, so doch für vernachlässigbar gehalten. Er hat aber, wie deutlich werden dürfte, große Folgen für das, was in China überhaupt als Philosophie gilt, was als Aufgabe und wissenschaftliche Betätigung der Philosophen gesehen wird, und erst recht für eine Reihe von Problemen, die in dieser Philosophie in den Mittelpunkt der Aufmerksamkeit geraten sind.

Was wir dabei für grundlegend für die chinesische Philosophie halten, haben wir in den vier Kapiteln des Buches unter verschiedenen Aspekten behandelt. Das 1. Kapitel betrifft die "Idee des Philosophierens in China" selbst. Es wird gezeigt, daß hier das Philosophieren im Unterschied zu abendländischer "theoretischer", d. h. forschender und lehrender Philosophie, von Anfang an als eine praktische Aufgabe der Herstellung des Guten in der Sphäre alles Menschlichen und darüber hinaus in der Wirklichkeit insgesamt gesehen wird. Daß diese weltgestaltende Praxis wesentlich als eine "Herrschaft" begriffen und zunächst den Kaisern und Königen als "heiligen Gründern", dann auch den "Philosophenkönigen" als ihren Beratern und Gehilfen zugesprochen wird, bleibt in historischen Zeiten - und bis heute spürbar - ein chinesisches Hintergrundverständnis für die Lebensschicksale der Philosophen.

Dieser praktische Grundzug bestimmt dann auch das, was wir im 2. Kapitel als "Grundthematik der chinesischen Philosophie" behandeln. Aus der Stellung des Menschen in der Welt und aus ihrem gegenseitigen Verhältnis eröffnen sich erst die Problemräume für die spekulative Erörterung dessen, was Erkenntnis und Handeln überhaupt sein können, wie sie selbst untereinander in Beziehung stehen und wo gegebenenfalls ihre Grenzen auszumachen sind.

Das 3. Kapitel geht auf "fundamentale Denkweisen der chinesischen Philosophie" ein. Als solche lassen sich die Denkfiguren von "Einheit und Zweiheit", von "Harmonie, Identität und Einheit", von "Wurzel und Verzweigung" und "Substanz und Funktion" und nicht zuletzt von der "Mitte" als Grundmuster von thematischen Hervorhebungen, Unterscheidungen, Gliederungen und Begründungen oder erklärenden Zurückführungen herausstellen und an einschlägigen Problemfassungen demonstrieren.

Das 4. Kapitel arbeitet heraus, was man unter westlichem Aspekt "hermeneutische Grundlagen der chinesischen Philosophie" nennen kann und was sich in dieser Philosophie selbst als Beitrag zur Problemlage der Hermeneutik darstellt. Dazu gehört der unübersehbare Grundzug des chinesischen Philosophierens, sich als "Vermittlung von Klassikerlehren" zu verstehen. Selbst dem in so vielen anderen Hinsichten in Anspruch genommenen "Buch der Wandlungen" (Yi Jing 易經) lassen sich dafür gewisse formale Denkmuster abgewinnen, die wir hier als "die Logik des Yi Jing" rekonstruieren und die im hermeneutisch so brisanten Problem von "Sprache und Gedanke" eine für die chinesische Sinnschrift eigentümliche und entscheidende Bedeutung gewinnen. Was unter solchen hermeneutischen Bedingungen Fortschritt "zu neuen Lehren" durch Anwendung und Fruchtbarmachung der "Gedanken der Heiligen" bedeuten kann, wird zum Abschluß gezeigt, und es sollte dies zugleich als eine Aufforderung zu weiteren gemeinsamen Anstrengungen für die chinesische und deutsche Zusammenarbeit dienen, wie sie die Autoren auch an diesem Werk zu betreiben bemüht waren.

Wir hoffen, dem Leser den Zugang zu diesen chinesischen Themenstellungen auch dadurch erleichtert zu haben, daß wir ständig auf verwandte oder gleichgelagerte Thematiken oder Problemstellungen in der westlichen Philosophie Rücksicht genommen haben. Insofern hat das vorliegende Buch den Charakter einer vergleichenden philosophiegeschichtlichen Studie, von der wir uns auch Anregungen für andere vergleichende Unternehmungen versprechen.

Die beigegebene Bibliographie ist, wie man leicht erkennt, aus den Bedürfnissen des Lehrbetriebes über "chinesische Philosophie" am Philosophischen Institut der Heinrich-Heine-Universität in Düsseldorf erwachsen und bietet dementsprechend auch einen Apparat zum gegenwärtigen Stand der sinologisch-philosophischen Forschung.

Dem Text des Buches liegen Nachschriften und Ausarbeitungen von Lehrveranstaltungen zugrunde, die von Prof. Dr. h. c. Hong Han-ding 洪漢鼎 von der Peking-Akademie für Geisteswissenschaften im Sommersemester 1995 als Gastprofessor an der Heinrich-Heine-Universität Düsseldorf abgehalten wurden. Dem voraus ging eine jahrelange freundschaftliche Zusammenarbeit bei der Erstellung eines dreibändigen chinesisch-deutschen philosophischen Lexikons (vgl. die Bibliographie) und anderer Veröffentlichungen, ohne welche die Entstehung dieses Buches nicht möglich gewesen wäre. Sie wurde auch für die Ausarbeitung der jetzt vorliegenden Textgestalt fortgesetzt. Für die deutsche Textfassung trägt allein L. Geldsetzer die Verantwortung.

Beide Autoren haben Herrn Kollegen Prof. Dr. Ni Liang-kang 倪梁康 von der Dong-Nan Universität in Nanjing, gegenwärtig an der Universität Wuppertal, für seine Mühe bei der Einschreibung der chinesischen Zeichen in den Text sowie der chinesischen Anmerkungen im An-hang zu danken. Frau Jutta Biedebach und Frau Sabine Brunn danken wir für die Hilfe bei den Korrekturen und Herrn Ralf Goeres M.A. für die Hilfe bei der Erstellung der Druckvorlage.

Ebenso und nicht zuletzt gilt unser gemeinsamer Dank der Deutschen Forschungsgemeinschaft für die Finanzie-rung des genannten Gastsemesters Prof. Hongs und die dadurch ermöglichte Kooperation sowie dem Rektor der Heinrich-Heine-Universität Düsseldorf, Herrn Prof. Dr. D. Litt. h. c. G. Kaiser, für seine dabei erwiesene Unter-stützung.

Düsseldorf und Peking, im April 1997

L. G.   H. H.-d.

1. Kapitel

Die Idee des Philosophierens in China

1. Zhe Wang 哲王 Philosophie als Herrschaft

Abendländische Philosophie hat ihre Ahnen und Vorbilder in den sieben Weisen des alten Griechenland. Der Weise bemüht sich um Erkenntnis der Welt und teilt sein Wissen der Welt mit. So ist der Weise zugleich Forscher und Lehrer. Aber wo die Weisen vermehrt auftreten, ergibt sich ein Konzert mit vielen Stimmen, und die Weisheit wird einseitig. Die Erfahrung von Grenzen und Vorläufigkeiten der Erkenntnisse und des Wissens gehört daher zum ältesten Wissen der griechischen Weisen, und sie bleibt ihr Vermächtnis bis in die moderne Wissenschaft. Pythagoras soll es zuerst ausgesprochen haben, daß er deshalb kein Weiser, sondern nur ein sich um Weisheit Bemühender und "die Weisheit Liebender" sei. Ihm verdanken die ähnlich denkenden Nachfahren ihre Berufsbezeichnung und den Ehrentitel "Philosoph". Mochten auch noch so viele sich später für weise gehalten haben und von gelehrigen Schülern "Weise" (Sophos) genannt worden sein (wie man auch von Aristoteles sagt), so ging dieses Bewußtsein dem Abendland doch nie mehr verloren. Sokrates kokettierte damit, seine Weisheit bestünde im Nichtwissen - und bekam vom Delphischen Orakel die Bestätigung, er sei der "weiseste aller Menschen".

Aristoteles machte das "Philosophieren" - eben als Bemühung um Weisheit, Wissen und Erkenntnis - zur gemeinmenschlichen Aufgabe. Wer wissen wolle, ob man überhaupt philosophieren solle oder müsse, der müsse eben schon philosophieren. Und auch das hat sich im Abendland nie verloren. Wer heute als Privatmann, als Politiker, als Geschäftsmann einen Gedanken loswerden möchte, der teilt ihn als seine "Philosophie" mit. Auch das alte China hat seine Weisen gehabt, die es als Vorbilder verehrte, und denen eine Profession nacheiferte. Aber deren "Weisheit" bestand nicht in erster Linie in Wissen und Erkenntnis, sondern in großartigem Handeln und nachwirkenden Leistungen, die von Wissen und Einsicht allenfalls Zeugnis gaben. Es waren Kaiser, Könige und Herrscher. Diese Weisen unterschieden sich von den nichtweisen Herrschern dadurch, daß sie das Reich einigten und dem Volk Frieden brachten, den Wohlstand mehrten und in ihrer Person und ihrem Leben selbst Vorbilder für alle wurden. Von ihnen berichten die ältesten Literaturdokumente Chinas, vor allem das Shu Jing 《書經》 (oder Shang Shu 《尚書》,- das Buch der Geschichte - das von einigen überhaupt für das älteste Schriftwerk Chinas gehalten wird). Es sind die Dynastienbegründer und "guten Kaiser" Yao 堯, Shun 舜 und Yu 禹. Ihre Leistungen werden in den Berichten durch die Kontrastierung mit schlechten Herrschern ins Übermenschliche erhoben, und so erschienen sie als "Heilige" (Sheng Ren 聖人) und setzten das Maß für das, was späterhin als "Heiliger" gelten sollte.

Diese Heiligen lehrten nicht, sondern sie herrschten. "Wang" 王, das Schriftzeichen für "Kaiser" oder "Herrscher" und für "herrschen", ist auch Bestandteil des Schriftzeichens "Sheng". Wenn sie gut herrschten, so durchdrang ihr Wille - das Innerste ihrer Persönlichkeit - nach außen hin das ganze Reich und alle Verhältnisse. Der Himmel selbst - die Natur - belohnte sie mit seinem Wohlwollen und gab ihnen sein Mandat (Tian Ming 天命). Was wir im Westen das Glück der Umstände und Lagen nennen, das wurde ihnen zugerechnet. Spätere brachten es auf die Formel von der "Entsprechung von Himmel und Herrscher" - Tian Jun Xiang Pei 天君相配 -, die sich im Heiligen offenbare.

Dies Ideal des heiligen Herrschers ist es, was nachmals dem Selbstverständnis der chinesischen "Weisen" und Philosophen die Wege wies. Sie wollten selbst Herrscher sein. Manche wurden es in der Tat, wie Sun Zhong-shan 孫中山 (Sun Jatsen 孫逸仙) oder Mao Ze-dong 毛澤東 (und man verkenne nicht, in welchem Maße sich ihre Herrschaft auf diesen Anspruch, Philosophen zu sein, gründete), manche wurden mit Fürstentümern belehnt, die meisten versuchten, die Herrscher selber zu beherrschen, und viele mühten sich ab, mit allen Mitteln auch die Natur zu beherrschen.

Herrschaft zeigt sich an der Macht, die einer über andere ausübt. Es gibt die guten und die bösen Mächte und entsprechende Herrschaft, und wie sie wirken, schildern die Geschichtsbücher. Auch wie man an die Machtmittel kommt, wie man sie erhält, wie man sie einsetzt, kann man daraus entnehmen. Die alten Geschichtsschreiber waren in ihrer Beobachtung nicht naiver als bei uns Macchiavelli. Aber was die Macht selbst

ist, sieht man daran nicht. Macht und Herrschaft wirken
aus dem Innersten der Persönlichkeit und lenken so die
früheste Aufmerksamkeit auf dieses Innerste. Es hat mit
Selbstbeherrschung zu tun, doch kann man auch dabei
nicht stehenbleiben, denn auch innere Herrschaft muß
ihre Gründe haben. Welches diese sind, wird selbst in der
Folge zum beunruhigenden Thema des Philosophierens.
Von den alten Herrschern heißt es nur in vielfacher
Umschreibung: Sie bildeten ihr Innerstes aus und wurden
dadurch tugendhaft. Und so wurde und blieb die Tugend
(De 德) der Leitbegriff für dasjenige, was dem guten
Herrscher die Macht zu allem Guten verleiht und
nachmals dem Philosophen alle Wirksamkeit.

Herauszubekommen, was das Innerste des tugendhaften und wirkkräftigen Menschen ist, klingt nach
Erkenntnisbemühung und ist auch dem Abendland als
Aufgabe bekannt. Das "Gnothi s'hauton!" - "Erkenne dich
selbst" - wird auch schon einem der sieben Weisen
zugeschrieben und bleibt von da an ein Leitmotiv von
Sokrates über den Kaiser Mark Aurel, Augustinus und
die christliche Gewissenserforschung bis zur Psychoanalyse. Es hat im Westen der Geisteswissenschaft und
Bewußtseinsanalyse die Richtung gewiesen. Auch in
China hat sich daraus eine solche Forschungsrichtung
ergeben. Aber es ist wichtig zu bemerken, daß der
Ausgangspunkt dazu ein anderer war. Nicht Selbsterkenntnis um ihrer selbst willen und als Vermehrung
und Vertiefung des Wissens war das Ziel. Auch ging es
nicht einmal um ein "Selbst" als Kern des Individuums
und der je eigenen Persönlichkeit - von der China
ohnehin niemals einen dem westlichen vergleichbaren
Begriff entwickelte.

In China stand die Frage von Anfang an im Kontext des praktischen Wirkens und insbesondere des Herrschens. Was dazu im Abendland vielleicht in Parallele stand, ist schon von den Vorsokratikern wieder zugedeckt worden, als sie die "Arché-Forschung" in die Frage nach dem Ursprünglichen und "Ersten Grunde" ummünzten. Aber wie man ja weiß, bedeutet das griechische "Arché" zunächst einmal "Herrschaft", und das lateinische "Prinzip" erinnert noch an den "Prinzipat". Die Vorstellung, daß eine Arché als Urgrund und Ur-Sache alles einzelne hervorbringt und "durchwest", kann auch bei den Vorsokratikern nicht ohne die Erfahrung von Herrschaft in den alten Großreichen entstanden sein, und die alten Göttermythen erhalten uns davon die Spuren. Die neuplatonische Personalisierung der Arché im Gottesbegriff nahm diese Anfänge wieder auf und vermittelte sie dem Christentum. Von daher ist uns die Idee nicht unvertraut. Aber die Überhöhung der göttlichen Herrschaft macht uns weitgehend blind gegenüber den Fragen, die sich in einer Kultur stellen, in welcher kein Gott alles beherrscht und für alles die Verantwortung trägt, sondern der Mensch selbst in eine totale Verant-wortlichkeit genommen wird.

Der chinesische Herrscher war kein Gott, und der chinesische Weise kein Prophet seines Gottes. Wenn es auf Erden und im Reich gut gehen sollte, so mußte es der gute Herrscher bringen und verantworten, ebenso wie dem schlechten Herrscher alles Schlechte zuzurechnen war. Es konnte nur auf der Ebene des Menschlichen ent-schieden werden, was gut und schlecht oder menschen-freundlich und menschenfeindlich heißen sollte. "Nichts ist gut in der Welt als ein guter Wille", sagte Kant mit augustinisch-protestantischer Entschiedenheit, und er ließ damit durchblicken, daß er alles andere in der Civitas terrena für schlecht hielt. So leicht machten es sich die chinesischen Philosophen nicht. Wohl aber bemerkten sie - wie Kant -, daß das Gute am Menschen festzumachen sei und sich nur durch gute, Menschen in der Welt vermehren und verbreiten lässt. Von daher hat alles Philosophieren in China seinen "ethischen" Grundzug, und alles Nachdenken über den Menschen ist ein Nachdenken über seine Tugend (De 德), die ihn selber gut macht und ihn instand setzt, das Gute wirkend zu verbreiten.

Wenn es darauf ankommt, das Gute durch Herrschaft zu verbreiten, so treten die Richtungen der Herrschaftsausübung in den Mittelpunkt der Aufmerksamkeit. Die erste und immer bedachte ist die Herrschaft des guten Herrschers, wie sie schon die ältesten Geschichtsquellen schildern. Die zweite war und blieb, wie wir oben schon andeuteten, die Selbstbeherrschung - eine Herrschaft über sich selbst. Diese wird ein großes Thema der Debatten über Xiu Ji 修己, was man gewöhnlich mit "Selbstbildung" übersetzt und mit "Selbsterziehung zum tugendhaften Menschen" erläutert. Aber es konnte nur zum Thema von Debatten werden, weil es für den Philosophen die erste und wichtigste Praxis war, sich dadurch den heiligen Vorbildern anzunähern. Wenn von so vielen westlichen Ethikern mit recht mundanem Lebenswandel gesagt werden konnte, sie hätten sich nur als Wegweiser zur Tugend verstanden und brauchten daher nicht selber tugendhaft zu sein, so wäre das in China ganz undenkbar. Und zwar deshalb, weil es nicht in erster Linie auf die Erkenntnis der Tugend und des

Guten ankommt, sondern auf das Gut- und Tugend-
haftsein des Philosophen. Von ihm wird verlangt, daß die
Tugend und das Sein in der Person zusammenfällt. Das
nannte man Cheng 誠. Man übersetzt es mit "Wahrhaftigkeit", "Aufrichtigkeit", "Ehrlichkeit" und auch
"Echtheit", und sicher schwingt alles dies in der Bedeutung mit. Aber man muß auch die "Tugendhaftigkeit", das
"Gute" und die "Durchgängigkeit der Selbstbeherrschung" hinzunehmen, um sich eine adäquate Vorstellung
vom Cheng zu machen. Nur wer Cheng hat, kann dann
ein echter Herrscher sein und "alles durchdringen". Das
Zhong Yong 《 中庸 》 ("Mitte und Maß", aus dem Buch
der Sitten) spricht es so aus und lässt dabei den Anspruch
und die Verantwortlichkeit des "Heiligen" erkennen:

"Nur wer auf Erden das höchste Cheng 誠 hat, kann
sein Wesen ganz entfalten. Wer sein Wesen ganz entfalten kann, der kann das Wesen der Menschen zur
Entfaltung bringen. Wer das Wesen der Menschen zur
Entfaltung bringen kann, der kann das Wesen der Dinge
entwickeln. Wer das Wesen der Dinge entwickeln kann,
der kann mit Himmel und Erde schöpferisch gestalten.
Wer mit Himmel und Erde schöpferisch gestalten kann,
der bildet mit Himmel und Erde eine große Dreiheit."[1]
Und weiter an anderer Stelle: "Nur wer auf Erden das
höchste Cheng 誠 hat, kann die großen Gewebe der Welt
entwirren und ordnen, die großen Grundlagen der Welt
aufrichten und Gestaltung und Werden im Himmel und
auf Erden erkennen. ... Wer nicht selber wirklich
feinhörig, klarsichtig, heilig, kundig ist und die
Himmelstugend erreicht hat, wie könnte er einen solchen
erkennen?"[2]

Die dritte Richtung der Herrschaftsausübung ist damit ebenfalls schon angesprochen: "Das Wesen der Menschen durchdringen" kann nicht heißen, ihnen Befehle zu erteilen und sie zu etwas zu zwingen. Es handelt sich vielmehr darum, den Menschen zum guten Menschen zu machen. Und dies wird das große Thema aller philo- sophischen Lehre - Xue 學. Gewiß ist Lehre auch Mit- teilung von Kenntnissen und Erkenntnissen. Aber dies war hier - anders als im Abendland - nicht die Hauptsache, sondern allenfalls Mittel zum Zweck, nämlich eben der Menschenbildung zum guten Men- schen. Man nennt es in der westlichen Pädagogik Er- ziehung und unterscheidet es genau von Unterricht und Lehre.

Erziehung zum guten Menschen wurde eine der Haupt- tätigkeiten der Philosophen, wie auch im Westen die Er- ziehungsaufgabe - die "Knabenführung" - als Pädagogik durch Platons akademisches Kurrikulum fest etabliert wurde. Die Erziehung der nachfolgenden Generation wurde auch in China die wichtigste ökonomische Berufs- grundlage für den Stand. Aber anders als im Westen ging es nicht um Fachausbildung für andere Berufe, in denen die Lehrer selbst erst einmal Experten hätten sein müssen - wie die Sophisten in Griechenland und die forschenden Professoren der höheren Bildungseinrichtungen nachher. Die Sicht von dieser westlichen Ausgestaltung des Lehr- wesens aus auf das alte China verkennt den wesentlichen Unterschied: Die philosophischen Lehrer waren in kei- nem Fach Experten, sondern sie hatten sich durch "Selbstausbildung" zu guten Menschen gemacht - zumindest erwartete man es von ihnen - und erzogen wesentlich durch ihr Vorbild. Das ist natürlich auch keinem echten Pädagogen im Westen fremd, aber in neueren Zeiten etwas aus dem Blick geraten, vor allem seit es die Berufszulassungsordnungen geradezu verbieten, noch nach dem persönlichen Lebenswandel der Lehramtskandidaten und der zu berufenden Hochschullehrer zu fragen.

In den "Gesprächen des Kong Zi 孔子" (Lun Yu 《論語》) wird dies durch Kong Zi 孔子 wesentlich in diese Richtung festgelegte Selbstverständnis der Philosophen deutlich. "Fan Chi 樊遲 bat um Belehrung über den Ackerbau. Der Meister sprach: 'Ich bin doch nicht wie ein alter Bauer'. Darauf bat er um Belehrung über den Gartenbau. Der Meister sprach: 'Ich bin doch nicht wie ein alter Gärtner.' Fan Chi ging hinaus. Da sprach der Meister: 'Ein beschränkter Mensch ist er doch, dieser Fan Xu 樊須 (= Fan Chi 樊遲). Wenn die Oberen die Sitten lieben, so wird das Volk nie wagen, unehrerbietig zu sein. Wenn die Oberen die Gerechtigkeit lieben, so wird das Volk nie wagen, widerspenstig zu sein. Wenn die Oberen Vertrauenswürdigkeit lieben, so wird das Volk nie wagen, unaufrichtig zu sein. Wenn es aber so steht, so werden die Leute aus allen vier Himmelsrichtungen mit ihren Kindern auf dem Rücken herbeikommen. Was braucht man dazu die Lehre vom Ackerbau!'" [3]

Halten wir fest: Durch diese dritte Art der Philosophenherrschaft erhält die chinesische Philosophie ihren durchgängigen pädagogischen Grundzug. Er wurde vor allem durch den Konfuzianismus im chinesischen Kultursystem so stark ausgeprägt und verankert, daß es niemals zu einer den westlichen Verhältnissen entsprechenden Ausbildung eines Rechtssystems kam. Obgleich es schon früh eine bedeutende Schule von Rechtsphilosophen (Fa

Jia 法家) gab, die das Gute unter den Menschen durch
Belohnung oder rigorose Bestrafung und Ausmerzung der
Übeltäter ausbreiten wollte - und mit dieser drakonischen
"Rechtsphilosophie" dann auch das, was man überhaupt
chinesisches Rechtsdenken nennen kann, nachhaltig und
bis heute bestimmte -, so wurde dies doch von den
anderen Philosophenschulen und manchen Rechtsphilosophen selbst als immer zu spät kommende Kompen-
sation versäumter Erziehung verstanden.

   Aber noch eine vierte Richtung der Philosophenherrschaft bleibt zu nennen. Es ist vielleicht die wichtigste von allen: die Herrschaft über die Herrscher selbst.
Wir nennen es etwas drastisch so, obgleich es nach phi-
losophischer Hybris klingt. Mit modernem Ausdruck und
bescheidener würde man es "Politikberatung" nennen,
und diese ist im Westen ja spätestens seit der Aufklärung
die Lieblingsbeschäftigung der Intellektuellen geworden.
Sie kostet bekanntlich den Intellektuellen nichts (vielmehr gewöhnlich nur den Staatssäckel). Aber im alten
China war das anders. Sie kostete sehr oft den Kopf. Sie
konnte aber andererseits auch sozialen Aufstieg von ganz
unten nach ganz oben bedeuten. Wenn die Herrscher
selbst Weise oder gar Heilige waren - und das war ja das
uralte chinesische Philosophenkönigtum -, so gab es
keinen Bedarf für diese Politikberatung. Weise und
Heilige waren sie dann, wenn das Reich befriedet und der
Wohlstand gesichert war, und wenn sich auch der
Himmel damit im Einklang zeigte. Krieg, Not und Elend,
Verwilderung der Sitten und Naturkatastrophen aber
waren die Menetekel der schlechten Herrschaft und der
schlechten Herrscher. Wann hätte es sie in der über-
schaubaren Geschichte nicht gegeben? Erinnern wir

daran, daß die ersten namhaften Philosophen, die nicht
selber Herrscher waren, in solchen Notzeiten aufgetreten
sind, die man in der Staatschronologie die Frühlings- und
Herbstzeit (Chun Qiu 春秋 als Aufstieg und Niedergang
von Reichen - 770-476 v. Chr.) und die Zeit der Streitenden Reiche (Zhan Guo 戰國 475-221 v. Chr.) nannte. In
diesen Zeiten hielten es die Philosophen für ihren Beruf,
an die Vorbilder der guten Herrscher der Vorzeit - wie
immer sie auch idealisiert wurden - zu erinnern und
deren Tugenden in sich selbst als Vorbild und Mahnung
für schlechte Herrscher vorzuleben. Sie wurden zum
schlechten Gewissen der schlechten Herrscher und be-
zahlten es oftmals mit dem Leben. Ihr Märtyrertum setzte
- wie jedes Martyrium - die Maßstäbe für das, was man
von Philosophen in dürftigen Zeiten erwarten durfte.

Wie nun im Westen die Zunftbezeichnung "Philosoph"
noch immer die Erinnerung an Pythagoras wachhält und
den Adepten darauf verpflichtet, sich um Weisheit und
Erkenntnis zu bemühen, so hat man auch in China ein
Mittel gefunden, die Erinnerung an das Vorbild der alten
guten Herrscher und die sich daraus ergebenden Ver-
pflichtungen für den Philosophen festzuhalten. Es ist das
sogenannte Dao Tong 道統 - die Nachfolge in der
Vertretung desselben Prinzips -, das die philosophischen
Schulen und Richtungen für sich in Anspruch nahmen.
Han Yu 韓愈 (768-824 n. Chr.) hat es in der Tangzeit
zuerst für die Konfuzianer - und gegen das Dao Tong
道統 der Daoisten und Buddhisten - formuliert. Er selbst
schloß sich dadurch an die Ahnenreihe von "Yao 堯,
Shun 舜, Yu 禹, Tang 湯, Wen 文, Wu 武, Zhou Gong
周公, Kong Zi 孔子 und Meng Zi 孟子" an. Zhu Xi 朱熹
(1130-1200 n. Chr.) verlängerte in der Song-Zeit sein

Dao Tong 道統 an Han Yu 韓愈 vorbei über Zhou Dun-yi 周敦頤 (1017-1073 n. Chr.) und die Brüder Cheng Hao 程顥 (1032-1085 n. Chr.) und Cheng Yi 程頤 (1033-1107 n. Chr.) bis auf sich selber, und andere taten es ihm nach. Wenn auch so mancher moderne Philosoph in China sein Dao Tong 道統 erst mit Marx, Engels und Lenin beginnen und über Mao Ze-dong 毛澤東 bei sich enden lässt, so steht dahinter doch unausgesprochen noch immer die Erinnerung an die ältesten guten Herrscher Chinas, in deren Sukzession er die neueren Herrscher einreiht.

2. Nei Sheng Wai Wang 内聖外王 Das Heilige im Innern nach außen zur Herrschaft bringen

Der Ausdruck stammt von Zhuang Zi 莊子 (360-280 v. Chr.), dem großen Nachfolger des Lao Zi 老子. Er faßt alles zu einer Maxime zusammen, was wir im ersten Abschnitt angeschnitten haben, und vermittelt es der Nachwelt. Er hat das Bewußtsein der chinesischen Philosophen bis auf die Gegenwart geprägt.

Man könnte den chinesischen Ausdruck auch übersetzen mit: Wer innerlich ein Heiliger ist, soll auch nach außen hin zum Herrscher werden. Oder noch einfacher: Macht die Philosophen zu Königen! Natürlich denkt man da sogleich an Platons "Philosophenkönigtum" und liegt dabei nicht ganz daneben. Denn sicher berührt sich das Platonische Ideal in der westlichen Philosophie noch am ehesten mit dem, was in China damit angesprochen ist.

Aber Platons gescheiterter Versuch, den jüngeren Dionys in Syrakus zum Philosophenkönig zu erziehen, und Aristoteles' entschiedene Warnung vor solchen Experimenten und sein Rat, die Philosophen sollten sich mit der Politikberatung zufrieden geben, haben das Ideal schnell desavouiert. Erst recht haben später diejenigen Herrscher, die als Philosophen auf den Thron gelangten, wie Mark Aurel, Julian, der Staufer Friedrich II. und Friedrich der Große, nicht alle davon überzeugt, daß die Welt durch sie nennenswert gewonnen hätte - wenngleich auch darüber immer wieder neu zu diskutieren wäre.

Für die chinesische Philosophie beschwört der Spruch Nei Sheng Wai Wang 内聖外王 zunächst einmal den ältesten Mythos als Erinnerung an die Vorzeit, in der die Herrscher Heilige und damit die Vorbilder der Philosophen waren. Und zugleich damit beschreibt er auch, was überhaupt ein Philosoph und was seine Aufgabe in der Welt ist: das Heilige in sich - wenn er es hat - nach außen hin zur Geltung und Wirkung gelangen zu lassen. Das alte Schriftzeichen für Sheng 聖 - den Heiligen oder das Heilige -, das sich ja selbst solchen Auffassungen verdankt, drückt in seinen Bestandteilen aus, was den Heiligen ausmacht. Es besteht aus den Zeichen für "Ohr" (耳), "Mund" (口) und "Herrscher" (王). Man könnte es so sagen: Der Heilige ist ganz Ohr und ganz Mund und ganz Herrscher. Um diese Bedeutungskomponenten oszilliert jedes Verstehen des Schriftzeichens, und auch der Spruch des Zhuang Zi 莊子 ist eine seiner Auslegungen, die dann selber herrschend geworden ist.

Betrachten wir die Sache noch etwas genauer und im Vorgriff auf später Auszuführendes. Der Heilige - sagen wir der Philosoph - ist ganz Ohr. Durch das Ohr

"vernimmt" er alles, was außer ihm ist. Der "theoretisch"
eingestellte Abendländer mag sich wundern, warum er
nicht "Auge" ist, durch das er die Erfahrung über seine
Lebenswelt gewinnt. Aber das Auge spielt in der chinesischen Philosophie bei weitem nicht die Rolle, die ihm
im Abendland als Leitsinn der Erkenntnisgewinnung
zugesprochen wird. Das Auge kann auch täuschen, ob
und wiewiet das Gehör täuschen kann, dürfte eine offene
Frage sein. Und wieviel von dem, was der "Theoretiker"
über seine Umwelt weiß, verdankt sich wirklich der
Autopsie? Sicher das wenigste, denn das meiste weiß er
nur vom "Hörensagen". Und liest er mit dem Auge die
Schriften seiner Informanten, so redet er sich die Lautung
mit innerer Stimme selber vor und - hört. Auch seine
Weisheit besteht aus dem Sinn der Geräusche, die zu ihm
gedrungen sind, seien es die gesprochenen Texte, seien es
die gehörten Reden, sei es das "Geräusch" der Welt, aus
dessen Redundanzen er Sinnquanten filtert. Vergessen
wir dabei auch nicht die Sprache. Das Auge des chinesischen Gelehrten ist durch die ikonischen Schriftzeichen
gleichsam okkupiert, und damit auch das visuelle
Gedächtnis. Das befreit das Ohr zum Hören. Dafür
okkupiert die Lautschrift das Ohr des Abendländers und
setzt das Auge zum Sehen frei. Darauf ist später noch
näher einzugehen.

Der Heilige ist auch ganz Mund. Das verweist auf die
Rede, die aus dem Munde hervorgeht. Auch im Schrift-
zeichen für Sprache steht das Zeichen für Mund als
Radikal. Der Philosoph teilt sein Inneres durch seine
belehrende Rede nach außen mit, das ist seine Weise der
Herrschaftsausübung. Von dem, was die heiligen guten
Kaiser gesagt haben, ist wenig überliefert, wie wir später

sehen werden. Aber daß sie durch ihre Reden herrschten, macht den wesentlichen Unterschied zur Herrschaft derjenigen, die sich im Westen so gerne mit dem Schwert in der Hand oder durch den brüllenden Löwen symbolisieren ließen. Aber das kann nicht alles sein, denn zu viele Philosophen und einige gute Kaiser Chinas haben gar nicht durch Reden, sondern nur durch Taten und Vorbild gewirkt. Von einigen heißt es gar: Sie saßen nur nach Süden gewandt auf ihrem Thron und taten nichts, und doch setzten sie die ganze Welt in Bewegung. Derartige Berichte wurden und werden im Westen immer wieder als Kuriosum und als Karikatur heruntergekommenen Kaisertums aufgefaßt. Und doch spricht es ja das höchste Ideal aus. Sollen wir, um beim Mundzeichen zu bleiben, sagen, daß die Heiligen auch zur rechten Zeit den Mund zu halten verstanden? Wohl nicht von ungefähr ist es späterhin in der chinesischen Philosophie ein Thema, wie man durch Nicht-Reden, durch Schweigen lehrt, und die Kritik am "Gerede" und "vornehmen Ton" (Qing Tan 清談) nimmt breiten Raum ein.

Erst wenn das Ideal errichtet ist, kann man die Wirklichkeit daran messen. Zhou Dun-yi 周敦頤 (1017-1073 n. Chr.) tut das, indem er die Abstände dazu markiert. Er sagt: "Der Heilige - Sheng 聖 - möchte ein Himmelsmensch sein. Der Weise - Xian 賢 - möchte ein Heiliger sein. Der Gelehrte - Shi 士 - möchte ein Weiser sein."[4] Kong Zi 孔子 (551-479 v. Chr.), der sich selbst nicht für einen Heiligen hielt, aber später dazu erklärt wurde, betonte schon lange vor Zhuang Zi, daß er nur ein Gelehrter sein wolle, der den alten Heiligen nacheifere. Wie er das tat, wurde dann zum Vorbild des "menschlichen" Philosophen als Gelehrten. Fast wie Sokrates die

Sophisten rügt er die zeitgenössischen "Experten" und beschwört das Ideal: "In den alten Zeiten lernte man, um sich selbst zu vervollkommnen. Heute lernt man, um sich bei den Mitmenschen zu profilieren."[5] Das muß zuerst wiedergewonnen werden, dieses Wei Ji Zhi Xue 爲己 之學 - das Lernen, um sich selbst zu vervollkommnen -, es ist Xiu Ji 修己 - Selbstbildung. Und erst wenn dies gelingt, kann man das leisten, was die königliche Aufgabe und das Herrschertum des Philosophen ausmacht: An Bai Xing 安百姓 - dem Volk Frieden bringen - oder An Ren 安人 - den Menschen (insgesamt) Frieden bringen. Vergessen wir nicht, daß dies in Kriegs- und Krisenzeiten gesagt wird. Frieden bringen oder Pazifizieren ist da nicht nur eine Metapher oder - wie man oft meint - blumige Rede. Als Menschenlehrer kann der Philosoph den Frieden auch nicht erzwingen, sondern nur zeigen und vorleben, was ein "friedlicher Mensch" ist, um die Menschen friedlich zu machen. Im Lun Yu 《 論語 》 heißt es darüber:

"Zi Lu 子路 fragte, was einen Edlen (Jun Zi 君子) ausmache. Der Meister sprach: 'Er bildet sich ernsthaft selber aus.' Zi Lu fragte: 'Ist das schon genug?' Der Meister sprach: 'Er bildet sich selbst, um den Menschen Frieden zu bringen.' Zi Lu fragte: 'Ist das schon alles?' Der Meister sprach: 'Er bildet sich selbst, um dem Volk Frieden zu bringen.'"[6] An anderer Stelle wird der Zusammenhang dieser "Befriedung" mit vorbildlicher Menschlichkeit deutlicher. Ren 仁 - Menschlichkeit - hat im Chinesischen gerade durch solche Stellen aus den "Gesprächen des Kong Zi 孔子" immer die Konnotation der Sittlichkeit behalten: "Was Ren 仁 betrifft, so festigt ein Mensch andere, indem er selbst wünscht, gefestigt zu sein. Er klärt andere auf, da er selbst wünscht, aufgeklärt zu sein. Das Nächstliegende als Beispiel nehmen zu können, das kann man als das Mittel zu Ren bezeichnen."[7] Und nochmals anders gewendet: "Yan Yuan 顏淵 fragte nach Ren 仁. Der Meister sprach: 'Sich selbst überwinden und sich nach den Sitten (Li 禮) richten, dadurch schafft man Ren 仁. Einen Tag (schon) sich selbst überwinden und sich nach den Sitten richten, und schon würde die ganze Welt menschlich Ren 仁. Ren zu bewirken, das hängt von einem selber ab. Sollen es (immer nur) die anderen Menschen bringen?'"[8]

Für Kong Zi 孔子 bleibt die Denkfigur von Nei Sheng Wai Wang 內聖外王 auf die Verhältnisse des Menschen beschränkt. Das macht ihn zum großen Ethiker und Pädagogen, zum Menschenbildner. Andere bezogen den Kosmos, die Natur mit ein, und das ergibt die Grundlage für jede Erweiterung des Subjekts zum "universalen Bewußtsein" einerseits und für die Ausgestaltung der Herrschaft zur magischen Naturmanipulation. Darin lagen dann auch die chinesischen "theoretischen" Ansätze zur technischen Naturbeherrschung.

Das Thema zieht sich als Leitfaden durch viele Äußerungen Kong Zis 孔子 und dann auch seiner Schule und gibt ihnen Einheit. Nennen wir noch weitere Belege dafür. Als die Schüler nach dem Grundgedanken Kong Zis 孔子 fragen, erklärt ihnen der Meisterschüler Zeng Zi 曾子 (505-436 v. Chr.): "Unseres Meisters Lehre besteht nur in Loyalität und Bescheidenheit - Zhong Shu Er Yi 忠恕而已."[9] Später interpretiert der Neukonfuzianer Zhu Xi 朱熹 (1130-1200 n. Chr.): "Mit aller Kraft sich selbst einbringen, das heißt Zhong 忠. Sich selbst bescheiden, das heißt Shu 恕. Was das Er Yi 而已 ('nur')

angeht, so ist es ein Wort für 'sich restlos verausgaben'."[10]
Zeng Zi 曾子 macht daraus für sich eine Lebensregel und
erklärt: "Jeden Tag prüfe ich mein Verhalten in dreierlei
Hinsicht: War ich nicht loyal in meinem Bemühen für
andere? War ich nicht aufrichtig im Umgang mit meinen
Freunden? Habe ich nicht angewandt, was mir an Wissen
zuteil wurde?"[11]

Aber Kong Zi 孔子 berief sich dafür selbst auf die
"Große Lehre", die ein Teil des Sittenbuches (Li Ji
〈 禮記 〉) ist, von seinen Schülern aber ihm selbst
zugeschrieben wurde. Darin finden sich drei Sätze, die
nachmals geradezu als konfuzianisches Philosophiepro-
gramm herausgestellt wurden. Worum es dabei geht, ist
1. Ming Ming De 明明德 - Klarmachen, was die reine
Tugend ist! Das erste Ming bedeutet im verbalen Sinne
"klären", "erklären", aber auch "aufklären", und das
verweist schon auf die Mitteilung der Erklärung der
Tugend und die Bemühung um "Versittlichung" hin. Das
zweite Ming bezeichnet die Tugend (De 德) selbst als
etwas "Klares", Strahlendes, Erhellendes, und dem
kommen wir am nächsten, wenn wir es mit "reine
Tugend" übersetzen. 2. geht es um Qin Min 親民 - die
Menschen verbessern. Zhu Xi 朱熹 erklärt Qin 親 mit
dem Wort Xin 新 - Neumachen, Verbessern. Es ist die
konfuzianische Version des abendländischen "Metano-
eite!" 3. geht es um Zhi Yu Zhi Shan 止於至善 - immer
wieder neu lernen und "erst ruhen, wenn das höchste Gut
erreicht ist!" Die Versittlichung des Menschen wird als
unendliche Aufgabe begriffen.

Diese ethische Programmatik wird ebenfalls in der
"Großen Lehre" zu einem Acht-Punkte-Programm entfaltet, das auch im Westen als typisch konfuzianisch

bekannt geworden ist. Auch darin zeigen sich die Schwerpunkte des Nei Sheng 内聖 und des Wai Wang 外王 gleichsam als die Pole, zwischen denen sich die Bildung und Tätigkeit des Philosophen entfalten soll. Die acht Punkte betreffen:

1. Ge Wu 格物 - Befassung mit den Dingen. Es ist ganz schlicht die manuelle Tätigkeit im "Umgang mit Zeug" in der Lebenswelt, an die uns im Westen Heidegger erinnert hat. Es geht ums Betasten und Begreifen der gegenständlichen Dinge, um zum "Begriff der Sache" zu gelangen.

2. Zhi Zhi 致知 - Erreichen von Erkenntnis oder Wissenserwerb. Das Wissen resultiert aus der "Arbeit am Ding" und ist im Rückschlag aller Anfang der "Bildung" der Persönlichkeit, wie bei uns Hegel gezeigt hat.

3. Cheng Yi 誠意 - Wahrhaftigkeit des Willens oder sich jederzeit über seine Absichten Rechenschaft ablegen. Es handelt sich um sorgfältige "Gewissenserforschung", wie sie seit Sokrates und Augustinus für ein "reines Gemüt" gefordert wird.

4. Zheng Xin 正心 - Reinheit des Herzens oder gerader Sinn. Die "Einfalt des Herzens" hat heute einen etwas antiquierten Beigeschmack, aber auch sie meinte bei uns einstmals, was hier gemeint ist. Man soll keine verborgenen Winkel und Falten in seinem Bewußtsein dulden. Es erspart einem die Psychoanalyse, und es ist das Wesen der Charakterbildung.

5. Xiu Shen 修身 - Selbsterziehung oder Ausbildung der Persönlichkeit. Shen begreift hier auch das Körperliche mit ein, wie auch der (stoische) Begriff der Person und Persönlichkeit bei uns. Aber es geht auch um die intellektuelle Ausbildung durch Lernen und die Bildung der sittlichen Persönlichkeit.

6. Qi Jia 齊家 - Bestellung des Hauses oder Ordnung in der Familie. Dies umgreift sowohl die Versittlichung der Familienbande wie auch die ökonomische Vorsorge im Haushalt.

7. Zhi Guo 治國 - Politik machen oder den Staat ordnen. Hier geht es um die "öffentlichen Angelegenheiten", die - wie bei den Stoikern - Sache jedes einzelnen sind.

8. Ping Tian Xia 平天下 - Befriedung der Welt oder Organisation des Weltfriedens. Wie die (römischen) Stoiker die Solidarität der Menschheit beschworen und die Pax Romana auf den ganzen Erdkreis ausdehnen wollten, so endet auch im Konfuzianismus die Verantwortlichkeit des einzelnen nicht beim eigenen Staat, sondern begreift die Menschheit mit ein.

Wie man leicht sieht, beziehen sich die ersten fünf Punkte auf Nei Sheng 内聖, die "innere Heiligung" des Menschen, und sie gipfelt gleichsam in der Bildung des Individuums. Die drei letzten Punkte zeigen den Herrschafts- und Wirkungsbereich von Wai Wang 外王, des "äußeren Königstums". Die Reihenfolge ergibt eine Stufung, die in einer Richtung zu durchlaufen oder auf der hinaufzusteigen ist. Keine Stufe kann erreicht werden, wenn nicht die vorausgehenden schon durchschritten sind.

Machen wir darauf aufmerksam, daß die "Große Lehre" ihr Acht-Punkte-Programm durchaus kritisch gegen einen Zeitgeist richtet, der offenbar - wie der heutige - die Weltverbesserung am falschen Ende anfangen wollte. Man sieht ja auch heute genug Leute, die weder mit sich im reinen sind noch Ordnung in ihren Familienverhältnissen oder "Partnerschaften" halten können, geschweige denn, daß sie je mit eigener Hand eine Pflanze gepflanzt, eine Kartoffel geschält oder das Eßgeschirr abgespült hätten, die aber genau zu wissen vorgeben, wie der Weltfriede zu organisieren ist und wie man global politisch tätig wird. Es muß sie schon immer gegeben haben. Ihnen sagt die "Große Lehre" mit verständlicher Ironie - und wir übersetzen es hier einmal im landläufigen Jargon: "Ehe die Alten die ganze Welt darüber aufklären wollten, was die reine Tugend (oder die politisch korrekte Gesinnung) ist (Ming Ming De 明明德), brachten sie erst einmal ihren eigenen Staat in Ordnung (Zhi Guo 治國). Ehe sie Ordnung im Staat machen wollten, sorgten sie erst einmal für ihre Familie (Qi Jia 齊家). Ehe sie Ordnung in ihre Familienverhältnisse bringen wollten, arbeiteten sie erst einmal an sich selbst (Xiu Shen 修身). Ehe sie etwas für ihre Bildung tun wollten, achteten sie auf einen gradlinigen Charakter (Zheng Xin 正心). Ehe sie ihren Charakter formen wollten, waren sie erst einmal ehrlich mit sich selbst (Cheng Yi 誠意). Und ehe sie sich selbstkritisch prüfen wollten, verschafften sie sich Kenntnisse (Zhi Zhi 致知). Kundig wird man nämlich nur durch Handanlegen an die Dinge (Ge Wu 格物)."[12]

Das Buch "Mitte und Maß" (Zhong Yong 《 中庸 》), ebenfalls ein Teil des Sittenbuches (Li Ji 《 禮記 》) und von den Konfuzianern Kong Zi 孔子 selbst zugeschrieben, faßt das, was in den acht Punkten auseinandergelegt ist, auf die beiden Schwerpunkte zusammen und erläutert so ebenfalls Nei Sheng 内聖 und Wai Wang 外王: "Wer wahrhaftig ist, der vervollkommnet nicht nur sich selbst, sondern er vervollkommnet eben dadurch auch alles außer ihm. Sich selbst vervollkommnen ist

eigentlich Menschlichkeit (Ren 仁), die Außenwelt vervollkommnen ist Weisheit (Zhi 知). Das sind die Lei-
stungsfähigkeiten unseres Wesens. Sie zeigen den Weg,
das Äußere und das Innere zu vereinigen."[13]

Was Kong Zi 孔子 unter einem friedlichen Menschen
versteht, der auch anderen Menschen und der Welt
Frieden bringen kann, das macht sein Schulanhänger
Meng Zi 孟子 an einem Beispiel mit fast Schopenhauer-
schen Worten deutlich. Er sagt nämlich: "Jeder Mensch
hat ein Herz, das fremdes Leid nicht ertragen kann. Die
Herrscher des Altertums waren auch barmherzig, und so
machten sie eine Politik der Barmherzigkeit. Wenn man
ein erbarmendes Herz hat und barmherzige Politik macht,
dann kann man die ganze Welt mit leichter Hand in
Ordnung bringen."[14]

Xun Zi 荀子 (ca. 313 - nach 238 v. Chr.) rechnete
Kong Zi 孔子 schon zu den Heiligen. Aber die meisten
seiner Schüler kritisiert er als Beispiele dafür, wie man
die Sache verfehlt, und er teilte sie danach geradezu in
Klassen ein. Dem einen wirft er vor, er habe die guten
Kaiser Yu 禹 und Shun 舜 nur in Haltung und Bewegung
nachgeahmt, der andere halte nur auf sorgfältige Kleidung und ernste Miene und schweige den ganzen Tag
(um sich keine Wissensblösse zu geben!), ein dritter
drücke sich vor jeder Arbeit und Anstrengung und lasse
sich nur eine gute Mahlzeit angelegen sein.[15] Aber das ist
natürlich nur der gewöhnliche Ärger mit den Schülern,
die ihrem Meister zur Unehre gereichen, und es zeigt
schon früh die Auswüchse, die man auch später immer zu
tadeln fand. Aber gerade weil Xun Zi 荀子 mit wachem
Blick für menschliche Realitäten - er hielt bekanntlich
den Menschen für von Natur aus schlecht und daher für

erziehungsbedürftig - das Programm vertrat, wurde es bei
ihm viel konkreter. Man könnte sagen: Er schnitt es auf
den Jun Zi 君子 zu, den Edlen oder, wie man oft
übersetzt, den chinesischen "Gentleman". Er beschreibt
ihn so: "Der Edle hat seinen Wert auch ohne gesellschaftlichen Rang, er ist reich auch ohne Einnahmen,
man vertraut ihm, auch wenn er keine Worte macht, er
beeindruckt, ohne Aufhebens von sich zu machen, er ist
anerkannt, auch wenn es ihm schlecht geht, er ist
vergnügt, auch wenn er allein ist."[16] Das genügt dann
freilich nicht mehr für den Heiligen und den wahren
Herrscher, denn von diesem gilt auch bei Xun Zi 荀子:
"Wenn man kein Heiliger ist, ist man kein Herrscher. Der
Heilige besitzt vollkommene Tugend, und nur so kann er
herrschen."[17] Wer aber auf diese Weise zum Herrscher
geworden ist, der kann sogar - wie er als erster Denker in
China betont - Zhi Tian Ming Er Yong Zhi 制天命
而用之 - das himmlische Mandat kontrollieren und
Gebrauch davon machen.

Die Konfuzianer blieben diesem Prinzip des Nei
Sheng Wai Wang 内聖外王 treu, und so regiert es auch
die Denkweisen des Neukonfuzianismus der Song-Zeit.
Hier geben ihm die beiden Brüder Cheng Hao 程顥
(1032-1085) und Cheng Yi 程頤 (1033-1107) eine
idealistische Wendung. Cheng Hao drückt es so aus: "Der
Himmel ist Idee (Li 理)",[18] und Himmel als Idee - wie
die Ideen von allen Dingen - findet man nur in seinem
Bewußtsein Xin 心. "Erkenntnis erlangt man nur da (im
Innern), man kann sie nicht draußen suchen."[19] Am
wichtigsten sind dabei aber die sittlichen Ideen in uns,
die zusammen bestimmen, was Menschlichkeit - Ren 仁 -
ist. Diese muß man "mit Ehrfurcht bewahren". Die

idealistische Identitätssetzung von Innen- und Außenwelt,
Idee und Himmel lässt auch Nei Sheng 内聖 mit Wai
Wang 外王 eins werden. Ähnlich wird es von seinem
Bruder formuliert. Zhu Xi 朱熹, der ihre Werke kommentiert hat, arbeitet auch den Teil des Wai Wang
heraus, indem er betont, daß die sittliche Erkenntnis zum
Herrschaftprinzip im Staat - Wang Dao 王道 - werden
müsse: "Die Heiligen des Altertums bemühten sich um
Vervollkommnung (Cheng 誠), um der Himmelsidee zu
folgen und die Menschen von selbst folgsam werden zu
lassen. Das ist der Weg der Herrscher Wang Dao
王道."[20]

Wie genau dabei um feinste Nuancen gestritten wird,
zeigt eine Kritik des Lu Jiu-yuan 陸九淵 (1139-1193 n.
Chr.) an Zhu Xi 朱熹, mit dem er ausführlich über das
Lernen und die Forschung diskutierte. Er wirft ihm
nämlich vor, daß er Tugendhaftigkeit und Erkenntnisstreben des Philosophen in eins setze. Lu Jiu-yuan
陸九淵, einer der bedeutendsten Idealisten, die China
hervorgebracht hat, betont hier den Vorrang von Zun De
Xing 尊德性 - Verehrung der Tugendhaftigkeit - gegenüber Dao Wen Xue 道問學 - der Bemühung um das Fragen und Forschen. "Wenn wir keine Verehrung der Tugendhaftigkeit haben, woher kommt dann die Bemühung
um das Fragen und die Forschung?"[21] Die Frage ist hier
etwa so relevant wie bei uns die Frage nach den Motiven
der Naturforscher in der Scholastik und in der Renaissance. Versteht sich Erkenntnisstreben und Wissenschaft
von selbst, wie Aristoteles und die Moderne bei uns
meinen, oder steht dahinter die "Homoiosis to Theo", die
Vergöttlichung des Menschen, der aus den Schriftzeichen
des "zweiten Buches der Offenbarung" - aus der Natur -

erfahren möchte, was der Gott ist, dem er sich da nähern
möchte, wie Platon und der Platonismus voraussetzten.
Ist also die Wissenschaft selber tugendgesteuert, oder
zieht sie nur gewisse Tugenden nach sich?

In der Ming-Zeit entwickelt Wang Shou-ren 王守仁
(Wang Yang-ming 王陽明 1472-1529 n. Chr.) den Idealismus Lu Jiu-yuans 陸九淵 weiter. Er ist berühmt für
seinen "Apriorismus" der "eingewurzelten Ideen" und
seine Lehre vom "Nach-Außenwenden des eingewurzelten Wissens" - Zhi Liang Zhi 致良知 -, die wir an
anderer Stelle in der Terminologie der modernen
phänomenologischen Forschung eine Theorie von der
"Ideenintentionalität" genannt haben.[22] Nicht minder
berühmt ist auch Wang Shu-rens Theorie von der Einheit
von Erkennen und Handeln - Zhi Xing He Yi 知行合一.
Auch diese Lehren dürften nur auf dem Hintergrund von
Nei Sheng Wai Wang 内聖外王 durchschaubar werden.

Das Sich-selbst-Klarwerden über die im Bewußtsein
eingewurzelten Ideen aller Dinge als Himmelsgaben ist
Ming De 明德; es ist Selbstheiligung des Menschen.
Aber Ming Ming De 明明德, "Aufklärung über dieses
eingewurzelte Wissen", ist zugleich ihr "Nach-außen-
wenden" durch die Tat, das äußere Zur-Herrschaft-Kom-
menlassen dieser Ideen - Zhi Liang Zhi 致良知. Mit
großem Nachdruck wendet sich Wang Shu-ren hier gegen
die Lehren der beiden Cheng 程 und die Konfuzianer der
Song-Zeit, die gelehrt hatten: "Erst Wissen, dann Handeln" - Zhi Xian Xing Hou 知先行後 -, und es ist auch
kein Wunder, daß er zum (idealistischen) Hauptfeind
aller späteren Revolutionäre wurde, die gegen ihn dann
ein "Erst Handeln, dann Erkennen" (was man angerichtet
hat) vertraten. Seine Lehre von der Einheit von Wissen

und Handeln stellt die idealistische Version des Nei
Sheng Wai Wang 內聖外王 am reinsten dar. Erkenntnis
und Wissen zeigt sich nur und ausschließlich im Handeln,
und umgekehrt ist Handeln Erkenntnis. Der Heilige als
Philosoph bleibt nicht "bei sich", sondern er bringt seine
Ideen und seine ethischen Überzeugungen nach außen zur
Herrschaft und zeigt dadurch zugleich, wessen Geistes
Kind er ist. Es ist die chinesische Absage an eine Ge-
sinnungsethik, die die schöne Seele und das gute Gewissen pflegt und die schlechte Welt ihren Gang gehen lässt.
Vielleicht hat nur Fichte bei uns in gleichem Maße die
Einheit von innerer Gesinnung und äußerem Handeln so
betont, jedenfalls wird er in China von Wang Shou-ren
王守仁 her so verstanden. Wie er selbst in seiner Lage
und Zeit dies "Nach-außen-Wenden" seiner Ideen betrieb,
zeigt er als Pädagoge, zu deren Klassikern er in China
gehört. Er hielt nichts vom damals wie auch später noch
vielfach üblichen "Schlagen und Festbinden (der Kinder)
wie in einem Gefängnis", vielmehr propagierte er
dreihundert Jahre vor Pestalozzi und Herbart: "Wir
müssen die Kinder zur Selbsttätigkeit anregen, dann
werden sie im inneren Herzen fröhlich", und dann werden sie auch "ganz natürlich von Tag zu Tag zunehmen
an Wachstum und Wandlung".[23]

Auch wenn es in den modernen Zeiten keine Heiligen
mehr gibt, sondern nur noch Philosophen - Zhe Xue Jia
哲學家 -, und wenn auch - nach herrschender Weltmei-
nung - jede Form der Herrschaft auf dem moralischen
Prüfstand steht, so haben doch die meisten Chinesen noch
immer das Nei Sheng Wai Wang 內聖外王 in den
Knochen - oder im Hinterkopf. Wie könnte man sonst
verstehen, daß ein Philosoph wie ein Heiliger verehrt und

als Herrscher anerkannt wird, daß seine Lehre das ganze Land beherrschen soll und daß seine Ideen als Beitrag zum Weltfrieden ausgegeben werden können? Das ist nicht die pure Nachahmung der sowjetrussischen Revolution und ihres Anspruchs der Weltverbesserung durch die marxistisch-leninistische Ideologie, wie man im Westen so gerne annimmt. Gleiche Ursachen mögen vielleicht gleiche Wirkungen haben, aber gleiche Wirkungen haben nicht immer gleiche Ursachen. Man muß diese Ursachen sehr tief in der Kultur- und Geistesgeschichte suchen und aufdecken, um sich einem angemessenen Verständnis ihrer Wirkungen zu nähern. Und das gilt auch, wenn es um die Märtyrer geht, die mit ihrem Leben für ihre Ideen und ihr "Nach-außen-Wenden" bezahlt haben.

3. Ru Shi 入世 - Chu Shi 出世 Weltzugewandtheit und Weltabgewandtheit als Wege der Philosophen

"Alle typischen chinesischen Philosophen", sagt Bertrand Russell wohl mit Recht, "sind Philosophen, die ihr Leben lang versucht haben, ihren tiefsten Überzeugungen in ihrem ganzen Tun Gestalt zu geben." Es ist genau das, was wir im vorigen Abschnitt mit Zhuang Zis 莊子 Formel vom Nei Sheng Wai Wang 内聖外王 zusammengefaßt haben. Der chinesische Philosophiehistoriker Feng You-lan 馮友蘭 stellte feinsinnig heraus, daß es dabei mit Worten alleine nicht getan ist: "Wer die Brücke zwischen Himmel und Erde schlägt, die Entwicklung

vom Altertum an die Gegenwart anknüpft und das Prinzip
Nei Sheng Wai Wang 內聖外王 erläutert, der kann nicht
alles vollständig ausdrücken, was er sagen möchte, um
unserem Staat Frieden zu bringen und unseren un-
zähligen Menschen ein Heim und einen Lebensunterhalt
zu verschaffen."[24]

In historischen Zeiten ist der Philosoph in China am
liebsten Fürstenberater gewesen, denn er versuchte, wie
wir schon oben sagten, den Herrscher zu beherrschen.
Seine Möglichkeit aber war dabei im Feudalstaat ein
Dienst - Shi Jun 事君 - "Arbeit für den Fürsten", selbst
wenn er dabei höchste Würden und höchste Amtsstellung
erreichte. Das war immer schwer genug. Selbst Kong Zi
孔子, der wenigstens einigen Erfolg als Minister und
Kanzler im Staate Lu gehabt hat, klagte im Alter: "Wenn
es doch noch einen gäbe, der mich bräuchte! Nach zwölf
Monaten sollte es schon besser gehen, und nach drei
Jahren sollte alles in Ordnung sein!"[25]

Man konnte schnell entlassen werden, besonders,
wenn die Kollegen am Bein des Stuhles sägten, auf dem
man saß. Die Welt war immer schon voll von Oppor-
tunisten und Karrieristen. Da bedeutet es schon etwas,
wenn Kong Zi 孔子 es als Berufsmaxime aufstellte: "Wer
den Namen eines bedeutenden Staatsmannes verdient,
der dient seinem Fürsten gemäss dem Dao 道 - Yi Dao
Shi Jun 以道事君 (Dao 道 meint hier die ethischen Prinzipien). Wenn das nicht geht, so tritt er zurück."[26] Aber
dazu braucht man noch Glück, denn es kann schlimmer
kommen. Das Lun Yu 《論語》 erwähnt drei Beispiele:
"Wei Zi 微子 zog sich vom Hofe zurück, Ji Zi 箕子
wurde zum Sklaven gemacht, Bi Gan 比干 machte dem
König von Zhou Vorwürfe und wurde getötet. Kong Zi

孔子 sprach: Die Yin-Dynastie hatte drei Männer von echtem Charakter (Ren)."[27]

Und daß es noch mehr von diesen gegeben haben muß, zeigt eine Stelle des Li Ji 〈 禮記 〉, des Buches der Sitte, wo es heißt: "Den Gelehrten kann man gern mögen, aber nicht zwingen; man kann sich ihm nähern, aber ihn nicht zu etwas nötigen; man kann ihn töten, aber ihm nicht seine Ehre nehmen"[28] - so jedenfalls soll es alte Sitte gewesen sein, und so verlangt es der Sittenkodex der Philosophen.

Kong Zi 孔子 nennt diejenigen, die nicht bei einem Fürsten Anstellung gefunden hatten und deshalb privatisieren mußten, Yi Min 逸民 - solche, die im Volk blieben. Der Ausdruck dürfte unserem "Privatmann" (der keine öffentliche Funktion wahrnimmt) entsprechen. Und wie dem "Privaten" hängt auch dem "Yi Min" ein gewisses Odium an. Die Stoiker hatten den Rückzug der Epikureer aus der Öffentlichkeit als "Beraubung" (das meint das Wort "privare") an Mitmenschlichkeit und somit als Verantwortungslosigkeit gegen das Gemeinwesen, in und von dem sie doch lebten, getadelt. Im Yi Min 逸民 spürt man etwas von der Herablassung desjenigen, der es geschafft hat, durch den Umgang mit den Fürsten geadelt worden zu sein, gegen die "Masse". Aber bei diesen Privatiers achtet Kong Zi 孔子 doch sehr genau darauf, warum sie sich zurückzogen und ob sie dabei ihrer Person und der Sache der Philosophie Ehre oder Schande machten. In seinen "Gesprächen" (Lun Yu 〈 論語 〉) heißt es: "Yi Min 逸民 waren Bai Yi 伯夷, Shu Qi 叔齊, Yu Zhong 虞仲, Yi Yi 夷逸, Zhu Zhang 朱張, Liu Xia Hui 柳下惠 und Xiao Lian 少連. Der Meister sagte: Diejenigen, die ihr Ziel nicht erniedrigten und ihre

Person vor Schande bewahrten, waren Bai Yi 伯夷 und
Shu Qi 叔齊. Von Liu Xia Hui 柳下惠 und Xiao Lian
少連 kann man sagen, daß sie ihre Ziele erniedrigten und
ihre Person in Schande brachten. Und doch trafen sie in
ihren Worten das Vernünftige und in ihrem Wandel das
Achtbare. So waren sie, und nicht anders. Von Yu Zhong
虞仲 und Yi Yi 夷逸 heißt es, daß sie in der
Verborgenheit lebten und doch aus ihren Meinungen
keinen Hehl machten. Sie hatten einen untadeligen
Lebenswandel, und daß sie sich zurückzogen war genau
das den Umständen Entsprechende."[29] Bai Yi 伯夷 und
Shu Qi 叔齊 hatten ihrem König gegen den Krieg geraten
und dafür den Hungertod auf sich genommen. Liu Xia
Hui 柳下惠 war als Oberrichter dreimal entlassen
worden und hatte dann bekannt, wenn er schon den
Leuten nicht "auf geradem Wege" (im Amt) dienen
könne, so wolle er es "auf krummem Wege" tun. Was
Kong Zi 孔子 von Yu Zhong 虞仲 und Yi Yi 夷逸 sagt,
darf man auch auf seinen großen Gegenspieler Lao Zi
老子 und auf Spätere wie Zhuang Zi 莊子 beziehen. Es
sind "freischwebende Intellektuelle", die bei uns erst im
18. Jahrhundert aufkamen, wie der "Gentleman-philoso-
pher" Locke in England, Voltaire in Frankreich und Lessing in Deutschland. Was Lessing auf seinen Grabstein
schreiben ließ, hätte wohl für alle diese ebenfalls gelten
können:

> Gibt einst dein Leichenstein von dem, was du gewesen,
> dem Enkel, der dich schätzt, soviel er braucht zu lesen,
> so sei die Summe dies: Er lebte recht und schlecht
> ohn' Amt und Gnadengeld, und niemands Herr noch Knecht.

Daß diese Yi Min 逸民-Philosophen durchaus den Spieß gegen die "Staats-Philosophen" und "Fürstenknechte" umzukehren wußten, die sich an den Krippen der Mächtigen nährten und immer Gefahr liefen, ihre Meinungen nach dem herrschenden Winde zu richten, das hat Kong Zi 孔子 am eigenen Leibe erfahren, und manche Geschichte aus seinen "Gesprächen" kündet davon. Einer von ihnen, Jie Yu 接與 aus dem Staat Chu 楚, sang ihm das Spottlied:

Oh Vogel Fong, oh Vogel Fong, wie sehr dein Glanz verblich!
Doch was gescheh'n ist, ist gescheh'n. Nur künftig hüte dich!
Gib auf dein eitles Müh'n! Wer heut' dem Staate dienen will,
der stürzt nur in Gefahren sich.[30]

Selbst ein einfacher Mann, ein Turmwächter, der Kong Zi 孔子 und seine Begleiter in seine Stadt hereinließ, soll über ihn die Bemerkung gemacht haben: "Ist das nicht der, der weiß, daß es nicht geht, und der dennoch immer weitermacht?"[31] Kong Zi 孔子 erwähnt dies in seinen "Gesprächen" mit einem gewissen Stolz, und die Bemerkung ist dadurch in China zu einem geflügelten Wort geworden angesichts der unendlichen Aufgabe der Philosophie.

Meng Zi 孟子 (372-289 v. Chr.), später von den Konfuzianern zum "zweiten Heiligen" - Ya Sheng 亞聖 - nach Kong Zi 孔子 ernannt, hatte großartige Pläne und die menschenfreundlichsten Absichten und reiste in vielen Staaten herum, um einen Fürsten zu finden, der sie verwirklichen sollte. Aber er fand keinen. Er predigte Min Gui Jun Qing 民貴君輕 - "Das Volk ist wichtig... der Fürst ist minder wichtig!"[32] -, wandte sich gegen

Angriffskriege und Eroberungen, hoffte auf "Menschen, die keine Menschen töten" für den Weltfrieden und propagierte zugleich den Tyrannenmord als Mittel, sich von schlechten Fürsten zu befreien. Er bemerkte auch sehr richtig den nervus rerum aller Herrschaft, was natürlich auch die Philosophenherrschaft, Wai Wang 外王, betrifft. "Die geistig Arbeitenden beherrschen die Menschen, und die körperlich Arbeitenden werden von Menschen beherrscht. Aber die von Menschen Beherrschten ernähren die Menschen, und die herrschenden Menschen werden von Menschen ernährt."[33] Offensichtlich eine goldene Lehre, die noch kein Herrscher gerne gehört hat. Er hatte wohl Glück, auf keinen zu stoßen, der ihn dafür büssen ließ.

Da ihm ein Amt als Fürstenberater versagt blieb, machte auch er aus der Not die Tugend des freien Berufs. Das klingt bei ihm so: "Im Altertum machten es die (großen) Männer so, daß, wenn sie ihr Ziel erreichten, sie dem ganzen Volke Segen spendeten. Wenn sie ihr Ziel nicht erreichten, so veredelten sie ihr Leben, daß es auf Erden strahlte. Im Mißerfolg erhöhten sie nur ihr eigenes Leben; hatten sie Erfolg, so verbesserten sie gleichzeitig die ganze Welt."[34] Und so meinte er es denn auch für seine Zeitgenossen: "Wer weilt schon in dem weiten Haus der Welt am rechten Ort, steht und geht in der Welt auf geradem Wege. Wenn's ihm gelingt, so stimmt er mit dem Volk überein, wenn's ihm mißlingt, so zieht er einsam seines Weges. Nicht Reichtum oder Ehre kann ihn verlocken, nicht Armut oder Schande kann ihn schrecken, nicht Macht und Drohung kann ihn beugen. So ist ein rechter Mann!"[35]

Diese Sätze gehören bis heute gewissermaßen zum eisernen Bestand des chinesischen philosophischen Bewußtseins. Der Philosoph denkt über sich und sein Wirken in den Kategorien, die darin vorkommen. Da 達 - Gelingen - und De Zhi 得志 - sein erstrebtes Ziel erreichen - und dadurch zugleich Ze Jia Yu Min 澤加於民 - dem ganzen Volk Segen bringen - und Jian Shan Tian Xia 兼善天下 - die ganze Welt verbessern - sind fest miteinander verkoppelt und stehen für den wünschenswerten Erfolg. Es ist die Verwirklichung des Acht-Punkte-Programms der Konfuzianer und das gelungene Nei Sheng Wai Wang 內聖外王.

Wer es nicht schafft, denkt in den Kategorien von Qiong 窮 - Mißlingen - und Bu De Zhi 不得志 - sein Ziel nicht erreichen. Was einer nicht schafft, ist Wai Wang 外王 - Herrschaft nach außen - oder öffentliche Nützlichkeit und Einflußgewinnung und somit Prominenz. Er sieht sich zurückgeworfen auf das Nei Sheng 內聖 - die Heiligung des Innern -, auf das Du Shan Qi Shen 獨善其身 - einsam seine Persönlichkeit veredeln - und Du Xing Qi Dao 獨行其道 - einsam seinen eigenen Weg zu gehen. Das bringt das Problem des An Sheng Li Ming 安身立命 - sich eine Existenz aufzubauen - auf, mithin, in China wie anderswo, die Gretchenfrage der philosophischen Existenz.

Auch Lao Zi 老子 (571-480 v. Chr.), der Gegenspieler des Kong Zi 孔子, war zunächst Fürstenberater, nämlich als Staatsarchivar des Zhou-Staates. Als er aber den Niedergang der Dynastie erlebte, trat er zurück und zog über die Grenze, wo er dann auf Bitten des Grenzbeamten das Werk Dao De Jing 《道德經》 geschrieben haben soll, ehe sich seine Spur verliert. Er repräsentiert

in China den Typ des Philosophen, der gerade in der
Zurückgezogenheit grössten Einfluß gewann und dies als
die wahre Philosophenherrschaft propagierte. In der Han-
Zeit erfreute sich sein Werk zeitweise grösseren Anse-
hens bei Hofe als das des Kong Zi 孔子. So etwa bei dem
Kaiser Wen (Regierungszeit 179-156 v. Chr.) und seiner
Gemahlin, die auch ihren Sohn und späteren Kaiser Jing
(Regierungszeit 156-140 v. Chr.) für Lao Zi 老子 be-
geisterte. Nicht von ungefähr war es sein späterer
"Schüler" Zhuang Zi 莊子, der den Ausdruck Nei Sheng
Wai Wang 内聖外王 prägte und damit auch die Art
einbeschloß, in der Lao Zi 老子 wirkte und herrschte.
Und seine Art der Herrschaft ist auch nicht ohne
Nachfolge bei den tatsächlichen Herrschern geblieben.
Sein Wu Wei 無爲 wurde auch bei den Konfuzianern
zum Prinzip des "Nicht-Eingreifens" der Herrscher in all
das, was besser "sich selbst überlassen" blieb, nicht
zuletzt auf ökonomischem Gebiet, denn auch Konfuzius
selbst übernahm den Ausdruck und gab ihm den Sinn des
"Nicht-Handelns". Es wurde zum Pendant des abendländischen Subsidiaritätsprinzips, wonach der Staat und
die Regierung sich aus dem heraushalten soll, was die
Bürger aus eigener Einsicht und eigenem Interesse besser
zustande bringen.

So denken noch viele chinesische Philosophen bis auf
den heutigen Tag. Und gewiß haben auch Schopenhauer,
Mauthner, Feuerbach und Marx in jungen Jahren so gedacht, als man ihnen den Eintritt ins akademische Estab-
lishment verwehrte. Auch sie haben wie Lao Zi 老子,
Meng Zi 孟子 und manch anderer Privatheiliger ohne
Amt und Stellung ihre philosophische Potenz zu aus-
gedehnter Ideenherrschaft nach außen wenden können.

Diese Beispiele zeigen aber, daß Ru Shi 入世 und Chu Shi 出世 - Weltwirkung und Eingezogenheit - nicht dasselbe ist wie Nei Sheng und Wai Wang, weder in China noch bei uns. Auch Nei Sheng 内聖 kann ziemlich mißlingen und Wai Wang 外王 dabei sehr erfolgreich sein, das sieht man allenthalben in der Welt und vielleicht ist dies das Unglück der Moderne. Aber alte Kulturen haben jederzeit ihre verborgenen Heiligen, denen erst in späteren Zeiten das Wai Wang 外王 zuwächst.

2. Kapitel

Die Grundthematik der chinesischen Philosophie

1. Tian Ren He Yi 天人合一 Die Einheit von Himmel und Mensch

Was könnte einen grösseren Unterschied aufweisen als "der gestirnte Himmel über mir" und meine flüchtige menschliche Existenz, die Kant mit Schaudern und Staunen erfüllte? Was bedeuten die wenn's hoch kommt hundert Jahre eines Menschen oder die anderthalb Millionen Jahre der Menschheit angesichts eines fünfzehn Milliarden Jahre alten Kosmos, von denen die moderne Naturwissenschaft spricht, was der Lebensraum des Menschen auf einem der Sonnenplaneten in einem relativistisch-unendlichen Universum? Angesichts solcher Dimensionen von Einheit von Himmel und Mensch zu sprechen, erscheint als verrückt, kurios, mythologisch - ein alter Gedanke, der als Irrtum von einst durch neuere wahre Einsicht ein für allemal ersetzt gilt.

Man kann die Sache mit üblicher Philosophie- und Wissenschaftsgeschichte so abbuchen und doch seinen Spaß an einer kühnen Weltbildhypothese behalten. Sie ist ja auch in der abendländischen Philosophie nicht ganz unterentwickelt geblieben. Erinnern wir an die stoische Denkfigur des Mikro-Makrokosmos-Verhältnisses, das den Menschen als kleinen Kosmos und den Kosmos als großen Menschen zu fassen suchte. Es wurde die Grundlage für eine Astrologie, die die Himmelszeichen auf den Menschen bezog und daraus seine Lage und sein Schicksal errechnete. Bekanntlich ist sie in manchen westlichen Kreisen noch recht lebendig, und wer sich über irrationale Börsenbewegungen oder unverständliches Timing politischer Schachzüge wundert, der mag solche Störfaktoren der öffentlichen Rationalität getrost in Rechnung stellen. Vom Umgekehrten zeugen noch die Sternkreisbezeichnungen, die den Nachthimmel mit allerhand Persönlichkeiten, Tieren und Geräten bevölkern. Sonne und Mond sind die Uhren geblieben, nach deren Lauf auch moderne Wissenschaft noch Zeiten bemißt, in denen es weder Sonne noch Mond gegeben haben kann. Ihr Zeitmaß geht auch in die Streckenmaßstäbe der Lichtjahre ein, auch dort, wo man schwerlich von Abständen oder Zeiten reden kann. Protagoras hatte das früh angekündigt: "Der Mensch ist das Maß aller Dinge." Aber die Absurditäten kosmologischer Anthropomorphismen und Horologismen gelten als Probleme, die man durch künftige Forschung noch zu bereinigen verspricht.

Näher an den Gedanken führt uns der abendländische Pantheismus, wenigstens von der einen Seite her. Gott, der "Vater im Himmel", ist Hen kai Pan, das Eine und Alles, und so muß auch der Mensch in dieses Eine und Alles einbegriffen werden. Daß der Gott selbst Mensch wird, ist dem Christen das große Glaubensgeheimnis, aber dem Pantheisten die pure Selbstverständlichkeit, nur geschah es für ihn nicht einmal, sondern es geschieht immer. Mittelalterliche Mystiker, die die Sache auch umdrehten, waren daher der Kirche immer verdächtig, sowohl als Pantheisten wie als Gotteswahnsinnige. Aber sie machten nur ernst mit der Platonischen "Theiosis" und wurden als Menschen Gott. Sie brachten den Himmel auf die Erde und erweiterten ihr Leben zu himmlischer Seligkeit. Das mündete in den Humanismus der Renaissance, in der der Menschengott als Genie auftrat und neue Welten erschuf.

Dergleichen setzt man heute im historischen Bericht gerne in Anführungszeichen, was heißen soll: Früher sagte man es so, und man meinte es auch so, aber wir sind jetzt ganz anderer Meinung. Das ist die moderne Technik der Gedankenentschärfung, die es erlaubt, nichts mehr ernst zu nehmen und alles als Spielmaterial zu vereinnahmen. Man sollte es aber ernstnehmen, denn das Programm läuft noch: Es ist das westliche Programm der Moderne schlechthin. Freilich lebt es von Versprechungen und Hoffnungen - wie alle Programme -, aber wer es ernst nimmt, kommt vielleicht einem Verständnis von dem am nächsten, um was es der chinesischen Philosophie mit der "Einheit von Himmel und Mensch" gegangen ist.

Nennen wir zunächst den Han-Großhistoriographen Si-ma Qian 司馬遷 (ca. 145-86 v. Chr.), der es als Hauptaufgaben der Gelehrten beschrieb, "die Beziehung zwischen Himmel und Mensch zu untersuchen und die Entwicklung vom Altertum bis heute zu kennen."[1] Ein Jahrtausend später in der Song-Zeit schreibt Shao Yong 邵雍 (1011-1077 n. Chr.), keiner könne als Gelehrter gelten, der nicht über das Problem der Beziehung zwischen Himmel und Mensch nachgedacht habe. Auch der heutige chinesische Intellektuelle wird die große Gegenwartsfrage nach dem Verhältnis von Mensch und Umwelt, Mensch und Natur, noch in den Kategorien zu

klären suchen, die ihm die Geschichte des Denkmodells
von Tian Ren He Yi 天人合一 an die Hand gibt.

Daß Himmel dasjenige ist, was über der Erde zu sehen
ist, kann man wohl als eine Grundbedeutung auch für das
chinesische Tian 天 in Anspruch nehmen. Tian hat von
daher, wie im Griechischen Uranos und Gaia etwa bei
Hesiod, eine Beziehung zur Erde als Konnotation behalten. Von dieser Beziehung wird jedenfalls im Buch
der Wandlungen (Yi Jing 〈易經〉) ausgiebig Gebrauch
gemacht, wie später noch zu zeigen ist. Aber das Yi Jing
〈易經〉 demonstriert in seinen Kombinationen des für
"Himmel" stehenden Zeichens (Tian 天) mit demjenigen,
das für "Erde" (Tu 土) steht, zugleich eine Vermischung,
Verschmelzung oder doch ein Ineinanderverwobensein
von Himmel und Erde, und die daran anknüpfende
Spekulation erklärt daraus die Entstehung und den
"Wandel" (Yi 易), in manchen Formen auch die künftige
Entwicklung "aller Dinge unter dem Himmel" (Wan Wu
Tian Xia 萬物天下), wie dann der ständige Ausdruck
lautet. Darin liegt gewiß eine Idee davon, daß der Him-
mel ins Irdische hineingezogen werden kann. Naturmagie
und Heilkunst legen den Gedanken zugrunde, wie auch
bei uns alchemistische Apotheker, die den "Äther" als
"Quinta essentia", der den Raum zwischen und über den
Fixsternen ausfüllen sollte, auf irdische Flaschen gezogen
haben wollten.

Das älteste Schriftzeichenwörterbuch Chinas, das Shuo
Wen Jie Zi 〈說文解字〉 ("Erklärung der Schriftzeichen") des Xu Shen 許慎 (58-147 n. Chr.) aus dem
frühen 2. Jahrhundert n. Chr. beschreibt das Schriftzeichen für Himmel (Tian 天) als aus den Bestandteilen für
"Einheit" (Yi 一) und "groß" (Da 大) zusammengesetzt,

wie man leicht sehen kann.[2] Auch diese "Etymologie" teilt sich der Bedeutung von "Himmel" mit: Er steht für die "große Einheit", und das versteht sich wiederum nur als "Einheit des Vielfältigen", nämlich aller Dinge. Wie das Himmels-Zeichen aber nach der "alten Schrift" der Schildkrötenpanzer-Einritzungen und der Bronzegüsse hier wiedergegeben wird, sieht es aus wie ein Mensch mit breitem Hut, hängenden Armen und gespreizten Beinen. Soviel Anthropomorphismus erscheint auch chinesischen Philologen als unglaubwürdig, und deswegen gilt eine solche etymologische Erklärung allenfalls als unorthodox. Aber das braucht gar nicht entschieden zu werden. So, wie das Tian-Zeichen (天) in der alten Schrift, wie sie noch bis in die Han-Zeit verwendet wurde, geschrieben wurde, evoziert es unweigerlich einen "Menschen", und das konnte sicher nicht folgenlos bleiben. Wer mit Schriftzeichen umgehen konnte, und das waren nur die Gelehrten, der konnte gar nicht anders als an den Menschen denken, sobald er das Himmels-Zeichen sah und seine Lautung "Tian" aussprach. Man kann auch vom Atomphysiker nicht verlangen, daß er bei "Atom" ganz vergißt, daß das längst gespaltene Atom seine Bezeichnung vom "Unspaltbaren" bekommen hat.

Wir möchten vermuten, daß sich so schon durch die Schriftzeichen eine fast naturwüchsige Aufmerksamkeit auf das Verhältnis von Himmel und Mensch bei den alten Gelehrten Chinas ergab, die sich nur noch in dem Maße verstärken konnte, als man den Schriftzeichenerfindern als ersten Heiligen höchste Weisheit bei der Gestaltung der Zeichen unterstellte. Sie sollten sich zumindest etwas dabei gedacht haben, was zum Nach-Denken anregen konnte. Unterstellt man dazu noch eine gewisse "Kab-

balistik" bei den nachdenklichen Gelehrten, so gab es
beim Himmels-Zeichen noch manche andere Anregung
für Spekulationen. Es zeigt zwei Querstriche untereinander - sonst auch das Zahlzeichen für die Zwei (二) - die
durch das Zeichen für "Mensch" (人) in der Mitte
zusammengehalten werden. Eine ähnliche Verbindung
findet sich aber auch im Schriftzeichen für Ren 仁 -
Menschlichkeit (das konfuzianische Tugendideal), wo
"Mensch" als Radikal links und die beiden Querstriche
rechts oben und unten danebenstehen. Das letztere deutet
man unter Konfuzianern gerne so, daß "Menschlichkeit"
als Gesamttugend darin bestehe, den Verhältnissen
zwischen zwei Menschen und vor allem ihrer Rang-
ordnung von "oben" bzw. "unten" Rechnung zu tragen.
Das kann dann leicht als eine "Anwandlung des Himmels" verstanden werden, zumal wenn man anhand der
Yi Jing 易經-Wandlungen von Zeichenkomponenten
darin trainiert war. Kurzum, auch die spekulative Verknüpfung von Himmel und menschlicher Tugend dürfte
im Umkreis der Schriftzeichen-Evokationsleistungen ge-
legen haben.

Aber das kann natürlich nicht heißen, daß die Schriftzeichen der Grund für die Thematik und die Denkform
wurde. Solchen Grund gab es ja auch im Abendland
nicht, und doch hat es eine vergleichbare Thematik und
ähnliche Denkformen entwickelt, wie gezeigt wurde.
Aber daß China früher darauf stieß und intensiver dabei
blieb, das muß doch einiges mit dem Regime der
Aufmerksamkeiten durch die Sprache und ihre ikonischen
Schriftzeichen, die als solche Sinn fixieren, zu tun haben.
Der Schriftzeichenerfindung voraus aber liegen Denkformen, die in ihren Gestaltungen ihren Niederschlag

gefunden haben müssen. Diese können wir als Gründungsmythen rekonstruieren.

a. Tian Jun Xiang Pei 天君相配 Entsprechung von Himmel und Herrscher

Schon in der Shang-Zeit (16.-11. Jahrhundert v. Chr.) müssen Vorstellungen von einem Himmelsherrscher verbreitet gewesen sein. Er wird Di 帝 genannt und später Shang Di 上帝, was man mit "Kaiser" und "Himmelskaiser" oder "oberster Kaiser" bzw. "Kaiser über allem" übersetzt, weil sich die dynastischen Herrscher später selbst Di 帝 nannten. Die Herrscher der Zhou-Dynastie führten zuerst ihre Herrschaftseinsetzung auf ein Mandat dieses Himmelskaisers oder Shen 神 "Geist" (zuweilen auch mit "Gott" übersetzt) zurück: Jun Quan Shen Shou 君權神授 - Die Macht des Herrschers stammt vom Shen. Im Buch der Dokumente (Shu Jing 〈 書經 〉 bzw. Shang Shu 〈 尚書 〉) heißt es darüber: "Als der Himmel die Menschen geschaffen hatte, gab er ihnen auch Herrscher und machte ihnen Lehrer. Sie sollten Gehilfen des Shen 神 sein. Darum verlieh er ihnen die Länder der Welt. Schuld und Unschuld liegt allein bei ihnen. Wer wagt es auf Erden ihren Willen zu mißachten."[3]

Die ersten Kaiser der Zhou-Dynastie begründeten ihre Legitimität moralisch: "Der Himmel hat keine Verwandten, er wählt nur nach Tugend aus."[4] Das setzte nachmals ethische Maßstäbe für jede Beurteilung kaiserlicher Herrschaftsausübung. Die Hauptaufgaben waren Zun Li Shang De 尊禮尚德 - Sitte und himmlische Tugend verehrend zu bewahren - oder mit anderen Worten Jing Tian

Bao Min 敬天保民 - den Himmel heilighalten und das
Volk schützend erhalten. Spätere Zhou-Kaiser kehrten
das dynastische Prinzip hervor und knüpften es an den
"Himmelskaiser" als Vaterfigur an. Sie nannten sich seither Tian Zi 天子 - Himmelssohn -, und die ganze dynastische Abfolge von Kaisern wurde mit ihrem Shang Di
上帝 zu einer "heiligen Familie".

Im Kommentar zum Buch der Wandlungen (Yi Jing
〈 易經〉) wird diese ständige Verbindung der "Heiligen"
mit dem Himmel so beschrieben: "Der große Mann hatte
dieselbe Tugend wie Himmel und Erde. Er glänzte wie
Sonne und Mond. Er hielt dieselbe Ordnung ein wie die
vier Jahreszeiten und bestimmte über Glück und Unglück wie die Dämonen und Geister. Er widersetzte sich
keinem Befehl des Himmels, und sein Handeln entsprach
dem himmlischen Auftrag."[5] Das ist der Sinn der damals
aufgekommenen Formel vom Tian Jun Xiang Pei 天君
相配, die sich dann in der Frühlings- und Herbst-Zeit
(seit 770 v. Chr.) verbreitete.

b. Tian Ren Xiang Tong 天人相通 Himmel und Mensch in Entsprechung

Diese Formel stammt von Meng Zi 孟子 (372-289 v.
Chr.). Er "demokratisierte" die Idee der Himmelsherr-
schaft und dehnte die "Gemeinschaft der Heiligen" auf
alle Menschen aus. Der Mensch ist für ihn von Natur aus
gut, und was er Gutes an sich hat, ist eine Mitgift des
Himmels. Er beschreibt diese guten "Anlagen" des Menschen so: "Mitleid (Ce Yin 惻隱) ist der Anfang der
echten Menschlichkeit (Ren 仁), Schamgefühl (Xiu E

羞惡) ist der Anfang der Gerechtigkeit (Yi 義), Bescheidenheit (Ci Rang 辭讓) ist der Anfang der Sittlichkeit (Li 禮), Recht und Unrecht zu unterscheiden (Shi Fei 是非) ist der Anfang von Weisheit (Zhi 智). Diese vier Anlagen besitzen alle Menschen, wie sie auch ihre vier Gliedmaßen besitzen."[6] Diese vier Tugenden Ren Yi Li Zhi 仁義禮智 wurden im Konfuzianismus zum ethischen Kanon; sie machen das aus, was man schon hier "eingeborene Ideen" als "Himmelsgabe" an den Menschen nennen kann. Spätere "aprioristische" Theorien der Song-Philosophen knüpften immer an Meng Zi 孟子 an.

Die Lehre vom Gemeinsamen oder "Durchgängigen" (Tong 通) von Himmel und Mensch wurde auch zum Ausgang der Spielformen des Idealismus in China. Meng Zi 孟子 formuliert seinen Idealismus so: "Wer seiner Seele auf den Grund geht, erkennt sein eigentliches Wesen. Das ist Himmelserkenntnis Jin Xin Zhi Xing Er Zhi Tian 盡心知性而知天. Wer seine Seele bewahrt, nährt sein eigentliches Wesen und dient dadurch dem Himmel - Cun Xin Yang Xing Er Shi Tian 存心養性而事天."[7] Und noch entschiedener, fast solipsistisch klingend: "Alle Dinge finden ihre Vollendung durch das Ich - Wan Wu Jie Bei Yu Wo Yi 萬物皆備于我矣."[8]

Recht ähnliche Formulierungen finden sich im Buch "Mitte und Maß" aus dem "Buch der Sitten" (Li Ji 〈禮記〉), auf das sich Meng Zi 孟子 kommentierend bezieht. Aber dort ist noch von den privilegierten Heiligen der Vorzeit die Rede. Wir haben sie oben schon einmal zitiert: "Nur wer auf Erden die höchste Wahrhaftigkeit (Cheng 誠) hat, kann sein Wesen ganz entfalten. Wer sein Wesen ganz entfalten kann, der kann das Wesen der

Menschen zur Entfaltung bringen. Wer das Wesen der
Menschen zur Entfaltung bringen kann, der kann das
Wesen der Dinge entwickeln. Wer das Wesen der Dinge
entwickeln kann, der kann mit (Hilfe von) Himmel und
Erde schöpferisch gestalten. Wer mit Himmel und Erde
schöpferisch gestalten kann, der bildet mit Himmel und
Erde eine große Dreiheit."[9]

Zhuang Zi 莊子 (369-286 v. Chr.), der fast gleich-
altrige Zeitgenosse des Meng Zi 孟子, zieht daraus auch
die Konsequenzen für einen "ontologischen Idealismus".
Bei ihm heißt es: "Himmel und Erde entstehen mit mir
zugleich und alle Dinge sind mit mir eins."[10] Und noch
deutlicher sagt er über die Heiligen - zu denen er sich
selbst rechnete -: "Für die Heiligen gibt es keinen Himmel, keinen Menschen, keinen Ursprung und kein Ding.
Alle sind eins und dasselbe."[11] Bei ihm als Schulanhänger des Lao Zi 老子 und Hauptvertreter des Daoismus kann man sehen, wie sich auch diese bedeutende
Richtung der chinesischen Philosophie, die nachmals den
Mutterboden für die Aufnahme des Buddhismus in China
bildete, des Themas bemächtigte. Zhuang Zi 莊子 pflegte
bekanntlich seine Lehre in glänzenden Paradoxien und
mit poetischen Beispielen zu artikulieren, wie es auch
schon das Dao De Jing 〈道德經〉des Lao Zi 老子 in
großen Partien vorführte, weshalb man ihn auch oft einen
Dialektiker und Poeten genannt und deswegen unterschätzt hat. Aber auch seine Botschaft ist wesentlich ein
Kommentar zum Tian Ren Xiang Tong 天人相通 und
damit ein Meilenstein auf dem Weg zum Tian Ren He Yi
天人合一, der Lehre von der Einheit von Himmel und
Mensch.

c. Tian Ren Xiang Lei 天人相類 und Tian Ren Gan Ying 天人感應 Strukturgleichheit von Himmel und Mensch und gegenseitige Einwirkung von Himmel und Mensch aufeinander

In der Han-Zeit nimmt Dong Zhong-shu 董仲舒 (190-105 v. Chr.) das Thema auf und bringt es auf die oben-genannten Formeln. Er war Kanzler des Königs Jiao Xi und Berater des Han-Kaisers Wu, dem er geradezu "drei politische Strategien zur Himmel-Mensch-Beziehung (Tian Ren San Ce 天人三策) vorschlug. Dazu gehörte die Einführung des klassisch-konfuzianischen Mandarinen-Prüfungswesens für die Staatsbeamten, die Gründung von Landschulen und Hochschulen und nicht zuletzt die Um-verteilung des Landbesitzes von den Großgrundbesitzern auf die Habenichtse mit Arrondierungsverbot, um die Er-nährungsgrundlage des Landes zu sichern. Obwohl als Hofgelehrter berufen, war er sicher kein Stubengelehr-ter.

Er war ein "konservativer" Konfuzianer und betonte darum den Vorrang des Himmels in der Himmel-Mensch-Beziehung. "Was die Strukturgleichheit (Xiang Lei 相類) angeht, so bilden Himmel und Mensch zusammen eine Einheit. Aber der Himmel ist der Schöpfer aller Dinge in der Welt und so auch der Schöpfer des Menschen."[12] Seine Ausführungen stünden auch einem Stoiker an, der dartun will, daß der Mensch ein Mikrokosmos des Makrokosmos ist. Er sagt: "Daß der Mensch als Mensch existiert, verdankt er dem Himmel. Der Himmel ist der Vorvater des Menschen. Deshalb ist der Mensch dem Himmel strukturverwandt. Der Körper des Menschen stammt von der Himmelsform (Tian Shu 天數), das Blut

und der Atem des Menschen für Menschlichkeit (Ren 仁)
und Formen (Shu 數) stammen vom Himmelswillen
(Tian Zhi 天志), die Handlungstugend des Menschen für
Gerechtigkeit (Yi 義) stammt von der Himmelsidee (Tian
Li 天理). Sympathie und Antipathie des Menschen
stammen von der Wärme und Klarheit des Himmels,
Heiterkeit und Zorn stammen von der winterlichen Kälte
und sommerlichen Hitze des Himmels. Daß der Mensch
sein Leben bekommt, stammt von den vier Jahreszeiten
des Himmels."[13]

Wir übersetzen Xiang Lei 相類 hier mit "Strukturgleichheit", weil, wie die Beispiele zeigen, nicht von
einer substanziellen Identität die Rede ist. Diese wird
erst später zum Thema, wie zu zeigen ist. Aber es gibt
doch schon Andeutungen in diese Richtung bei Dong
Zhong-shu 董仲舒, wenngleich sie anthropomorph bleiben. Diese betreffen die Einwirkungsmöglichkeiten zwischen Himmel und Mensch. Es heißt etwa: "Der Himmel
hat das Qi 氣 (Materie, eigentlich "Luft" wie das stoische
"Pneuma") von Heiterkeit und Zorn und auch das Xin 心
(Herz, Bewußtsein) von Trauer und Freude, damit er dem
Menschen gleich ist."[14] Oder an anderer Stelle drückt er
sich in der Terminologie der Yi Jing 〈易經〉-Natur-
philosophie so aus: "Wenn die Yin-Luft - Yin Qi 陰氣 -
durch Himmel und Erde entsteht, dann entsteht menschliche Yin-Luft als Antwort. Wenn menschliche Yin-Luft
entsteht, so entsteht wiederum als Antwort Yin-Luft von
Himmel und Erde. Ihr Weg (Dao 道) ist derselbe."[15]

Das ist schon Tian Ren Gan Ying 天人感應 - einwir-
kende Entsprechung von Himmel und Mensch. Aber
höchste Bedeutung erhält dies im Verhältnis des Herrschers zum Himmel. Hat er Cheng 誠 - Wahrhaftigkeit -

und regiert gemäss dem Himmelswillen mit Mensch-
lichkeitspolitik, so fällt ihm Himmelslob zu - Tian Rui
天瑞 - und alle Dinge gedeihen. Hat er kein Cheng 誠
und verstösst gegen den Himmelswillen, so schickt ihm
der Himmel Katastrophen als Tadelszeichen - Tian Qian
天譴.

So hat es der Herrscher durch Ausbildung seiner tugendhaften Persönlichkeit und sein Heiligwerden selbst
in der Hand, den Himmel gnädig zu stimmen und seine
Herrschaft im ganzen Lande segensreich zu machen.

d. Tian Ren Yi Ti 天人一體 Himmel und Mensch als eine Substanz

Der Idealismus der Song-Konfuzianer treibt die Spekulation über die "Einheit von Himmel und Mensch" zur
unüberbietbaren Konsequenz, nämlich zur These, daß das
Wesen von Himmel und Mensch ein und dasselbe, eine
einzige "Substanz" sei. Ti 體 lässt sich gemäss seiner
Verwendung in der vorausliegenden Zeit durchaus mit
dem aristotelischen Substanzbegriff vergleichen. Das
Wort evoziert einen "dinghaften" Träger von Eigenschaften. In idealistischer Perspektive aber sind auch die
substanziellen Dinge nur das, was man bewußtseins-
mässig als solche erkennt, gleichsam die Konstanten der
Dingwahrnehmung - wie es im Westen Berkeley mit
seinem Prinzip des "Esse = Percipi" herausgestellt hat.

Zhang Zai 張載 (1020-1077 n. Chr.) führt das in
seinem Buch über die "Aufklärung von Dunkelheiten"
(Zheng Meng 〈正蒙〉) aus. Bei ihm heißt es: "Das Him-
melswesen (Tian Xing 天性) ist im Menschen, wie das

Wesen des Wassers im Eis ist. Obwohl das Eis Härte hat
und auftauen kann, ist sein Wesen dasselbe. Obwohl das
Licht hellen Glanz und auch Dunkles hervorbringt, ist
sein Scheinen nicht unterschiedlich."[16] Und das gilt nun
auch für die äußerlich so unterschiedlichen "Erschei-
nungsweisen" des Himmels und des Menschen. Man muß
das so Unterschiedliche nur als äußeres Beiwerk sehen,
um die substanzielle Selbigkeit zu erfassen. Deshalb gilt:
"Das Himmelsdao ist das Wesen. Darum meinen wir,
daß, wer den Menschen kennt, auch den Himmel nicht
verkennen kann, und daß nur derjenige, der den Himmel
kennt, auch den Menschen kennen kann."[17]

Das wird für ihn die Grundlage seiner Pädagogik, zu
deren Klassikern er in China gehört. Es geht ihm um die
Menschenbildung. Seine Grundbegriffe sind dabei die
"Wahrhaftigkeit" - Cheng 誠 - und "Aufklärung" - Ming
明 -, mithin das alte Thema der Selbsterziehung zum
"inneren Heiligen" durch Erkenntnisgewinnung. Darüber
heißt es gleichsam in Leitsätzen: "Die Gelehrten können
von Ming 明 zu Cheng 誠 und von Cheng 誠 zu Ming 明
kommen. Dadurch erreichen sie die Erkenntnis, daß der
Himmel und die Menschen eine Einheit bilden - Tian
Ren He Yi 天人合一. Durch die Beschäftigung mit dem
Lernen kann man heiligwerden, aber man bildet mit dem
Himmel eine Einheit, ohne daß man die Menschen
vergißt."[18] Als Folgesätze ergeben sich daraus: "Wenn
man Himmel und Mensch nicht zusammennimmt, dann
spricht man nicht wahrhaftig (Cheng 誠). Wenn man
Himmel und Mensch nicht zusammen kennt, dann
erkennt man nicht klar (Ming 明). Was Cheng 誠 und
Ming 明 betrifft, so heißt das: Das Wesen des Menschen
und das Himmelsdao haben keinen Unterschied hin-

sichtlich von Kleinheit und Grösse."[19] So können wir verstehen, wie Himmelsdao und Menschendao eins sind. Was für den Himmel nützlich ist, das ist auch nützlich für den Menschen, und umgekehrt ist das, was für den Menschen nützlich ist, auch nützlich für den Himmel. Menschenerkenntnis ist Himmelerkenntnis.

Das muß natürlich gegen "realistische" Einwände verteidigt werden, die den himmelweiten Unterschied zwischen dem "faktischen" Himmel und dem Menschen, wie er nun einmal in Körperlichkeit als Individuum existiert, betonen. Für den Idealisten Zhang Zai ist dies aber Beiwerk und deshalb nicht das Substanzielle. Die körperliche Individualisierung des Menschen, sein "Ich" mit allen seinen Leidenschaften und Trieben "verdunkelt" gerade diese Einsicht und ist das zu überwindende Hindernis der Erkenntnis und der echten Tugend. Er sagt: "Das angeborene Himmelsvermögen (Tian Liang Neng 天良能) ist ursprünglich innere Anlage, aber durch das Ichhafte geht es verloren."[20] Es kommt darauf an, seine Ichzentrierung zu überwinden und sein Inneres auszuweiten. "Wenn man sein Herz (Xin 心, Bewußtsein) erweitern kann, kann man alle Dinge in sich selbst aufnehmen."[21] Das ist es, was Aufklärung durch Lernen und Erkennen bewirken soll. Wem dies zu "chinesisch"-fremdartig und zu "idealistisch" klingt, der mag sich daran erinnern, daß selbst der doch so realistisch eingestellte Aristoteles in seiner Schrift über die Seele - dieses Innere des Menschen - gesagt hatte: "Die Seele ist gewissermaßen alles", und spätere Bewußtseinslehren haben daraus Konsequenzen gezogen.

Die schon oben genannten Brüder Cheng Hao 程顥 (1032-1085) und Cheng Yi 程頤 (1033-1107) verhandeln unser Thema direkt in der Sprache der Ideenlehre. "Der Himmel ist Li 理 - Idee"[22] und "daß der Mensch Mensch ist, kommt von der Himmelsidee - Tian Li 天理."[23] Was man materielle Luft nennt - Qi 氣 (das Wort trifft, wie schon anderwärts gesagt, den genauen Sinn des stoischen Begriffs Pneuma, einer "geistigen Luft") -, ist selbst auch Li 理. Darum kann man sagen: "Der Mensch ist (zusammengesetzt aus) reines Qi 秀氣 der fünf Elemente (Wasser, Feuer, Holz, Metall, Erde), das selbst aus dem klaren, hellen, vollen und reinen Qi von Himmel und Erde stammt."[24] Daraus ergibt sich die Einheit von Himmel und Mensch, und wer das eine kennt, kennt das andere mit und erkennt es als dasselbe. Cheng Yi 程頤 sagt es so: "Gibt es jemanden, der nur das Menschendao kennt und das Himmelsdao nicht kennt? Das Dao 道 ist eines. Können wir sagen, daß das Menschendao nur Menschendao und kein Himmelsdao ist, oder das Himmelsdao nur Himmelsdao und nicht Menschendao? Im Zhong Yong (《中庸》 Buch von "Mitte und Maß") heißt es: 'Wer sein Wesen ganz entfalten kann, der kann das Wesen der Menschen zur Entfaltung bringen. Wer das Wesen der Menschen zur Entfaltung bringen kann, der kann das Wesen aller Dinge entwickeln. Wer das Wesen aller Dinge entwickeln kann, der kann wie Himmel und Erde schöpferisch gestalten.' Diese Sätze sind richtig!"[25]

Deshalb sind für die Brüder Cheng 程 die Reden vom Himmelsdao und Menschendao tautologisch: "Das Dao 道 macht von Anfang an keinen Unterschied zwischen Himmel und Mensch. Nur auf den Himmel bezogen heißt es Himmelsdao, auf die Erde bezogen Erddao, auf den Menschen bezogen Menschendao."[26] Aber Himmel und Mensch sind ursprünglich nicht zweierlei. Deswegen

braucht man ihre Einheit (He Yi 合一) nicht eigens aus-
zusprechen.

Zhu Xi 朱熹 (1130-1200 n. Chr.), ihr Kommentator
und Kritiker, bringt ihre Gedanken auf die Formel: "Himmel und Mensch sind ursprünglich ein und dieselbe Idee.
... Der Himmel ist der Mensch, und der Mensch ist der
Himmel."[27] Aber erst Wang Shou-ren 王守仁 (Wang
Yang-ming 王陽明 1472-1528 n. Chr.) zieht daraus die
letzte Konsequenz, die zum Prinzip des Yi Ti 一體 - daß
alles eine Substanz ist - führt. Man kann ihn damit den
chinesischen Spinoza nennen.

Für ihn gibt es überhaupt nur die Substanzialität des
Geistigen. Es zeigt sich im menschlichen Bewußtsein als
Liang Zhi 良知 - eingewurzeltes Wissen -, wir haben es
früher Apriori genannt. Aber das soll gemäss dem scho-
lastischen Sprachgebrauch auch bedeuten, daß es "von
vornherein" gegeben ist. Sich darüber klar zu werden, ist
Selbsterkenntnis. Aber was man äußere Ding- und Welt-
erkenntnis nennt, ist nur ein "Nach-außen-Wenden des
Wissens" - Zhi Liang Zhi 致良知 -, mit anderen Worten:
Es ist ein Bewußtsein darüber, daß das erkannte Äußere
schon immer das innere Wissen ist und nichts anderes.
Gewiß ist diese Theorie schwer nachvollziehbar, um so
mehr, als idealistisches Denken heute in China wie im
Westen kaum kultiviert wird. Und doch war es im
Deutschen Idealismus bei uns schon einmal eine herr-
schende Weltanschauung. Aber bis jetzt sind uns die
heute das moderne Weltbild bestimmenden Realisten je-
den Beweis für die "Realität der Außenwelt" schuldig
geblieben. Dies hielt schon Kant in seiner Zeit für einen
Skandal der Philosophie, den auch er nicht abgestellt hat.
Die "Dinge an sich", wie sie seit Kant als die entia rea-

lissima einer vorgeblichen Außenwelt beschworen werden, die vermeintlich unerkennbaren, bewußtseinstranszendenten, "materiellen" Gegenstände, die nur ihren abbildhaften Schatten als "Phänomene im Bewußtsein" werfen (aber nicht kausal bewirken!) sollen, sie sind bis heute die Gespenster geblieben, die im modernen Bewußtsein die alten Geister und Dämonen abgelöst haben. Wenn wir uns nicht selbst belügen wollen, sollten wir uns eingestehen, daß der Idealismus sie aus der Welt getilgt hat; bei uns Berkeley, Malebranche, Leibniz und der Deutsche Idealismus. In China eben Wang Shou-ren. Macht man sich das klar, so verlieren die Ausführungen des Wang Shou-ren ihre "mystische" Seltsamkeit. Sie lauten:

"Das apriorische Wissen - Liang Zhi 良知 - des Menschen ist apriorisches Wissen vom Gras, vom Holz, vom Dachziegel und vom Stein. Wenn das Gras, das Holz, der Dachziegel und der Stein nicht Liang Zhi wären, müssten sie (an sich) Gras, Holz, Dachziegel und Stein sein. Aber können sie Gras, Holz, Dachziegel und Stein unabhängig von Liang Zhi sein? Wenn der Himmel und die Erde nicht Liang Zhi des Menschen wären, könnten sie auch nicht Himmel und Erde sein. Himmel und Erde und alle Dinge sind ursprünglich eine Substanz (Ti 體), von der ein höchst feiner geistiger Teil menschliches Xin - 心 Bewußtsein - ist. Wind, Regen, Tau, Donner, Sonne, Star, Vogel, Tier, Gras, Holz, Berg, Fluß, Boden und Stein, alles ist ursprünglich eines Wesens mit dem Menschen."[28]

Wir haben oben schon dargelegt, welche ethischen Implikationen das für den Philosophen und die Menschen überhaupt hat. Da auch bei Wang Shou-ren 王守仁 das Erkennen im Dienste der moralischen Selbstausbildung steht, ist es auch nicht so sehr die Erkenntnis als vielmehr der moralische Ernstfall, der den Menschen gleichsam mit der Nase auf das Liang Zhi 良知 stösst und diese Einheit aller Wesen in der Welt zu Bewußtsein bringt. Das gilt für Groß und Klein, für den Philosophen ebenso wie für den gewöhnlichen Mann auf der Straße. Lassen wir Wang Shou-ren 王守仁 nochmals selbst zu Worte kommen:

"Groß ist ein Mensch, wenn er Himmel und Erde und alle Dinge unter dem Himmel als ein Wesen, die Welt als eine Familie, das Reich der Mitte als einen Leib sehen kann. Wer die Geschöpfe von einander trennt und einen Unterschied zwischen sich und anderen macht, ist ein niedrig gesinnter Mensch. Daß der große Mensch alle die zahllosen Dinge unter dem Himmel als ein Wesen betrachten kann, entspringt nicht einer gezielten Denkweise, sondern der Güte seines Herzens, die ihm von Anbeginn zu eigen und mit Himmel, Erde und allen Dingen eines ist. Dieses Einssein mit Himmel und Erde und allen Dingen ist keineswegs nur dem großen Menschen gegeben. Auch die Niedriggesinnten besitzen ausnahmslos die Fähigkeit dazu. Nur haben sie sich selbst zur Kleinlichkeit erniedrigt. Wenn sie einen Säugling in einen Brunnen fallen sehen, so packt sie Entsetzen, und ihr Herz wird von Mitleid gerührt. So wird die Güte ihres Herzens eins mit dem Säugling. Nun ist ein Säugling immerhin noch ein Wesen ihrer eigenen Art. Wenn sie aber einen Vogel oder irgend ein anderes Tier vor Schmerz und Angst schreien hören, so regt sich gewiß in ihrem Herzen auch Mitgefühl mit der Kreatur. So wird die Güte ihres Herzens eins mit dem Tier. ... Also ist die Güte, die das Einssein mit den Dingen be-

wirkt, gewiß allen Menschen eigen, auch jenen, die von
niedriger Gesinnung zu sein scheinen. Ihre Güte ist tief
als Himmelsmandat (Tian Ming 天命) verwurzelt. ...
Wenn man nicht durch die eigenen Begierden beschränkt
wird, kann man ein großer Mensch werden, auch wenn
man das Herz eines niedriggesinnten Menschen hat.
Wenn man von seinen Begierden beschränkt wird, kann
man ein niedriggesinnter Mensch werden, obwohl man
das Herz eines großen Menschen hat, eben weil man sein
Herz aufteilt. ... Darum müssen die Gelehrten als große
Menschen ihre Begierden austilgen und die reine Tugend
klarmachen, um zum ursprünglichen Zustand des Eins-
seins mit Himmel und Erde und allen Dingen zu gelangen. Ohne diese Bemühung können sie nichts Gutes
leisten."[29]

So mündet auch diese Lehre von der substantiellen
Einheit aller Dinge - Wan Wu Yi Ti 萬物一體 - in das
große Thema von innerer Heiligung und äußerer Herrschaft des Philosophen ein. Auch dies wird zur großen
Einheit, weil Erkennen selbst auf diese Einheit abzielt
und in herrschaftlichen Handlungen nur ausgeprägt wird.
Wang Shou-ren 王守仁 bringt es selbst auf eine Formel,
die seine philosophische Botschaft weiterträgt: "Feststel-
len, daß Himmel und Erde und alle Dinge eine Substanz
sind, und sicherstellen, daß Himmel und Erde und alle
Dinge als Einheit zur Wirkung gelangen - Li Qi Tian Di
Wan Wu Yi Ti Zhi Ti, Da Qi Tian Di Wan Wu Yi Ti Zhi
Yong 立其天地萬物一體之體, 達其天地萬物一體之
用."[30]

Auch in neueren nachidealistischen Zeiten ist die
Denkform des Tian Ren He Yi 天人合一 nicht mehr
verloren gegangen. Im Gegenteil, sie war und blieb auch

die Form, in der neuere realistische und materialistische Systeme ihre Einheit begründeten. Wenn es nicht so wäre, müssten Thesen wie die, daß das gesamte Universum aus einer einheitlichen materiellen oder energetischen Substanz bestünde und daß organisches oder menschliches Sein und menschliches Bewußtsein selbst ein Teil dieser Substanz sei, gänzlich unverständlich bleiben und gar höchst kurios erscheinen angesichts der ungeheuren Verschiedenheit dessen, was dabei unter "Materie" oder "Energie" gefaßt werden soll. Wie im Abendland steht ersichtlich hinter aller Systematizität des philosophischen Denkens ein Hen kai pan, das mühsam erworben werden mußte.

2. Zhi Xing 知行 Erkennen und Handeln

Die grundsätzlich praktische Ausrichtung der chinesischen Philosophie, wie sie sich schon in der Maxime des Nei Sheng Wai Wang 内聖外王 gezeigt hat, hat auch die Aufmerksamkeit der Philosophen ständig auf das Verhältnis von Handeln und Erkennen gezogen. Vorherrschend blieb wohl immer die Meinung, daß Erkennen im Dienste des Handelns stehe. Schon die Bildung des Philosophen zum "Heiligen" wurde als ein Handeln angesehen, das Erkenntnisgewinnung einschloß. Erst recht mußte das für die "Herrschaft nach außen" gelten.

Der Vorrang des Handelns vor dem Erkennen hatte die wichtige Folge, daß der Begriff von Handlung - Xing 行 - gegenüber dem von Erkenntnis - Zhi 知 - vergleichsweise unterbelichtet blieb. Er wurde als "selbstverständlich" unterstellt und diente dafür um so eher für die Erklärung

dessen, was Erkennen eigentlich sei: nämlich als eine
bestimmte Gestalt von Handlungen. Dies macht einen
grundlegenden Unterschied zum westlichen Denken aus,
in welchem gemäss seiner traditionellen theoretischen
Ausrichtung bis in die neueste Philosophie der Handlungsbegriff von der Erkenntnis her sein Licht erhält.
Man kann sagen, "praktische Philosophie" im Abendland
ist seit Aristoteles, der sie als Disziplin erfand, eine
theoretische Disziplin geblieben - wie alle philosophischen und wissenschaftlichen Disziplinen. Philosophen,
die aus der Philosophie selbst eine "Praxis" machen
wollten, wie Nietzsche, der bekanntlich "mit dem Ham-
mer" (oder gelegentlich mit der Peitsche) philosophieren
wollte, oder Marx und Engels, die endlich von der Interpretation der Welt zur Veränderung der Welt über-
gehen wollten, und neuerdings Manager- und Lebensbe-
rater, die das vorsokratisch-sophistische "philosophische
Geschäft" wiederbeleben wollen, sie alle galten und gelten noch immer als Außenseiter in der Profession. Der sogenannte Praktiker ist seit Platons Akademie entweder
ein Banause oder ein "Anwender", und diese sind aus
dem akademischen Elfenbeinturm durch strikte Arbeitsteilung ausgeschlossen. Selbst der Experimentalphysiker
und der Chirurg (wörtlich: Handwerker) haben es heute
noch schwer, bei ihren "theoretischen" Fachkollegen An-
erkennung als "Wissenschaftler" zu finden. Und die Lehre, die wohl das älteste philosophische Handwerk gewesen ist, wird inzwischen nur noch als "wissenschaftliche
Didaktik" ernstgenommen. Und das erklärt auch leicht,
warum sie in der Praxis der Schulen und Hochschulen als
solides Handwerk oder als hohe Kunst nur noch zufällig
angetroffen wird.

Die westlichen Begriffe vom Handeln halten sich noch durchgehend im Rahmen der von Aristoteles entwickelten Kategorien der praktischen Philosophie. Dazu gehört zunächst die strikte Unterscheidung von Handlung im engeren Sinne (Praxis) und Schaffen oder Produzieren (Poiesis) von Gütern oder Werken. Das Vier-Ursachen-Schema der Erklärung bestimmt auch noch die modernen Vorstellungen davon, was zu einer Handlung gehört, nämlich 1. eine bestimmte Form (die Handlungsverben dienen gewöhnlich als Formenkatalog), 2. das "materielle" Substrat körperlicher "Kräfte", Potenzen, Fähigkeiten und Bewegungen, 3. eine ("kausale") Motivation oder Anreize und 4. eine Zielstellung, Absicht (Intention) oder Zwecksetzung. Ebenfalls nach aristotelischem Vorgang werden die Handlungen noch grundsätzlich individuellen Menschen zugerechnet. Soweit das möglich ist, unterliegen sie ethischer und rechtlicher Beurteilung. Daher haben sich im Abendland Ethik und Recht als Zurechnungs- und Bewertungsdisziplinen von Handlungen eines Individuums entwickelt. Kollektives Handeln wird entweder auf die individuellen Beiträge zurückgeführt, wenn es ethisch und rechtlich beurteilt werden soll, oder es fällt aus solcher Beurteilung heraus. Aristoteles hat seine Ethik als Theorie vom individuellen Handeln konzipiert und für das kollektive Handeln im Haus und im Staat die Disziplinen der Ökonomik und Politik erfunden. Ersichtlich unterliegen deshalb bis heute ökonomische und politische Kollektivhandlungen keiner ethischen und rechtlichen Würdigung. Als Zurechnungssubjekt solcher Kollektivhandlungen gilt die von den stoischen Juristen erfundene überindividuelle "juristische Person", ein Gespenst, das für ethische und oftmals auch für juristische Sanktionen schwerlich dingfest zu machen ist.

Offenbar laufen dieselben Vorstellungen auch über die produktiven und schöpferischen Handlungen in Handwerk, Kunst und Technik um. Der Zweck der Güter- und Werkproduktion heiligt gewissermaßen alle Handlungen und Mittel, die dazu gebraucht werden. Ihre freie Entfaltung im Abendland verdankt sich gewiß ganz wesentlich der epochal wirksamen Unterscheidung des Aristoteles zwischen Praxislehre (mit der Ethik) und Schaffenslehre (ohne Ethik und deswegen oftmals ohne Moral). Wohl haben hier die "Standesethiken" der handwerklichen und freien Berufe gewisse Beschränkungen gebracht, aber ihre geschmeidige Anpassung an den "Stand der Technik und Wissenschaft" zeigt deutlich genug, worauf sie wirklich begründet sind. Erst heute entwickelt sich im Westen ein Bewußtsein davon, daß das "Machbare" und damit gerade das schöpferische Handeln auch moralisch bewertet werden kann und muß.

Nicht zuletzt wurde des Aristoteles Auffassung vom Lernen und Lehren des Handelns grundlegend auch noch für heutige Verständnisse. Sie führen noch am ehesten zu den Problemen, um die es auch bei unserem Thema geht, nämlich um das Verhältnis von Wissen und Praxis. Aristoteles unterscheidet bekanntlich strikt zwischen (handwerklicher) Tätigkeit, die durch Nachahmung und Übung gelernt wird - und zwar vom Unterrichtenden, der sie vormacht und kontrolliert -, und (technischer) Tätigkeit, die durch wissenschaftliche Demonstration und Beweise als Erkennntnismitteilung gelehrt und vom Lernenden nur "theoretisch beherrscht" werden soll. Wer aber nur nachahmt und übt, braucht nicht zu "wissen" und zu "verstehen", was er tut, selbst wenn er "sein Handwerk versteht". Sokrates hat es seinen Handwerkskollegen drastisch vorgeworfen, daß sie nicht wüssten, was sie tun. Und wer nur "theoretisch" alle Handlungen kennt und als "Werkmeister" ("Archi-Tekton") über ihren Einsatz zum Werke "herrscht", der braucht keine einzige Handlung selbst auszuführen. Auch der heutige "leitende Angestellte" wird sich noch immer hüten, selbst Hand an die Schreibmaschine zu legen, und die angepaßte Sekretärin wird eher ihre Fingerfertigkeit steigern als "mitzudenken", was sie schreibt. Das hat sich in unserer beruflichen Ausbildung einerseits und in der "akademischen" Lehre andererseits institutionell verfestigt und den Unterschied zwischen Praxis und Theorie zu einer so selbstverständlich und natürlich erscheinenden Denkform gemacht. Man bemerkt leicht, daß sie erst heute in voller Auflösung begriffen ist.

In der klassischen chinesischen Philosophie findet sich nichts Vergleichbares. Man muß von all den genannten Unterscheidungen und Spezifikationen des Handlungsbegriffs erst einmal absehen, will man sich dem nähern, was in China an der Stelle verhandelt wird, wo bei uns von Handlungen die Rede ist. Selbst die Grammatik des Chinesischen macht nicht auf einen Unterschied von Verbklasse und Substantivklasse und somit auf einen bei uns so naturwüchsig erscheinenden Unterschied von Handlungen und Dingen aufmerksam. Das setzt Denkhorizonte frei, in denen die Dinge selbst zu Handlungen werden - das Buch der Wandlungen zeigt etwas davon -, und die Handlungen zu Dingen oder Ideen gerinnen können, wodurch sie zugleich auch Erkenntnisse werden. Das, was menschlicher Handlungsbegriff werden soll,

muß viel mühsamer als bei uns aus dem Kontinuum der
Naturveränderungen herausanalysiert werden - und bleibt
doch immer darin verwoben. Und ist dieser Begriff erst
einmal gewonnen, so ist die erste Frage nicht, was man
durch Handlungen in der Welt verändern und verbessern
kann, sondern wie man die Welt durch Nicht-Handeln in
einem guten Zustand belassen könnte. Das zeigt sich
recht deutlich in dem großen Streit zwischen Lao Zi 老子
und Kong Zi 孔子 um Wei 爲 und Wu Wei 無爲 - den
man gewöhnlich als einen Streit um Handeln und Nicht-
handeln interpretiert.

Auch in China wurde natürlich immer gehandelt. Die
ältesten Schriften wie das Shu Jing 〈書经〉(= Shang
Shu 〈尚書〉 Buch der Geschichte) und die Frühlings-
und Herbstannalen lesen wir als Geschichtsquellen zu
den "Gesta Maiorum". Aber was wir da als Handlungen
und Taten der guten und schlechten Herrscher zu identifizieren gewohnt sind, reicht weit über unseren Handlungsbegriff hinaus. Es erstreckt sich im ganzen Spek-
trum zwischen Selbstheiligung und Nach-außen-Herr-
schen, für die die Herrscher und Täter in Anspruch genommen werden. Die Zurechnung von Wirkungen zum
Wirkenden mag gewöhnlich den gewohnten entsprechen,
aber sie geht auch über sog. kausale Verknüpfungen
hinaus: Wenn die Dinge ihren glücklichen oder unglück-
lichen Verlauf nehmen, wenn das Land blüht oder
Katastrophen eintreten, so sind auch das Handlungen der
Herrscher, und sie werden ihnen zugerechnet.

Das hier benutzte Wort Xing 行 hat ein entsprechend
weites Bedeutungsspektrum. Seine Grundbedeutung ist
"einen Weg gehen" - wenn man es denn verbal nimmt -,
aber zugleich auch der "gegangene Weg", wenn man den

substantivischen Aspekt beachtet. Im weiteren Sinne meint Xing dann "Durchführung", zum Erfolg bringen, und schließlich Handeln, Praxis bis hin zum Durchgang eines ganzen Lebensvollzugs. Noch heute sagt man in der Alltagssprache "Xing 行" - "es geht" (auch im Sinne von: "es ist erlaubt", "es kann gemacht werden", "o.k."). Diese Weite macht eine erste Aussage im Buch der Geschichte verständlich, die zum Ausgangspunkt einer langen Debatte wird. Es heißt da: "Erkennen Zhi 知 ist nicht schwer, nur Handeln Xing 行 ist schwer."[31] Auch der Kommentar zu den Frühlings- und Herbstannalen des Zuo 左 konstatiert es wie ein Stereotyp: "Nicht daß Erkennen schwer wäre, die Schwierigkeit liegt im Xing 行."[32] Sicher ist es eine Maxime weltläufiger Historiker zu urteilen: "Tantae molis erat Romanam condere gentem" - "Welch ein gewaltiger Aufwand, Rom zu gründen" - wenn im Nachhinein das Ziel feststeht und gewußt wird, daß Rom existiert.

Anders sieht die Sache aus, wenn das Ziel erst noch auszumachen ist, wenn gewußt und bewußt werden soll, was es eigentlich ist, wohin man gehen will. Da werden auch gute Historiker zu schlechten Prognostikern und die Praktiker geraten vor das Erkenntnisproblem mit seinen Schwierigkeiten.

Das Erkenntnisproblem ist aber, wie schon gezeigt wurde, im alten China selbst ein praktisches Problem. Zhi 知 - Wissen bzw. Erkenntnis - beruht auf Ge Wu 格物 - der Befassung mit den Dingen, ihrem "Be-Greifen". Wir sagen auch im Westen dazu: Man muß seine "Erfahrungen" mit ihnen machen, und das trifft ziemlich genau den Hauptsinn von Xing 行. Erfahrungs-erkenntnis oder "empirisches" Wissen wird von vornherein in eine intime Verbindung mit dem Handeln gebracht, die dann als Denkform von der "Einheit von Erkenntnis und Handeln" - Zhi Xing He Yi 知行合一 - die Debatten bestimmt. Der Streit aber geht, ausgelöst von der These der Geschichtsbücher, darum, von welcher Seite es leichter oder schwieriger ist, sich dieser Einheit zu nähern. Erst im Laufe der Auseinandersetzung tauchen dann auch Theorien auf, die Erkenntnis und Handlung voneinander trennen.

Kong Zi 孔子 nimmt nur die Heiligen - zu denen er sich ja selber nicht zählte - vom Wissenserwerb durch die Erfahrung aus, und er teilt die übrigen Menschen danach ein, wie schwer sie sich mit der Erfahrung tun. Er sagt: "Bei der Geburt schon Wissen haben (Sheng Zhi 生知), das ist die höchste Stufe. Durch Lernen erkennen (Xue Zhi 學知), das ist die nächste Stufe. Aus Schwierigkeiten zur Erkenntnis (Kun Zhi 困知) zu gelangen, das ist die übernächste Stufe. Aus Schwierigkeiten kein Wissen zu erwerben, das ist die Art des gewöhnlichen Volkes."[33] Daß solches Wissen praktisch sein muß, geht aus folgendem hervor: "Der Meister sprach: 'Wenn einer alle dreihundert Gedichte des Buches der Lieder auswendig hersagen kann, aber es nicht versteht, ein Regierungsamt auszufüllen oder als Gesandter im Ausland kompetent aufzutreten, wozu nützt dann alle seine Gelehrsamkeit?'"[34]

Daß Wort und Handlung nicht immer übereinstimmen, hat er bemerkt, aber er ließ sich dadurch nicht täuschen, denn es gilt aus beidem zu erkennen, wes Geistes Kind einer ist. Er bekennt von sich: "Früher stand ich so zu den Menschen: Wenn ich ihre Worte hörte, vertraute ich auch auf ihr Handeln. Jetzt stehe ich so zu den Menschen:

Wenn ich ihre Worte höre, dann prüfe ich ihre Handlungen."[35] Und darum empfielt er dem, der auf sich hält: "Der Edle schämt sich, wenn seine Worte anders lauten als seine Handlungen dartun"[36], und "Der Edle schätzt die Menschen nicht wegen ihrer Worte, und er verwirft nicht die Worte nach den Menschen."[37] Bei uns sagt das Sprichwort: "An ihren Früchten sollt ihr sie erkennen", aber man muß dazunehmen: "Der Apfel fällt nicht weit vom Stamm!"

Xun Zi 荀子 (330-227 v. Chr.) drückt sich darüber so aus: "Erkennen ist nicht besser als Handeln, weil das Erkennen auf das Handeln ausgerichtet ist. Handeln macht klar, und Klarheit macht den heiligen Menschen (Sheng Ren 聖人). Wenn man erkennt ohne zu handeln, liegt es nur an den Schwierigkeiten."[38]

Das ist konfuzianisch gedacht und richtet sich wohl auch polemisch gegen die Lehre des Lao Zi 老子 (ca. 571-480 v. Chr.), dem die Konfuzianer bis heute unterstellen - und so lautet denn auch die allgemeine Einschätzung seiner Lehre - er habe eher für das Wissen und gegen das Handeln plädiert. In der Tat wird seine ethische Lehre gern auf das Schlagwort vom Wu Wei 無爲 - "Nicht-Handeln" - reduziert. Lao Zi 老子 spricht allerdings vom "Heiligen" so: "Der Heilige geht nicht - Bu Xing 不行 und weiß doch, er sieht nicht - Bu Jian 不見 - und ist doch klar, er handelt nicht - Bu Wei 不爲 - und bringt doch zustande."[39] Und noch deutlicher heißt es bei ihm: "Ohne aus der Tür zu gehen, kennt er doch alles unter dem Himmel; ohne aus dem Fenster zu schauen, sieht er das Himmelsdao. Je weiter einer hinausgeht, desto geringer wird sein Wissen."[40] Aber dazu ist sogleich anzumerken, daß man dies wohl zu verstehen

hat, nämlich im Sinne dessen, was weiter oben schon
über die "Selbstheiligung" des Weisen angeführt wurde.
Lao Zi 老子 wendet sich gewiß gegen einen "Pragmatismus", der jede Betriebsamkeit schon als Handlung und
Wissensausdruck nimmt. Sein Begriff von Handlung ist
auch nicht Xing 行 (was man bei ihm schlicht mit
"gehen" übersetzen muß), sondern Wei 爲, und das muß
man eher mit "zur Wirkung gelangen lassen" übersetzen.
Es schließt alles das mit ein, was man nicht durch Em-
sigkeit bewirkt, sondern durch Zurückhaltung von selber
reifen lässt. Und das ist nichts weniger als ein Aufruf
zum "Nicht-Handeln"! Machen wir auch schon hier
darauf aufmerksam, daß Lao Zis 老子 Begriff vom Wei
爲 keineswegs auf menschliches Handeln beschränkt ist,
sondern im allerweitesten Sinne das Wirken der Natur
einschließt, zu der nach seinem metaphysischen und
ontologischen Ansatz auch das Nichts - Wu 無 - gehört.
Deshalb schlagen wir vor, das berühmte Wu Wei 無爲
bei Lao Zi 老子 als "Handeln des Nichts" (Zur Wirkung-
gelangen-lassen des Nichts) zu deuten. Dies um so eher,
als Lao Zi 老子 explizit auch davon spricht, daß es auch
ein "Nicht-Handeln des Nichts" - Wu Bu Wei 無不爲 -
gibt.[41]

Wir haben also allen Anlaß, die Lehre des Lao Zi 老子
ebenfalls in diese Tradition des Nachdenkens über das
Verhältnis von Erkenntnis und Handeln einzustellen. Er
scheint schon recht früh das Phänomen des "Handelns
durch Unterlassen" entdeckt und seine Folgerungen
daraus gezogen zu haben; eine Denkform, die nur bei den
westlichen Juristen Aufmerksamkeit erweckt hat, sonst
aber in den "positiven" Handlungslehren kaum beachtet
wird. Dieter Birnbachers ethischer Traktat über "Tun und

Unterlassen"[42] schließt jetzt diese Lücke. Aber sie besteht auch in den konfuzianischen Handlungslehren Chinas. Man darf vermuten, daß diese Vernachlässigung alle Historiographie der "großen Taten" verfälschend durchzieht.

Wenn man einerseits von der Lehre Lao Zis 老子 sagen kann, daß ihr Handlungsbegriff viel komplexer und umfassender ist als der konfuzianische - und deswegen noch immer der zetetischen Interpretation bedarf -, so gilt das auch für seinen Begriff vom Wissen. Seine Lehre vom Dao 道 zeigt, daß er sich der Grenzen des Wissens und der Erkenntnis bewußt war, und seine Polemik gegen diejenigen (darunter auch Kong Zi 孔子), die zu wissen meinten, was Dao 道 (inhaltlich) sei, zeigt, daß er auch "falsches Wissen" in Anschlag brachte. Das ist auch im Westen recht selten und ungewöhnlich, wo man doch Wissen und Erkenntnis mit "Wahrheit" zu identifizieren gewohnt ist. Gerade weil auch Lao Zi 老子 Wissen und Handeln identifizierte, konnte er falsches Handeln aus falschem Wissen diagnostizieren und es ernst nehmen. So sollte man seinen Satz über die Handlungsweisen des Himmels (der Naturordnung) und der Menschen (der Zivilisation) verstehen: "Das Himmelsdao (Tian Zhi Dao 天之道) mindert, was zu viel hat, und ergänzt, was nicht genug hat. Das Menschendao (Ren Zhi Dao 人之道) mindert, was (ohnehin) nicht genug hat, und ergänzt, was (ohnehin) zuviel hat."[43]

Mit modernen Worten könnte man sagen: Handeln aus falschen Erkenntnissen und falschem Wissen zerstört die Natur. Wenn das so ist, dann ist es schon besser, auf Wissen und Erkenntnis zu verzichten, ganz besonders auf dasjenige, das von Kong Zi 孔子 und den Seinen zum

Wesen der Heiligen und zu "apriorischen" Prinzipien der
Tugend erklärt worden ist. Deshalb kann er sagen:
"Wenn man die (sogenannte) Heiligkeit abschafft und das
Wissen verwirft, so hat das Volk hundertfachen Gewinn.
Wenn man die (sogenannte) Menschlichkeit abschafft
und die (sogenannte) Gerechtigkeit verschmäht, so wird
das Volk zur Einfalt und Liebe zurückkehren. Wenn man
die Kunstfertigkeit beseitigt und den Nutzen verschmäht,
so gibt es keine Räuber und Diebe mehr. Mit diesen drei
Dingen die Kultur gestalten (Wei Wen 爲文) zu wollen,
das geht nicht. Deshalb sollte man festhalten lassen an
der Neigung zur Einfalt, der Bewahrung der Natür-
lichkeit, der Bescheidung des Selbst und der Beschränkung der Bedürfnisse."[44] Der echte Heilige und damit der
berufene Herrscher macht es anders. Lao Zi 老子 sagt
von ihm: "Unter der Herrschaft des (echten) Heiligen
leert sich sein (des Volkes) Bewußtsein (vom falschen
Wissen), sein Bauch wird voll, sein Wille wird schwach,
seine Knochen werden stark; und er (der Heilige) bewirkt
beständig, daß das Volk nichts weiß (das Nichts kennt)
und nichts (das Nichts) begehrt Wu Zhi Wu Yu
無知無欲, und er bringt es dahin, daß die (sogenannten)
Wissenden nicht zu handeln wagen Bu Gan Wei 不敢爲.
Da er (das) Nichts handeln lässt Wei Wu Wei 爲無爲,
herrscht nicht das Nichts Wu Bu Zhi 無不治."[45]

Lao Zi 老子 ist der erste Philosoph, der seine Lehre in
der Ichform propagiert. Dabei wird mitausgedrückt, daß
er sich selbst für einen rechten Heiligen hält, und dies in
einem ziemlich anderen Sinn als demjenigen, den andere
ihrem Verständnis vom Heiligen und seiner äußeren
Herrschaft zugrunde legen. So liegt auch seinem Denken
das Prinzip von Nei Sheng Wai Wang 内聖外王 zu-

grunde. Seine Erkenntnis ist die, daß das Dao 道 eine (dialektische) Einheit von Sein und Nichts ist, und daß somit das Dao 道 überall in der Welt und so auch in der Herrschaft nur in der Verschmelzung von Sein und Nichts zur Wirkung gelangt. Während die falschen Heiligen nur das Sein und die Verseinung durch Herrschaftshandlungen propagieren, kann er dagegensetzen: "Der Heilige spricht: Ich lasse das Nichts handeln Wo Wu Wei 我無爲, so daß das Volk sich von selbst verändert, ich liebe die Stille (in der man Nichts hört), so daß sich das Volk von selbst berichtigt, ich lasse das Nichts wirken Wo Wu Shi 我無事, so daß das Volk von selbst reich wird, ich lasse das Nichts begehren Wo Wu Yu 我無欲, so daß das Volk von selbst schlicht wird."[46] Nehmen wir in den Begriff vom Nichts, der hier zu substanzialistisch klingt, auch eine verbale Sinnkomponente auf, so können wir durchaus von "Vernichtung" oder genauer noch von "Vernichtigung" reden. Vernichtigung wäre dann aber nicht einfaches Verschwindenlassen von Seiendem, sondern die Durchmischung des Seins durch das Nichts - eine auch für westliche Philosophen zweifellos ungewöhnliche Denkweise. Sie ist aber weder unsinnig noch mystisch, und Lao Zi 老子 hat sie bekanntlich am Beispiel vom "leeren" Krug, dem "geräumigen" Haus und den Radspeichen mit ihren leeren Zwischenräumen demonstriert. Sie auch auf Wissen und Erkennen und auf das Handeln anzuwenden, ist die unerhörte Zumutung, die uns bis heute Schwierigkeiten macht.

Wichtig ist hier festzuhalten, daß auch Lao Zi 老子, der in so vielem aus dem Rahmen des durch den Konfuzianismus geprägten chinesischen Denkens zu fallen scheint, durchaus seinen Beitrag zur Denkform von der

Einheit von Wissen und Handeln erbringt. Aber sein Wissen ist auch ein Wissen vom Nichts Wu 無 - neben dem Sein You 有 -, und seine metaphysische Spekulation ringt darum, die Einheit beider auf den Begriff - nämlich von Dao 道 - zu bringen. Das hat auch für seinen Handlungsbegriff die Folge, daß in ihm ebenso Sein und Nichts zusammenstimmen müssen. Wenn alle vom You Wei 有爲 reden - wie das Sein zur Geltung kommt - so hält Lao Zi 老子 es für seine Sache, das Wu Wei 無爲 stark zu machen - wie das Nichts sich zur Geltung bringen sollte. Wir wollen gerne zugeben, daß das Wu Wei 無爲 in vielen Fällen auch mit "Nicht-Handeln" richtig übersetzt werden kann, da es zuweilen darauf hinauslaufen kann. Aber dann lässt man sich wohl die Pointe dieser Handlungslehre entgehen. Zhuang Zi 莊子 macht sie später an einem hübschen Beispiel klar: Ein Bauer fällt alle Bäume, die ihm nach Wuchs und Gestalt für die verschiedensten Zwecke nützlich sind. Aber ein riesiger uralter Baum ist immer stehengeblieben. Er war zu "Nichts" nutze, und das hat ihn gerettet (s. auch Kapitel 3, Abschnitt 3). Aber hat der Bauer nicht dadurch, daß er ihn nicht fällte, seinen Nachkommen und allen Gästen, die sich in seinem Schatten laben, die Umwelt verbessert und so sehr weise gehandelt?

Das Raffinement dieser Denkweise verbirgt sich in dieser frühen Zeit noch hinter Paradoxien und anschaulichen Beispielen, die ebenso wie die Aporien des Sokrates bei Platon und die "Geschichten" Platons selbst gerne als poetische Gleichnisse für das an sich Unanschauliche gedeutet werden. Doch sollte man sich daran erinnern, daß Beispiele, falls sie nicht als Metaphern benutzt werden, immer die konkret-anschaulichen Induktionsgrundlagen für das Allgemeine, den Begriff, sind, der nicht ins Unanschauliche führt (was sicher gar nicht zu denken wäre), sondern anschauliche Merkmale ausfiltert und als Intensionen festhält. Da gehört auch die "Anschauung" des Nichts zum Beispielsbereich der Erfahrung: in der Stille, wo bei aller Anstrengung des Lauschens Nichts wahrgenommen wird; in der Finsternis, wo man eben Nichts sieht; im Umgang mit den Dingen, wo ihr "Leeres" ihre spezifische Dienlichkeit für Zwecke erst ermöglicht. Dieser Begriff vom Nichts - Wu 無 - stösst sich dauernd mit dem adverbialen "nicht" - Bu 不 -, das in negativen Urteilen gebraucht wird. Und so erscheinen Paradoxien, die bei gehöriger Unterscheidung der Bedeutungen keine sind. Wieweit das Lao Zi 老子-Werk, das Dao De Jing 〈道德經〉, selbst unter diesen Verwechslungen leidet oder (wie wir vermuten) unverständige Abschreiber und Interpreten sie erst aufgebracht haben, dürfte wohl noch eine offene Frage sein.

Unbeirrt von solchen Überlegungen nehmen die Neukonfuzianer der Song-Zeit das Problem des Verhältnisses von Erkennen und Handeln wieder auf. Cheng Yi 程頤 (1033-1107 n. Chr.) hat hier zuerst den Vorrang der Erkenntnis vor dem Handeln herausgestellt und damit die Sphären des Wissens und des Handelns zu trennen versucht. "Wenn man nicht zuerst Erkenntnis erwirbt, wie kann man dann handeln?"[47] heißt es bei ihm. Und er demonstriert es am Reisenden, der, um in die Hauptstadt Lo Yang zu gelangen, doch vorher genau wissen muß, aus welcher Tür er hinausgehen und welchen Weg er einschlagen muß, um zum Ziel zu gelangen, das er auch schon vorher kennen muß. Damit will er die alte These vom "Erkennen ist leicht, Handeln ist schwer" aus den

Geschichtsbüchern korrigieren. Für ihn gilt zunächst einmal: Erkennen ist schwer und Handeln ist leicht! "Einen
Weg zu gehen ist nicht schwer. Aber zu wissen, auf
welchem Weg zu gehen ist, das ist schwer. Und so
werden wir mangels Erkenntnissen daran gehindert zu
handeln."[48]

Zhu Xi 朱熹 bringt dazu eine Reihe von Differenzie-
rungen an. Man kann sie so zusammenfassen: 1. Erkennen und Handeln sind wechselseitig voneinander abhängig. Er sagt: "Beim Erkennen und Handeln darf man
nicht nur die eine Seite beachten und die andere übersehen. Wenn wir nur eine Seite beachten, gerät die
andere aus dem Blick."[49] Das ist für ihn wie bei den
beiden Beinen des Menschen, den beiden Flügeln des
Vogels und den beiden Rädern des Wagens. Mit einem
alleine kommt man nicht fort. 2. Er stimmt Cheng Yi
程頤 zu, daß Erkenntnis den Vorrang vor dem Handeln
haben muß: "Wenn man keine klare Erkenntnis hat, wie
kann man dann handeln?"[50] Zum Gehen muß man zuerst
sehen! Bemerken wir hierzu, daß er damit "blindes Gehen" und gedankenlose Betriebsamkeit vom Handeln aus-
scheidet. Aber er hat noch kein Wort für das, was wir
heute "Verhalten" nennen würden. 3. Handeln ist in jedem Falle wichtiger als Erkennen: "Wenn man nach der
Reihenfolge fragt, so kommt Erkennen vor dem Handeln.
Fragt man aber nach der Wichtigkeit, so steht Handeln
vor dem Erkennen."[51] Und dies um so mehr, als das Handeln gleichsam aufs Erkennen zurückschlägt. Dazu heißt
es: "Hat man etwas erkannt, so ist die Erkenntnis noch
oberflächlich, ehe man ihr entsprechende Handlungen
folgen lässt. Erst wenn man (handelnd) in den Bereich
des Erkannten eingedrungen ist, wird die Erkenntnis

darüber klarer, und so kann man sie nicht mit dem vorherigen Wissen darüber gleichsetzen, das noch nicht erprobt war."[52] 4. Gerade weil Handeln wichtiger ist als Erkennen, hat auch das Buch der Geschichte recht, wenn es sagt: "Erkenntnis ist nicht schwer, nur Handeln ist schwer", denn um das Handeln müssen wir uns viel mehr bemühen als um Erkenntnis. Das zeigen ihm die siebzig Schüler des Kong Zi 孔子, die zwar seine Lehre "in zwei Tagen" lernen konnten, die aber ihr ganzes Leben dazu brauchten, sie bei ihm zu üben.

Der Zusammenhang von Erkennen und Handeln wird hier deutlich herausgearbeitet. Man könnte es auf die Formel bringen: Kein Handeln ohne Erkenntnis - und keine (vertiefte) Erkenntnis ohne Handeln! Soweit dürfte es konfuzianischem und auch westlichem Common-sense-Denken entsprechen, das auch die heutigen Einstellungen dazu trägt.

Aber in der Ming-Zeit bringt Wang Shou-ren 王守仁 (Wang Yang-ming 王陽明, 1472-1529 n. Chr.) die Problematik zur letzten Konsequenz, und zwar mit seiner These von der "Einheit von Erkennen und Handeln" - Zhi Xing He Yi 知行合一. Sie ist die Kehrseite seiner Lehre von der "Einheit von Himmel und Mensch" und wie diese in seinem Idealismus begründet. Er sagt: "Erkennen ist die Idee des Handelns, Handeln ist die Wirkung des Erkennens. Erkennen ist der Anfang des Handelns, Handeln ist die Vollendung des Erkennens. Wenn man dies genau versteht, kann man nur deshalb von Erkennen sprechen, weil Erkennen in sich bereits Handeln einschließt, und man kann nur vom Handeln sprechen, weil Handeln bereits Erkennen in sich birgt."[53] Wenn das "Sehen schöner Farben" und das "Riechen widerlicher Gerüche" Erkennt-

nisse sind, und wenn das "Lieben" bzw. "Hassen" der
einen und der anderen Handlungen sind, dann trenne und
unterscheide man sie fälschlicherweise, da Sehen und
Lieben bzw. Riechen und Hassen hier ein und dasselbe
seien.

Trennt man also Erkennen und Handeln, so wird das
Erkennen illusionär und das Handeln blind bzw. es wird
zu purem Verhalten. Daß man trotzdem seit alters beides
mit besonderen Worten unterscheidet, erklärt er folgendermaßen: "Handeln ohne klare Bewußtheit und genaue
Umsicht ist blindes Handeln Ming Xing 冥行. Daher
müssen wir das Erkennen besonders hervorheben. Erkenntnis ohne Ausführung und Verwirklichung ist illusionär Wang Xiang 妄想. Daher müssen wir das Handeln
betonen. Erkennen und Handeln sind ursprünglich dieselbe Leistung. Die Menschen des Altertums sprachen
von Handeln und Erkennen, um weder die eine noch die
andere Seite (dieser Leistung) außer acht zu lassen. Das
war ihre Redeweise, um die Einseitigkeit zu ergänzen
und die Beschränkung aufzuheben. Anders als die Heutigen haben sie das nicht als zwei (verschiedene) Sachen
unterschieden. Auch ich sage heute, daß Erkennen und
Handeln eines ist, obwohl dies auch unter heutigen Verhältnissen eine behelfsmässige und redundante Redeweise ist. Denn Erkenntnis und Handeln sind wesentlich
und ursprünglich so."[54]

So machte er darauf aufmerksam, daß die Trennung
von Erkennen und Handeln ein Übel sei, das das un-
praktische Erkennen zur Nicht-Erkenntnis und das er-
kenntnislose Handeln zum "blinden" Sich-Verhalten ver-
kehre. Und er wendete das auch kritisch gegen das, was
er als blinde bzw. "verständnislose Handlungsverfahren"

und als unanwendbare und darum "leere Spekulationen" brandmarkte.[55]

Das war gewiß eine wichtige Mahnung angesichts der in modernen Zeiten immer weiter auseinanderdriftenden Welten des Wissens und des Handelns und der sich immer mehr vertiefenden Arbeitsteilung von Theorie und Praxis. Sie wurde auch zur Grundlage für das Interesse und das Verstehen von westlichen Theorien, die dieses Problem des Zusammenhanges von Wissen und Handeln thematisierten. Man erhoffte oder meinte, daß sie diese Tendenzen des Auseinanderfallens von Wissen und Handeln konterkarieren könnten. Wir nannten weiter oben schon Fichte, der mit seiner Metaphysik der "Urtathandlung" zum eigentlichen Begründer des Pragmatismus wurde, und darüber hinaus alle Formen des neueren Pragmatismus, die in dieser Hinsicht das besondere Interesse der chinesischen Philosophen auf sich zogen. Wang Shou-ren 王守仁, einem der großen Idealisten Chinas, erging es dabei wie dem absoluten Idealisten Hegel in Europa. Die Einheit von Erkennen und Handeln - bei Hegel in der "Arbeitslehre" seiner "Phänomenologie des Geistes" ausgeführt: nur die Arbeit bildet, und wahre Bildung ist die aus der Arbeit! - wurde im deutschen Idealismus eine der wesentlichen Grundlagen der neueren Handlungs-, Arbeits- und Produktionstheorien und machte auch bei den realistischen und materialistischen Denkern Schule, wie man am "linkshegelianischen" Marxismus im Westen und am Maoismus in China selber sieht.

3. Wei 爲 und Wu Wei 無爲 Handeln und "Nicht-Handeln"

Wir haben das Thema des "Nicht-Handelns" in Anführungszeichen gesetzt. Es wird in China in der Sprache des Lao Zi 老子 verhandelt, und dabei wird ziemlich allgemein davon ausgegangen, daß Lao Zi 老子 gegenüber dem Aktionismus Kong Zis 孔子 und der Schule der Konfuzianer der Protagonist des "Nicht-Handelns", des politischen und privatistischen Quietismus und des philosophischen Eremitentums sei. Daß die Lage keineswegs so einfach ist, haben wir im vorigen Abschnitt schon angedeutet, und wir wollen dies hier etwas weiter ausführen.

In der Tat verdankt sich diese Einschätzung hauptsächlich der sehr erfolgreichen Propagierung des Handlungsbegriffs der Konfuzianer, dem Lao Zi 老子 kritisch einen ganz anderen Handlungsbegriff gegenüberstellt. Die große Tradition des Nei Sheng Wai Wang 内聖外王 und der praktische Grundzug verbinden beide Positionen, so daß der Unterschied nicht hier zu suchen ist. Er liegt in den gegensätzlichen Ansichten über das, was Dao 道 ist. Darauf weist schon der Großhistoriograph Si-ma Qian 司馬遷 hin, wenn er sagt: "Die Lao Zi 老子-Schule unserer Zeit bekämpft die Konfuzianer und die Konfuzianer bekämpfen auch Lao Zi 老子. Weil ihr Dao 道 nicht dasselbe ist, stimmen sie nicht überein."[56] Es wäre ihm vermutlich nicht entgangen, wenn ihr Gegensatz sich wirklich an der Frage von Handeln und Nichthandeln entzündet hätte. Wohl aber haben die unterschiedlichen Ansichten von Konfuzianern und Daoisten über das Dao 道 als die metaphysischen Grundlagen ihrer Denksysteme

Folgen für die jeweiligen ontologischen, anthropologischen, erkenntnistheoretischen und praxeologischen, insbesondere aber ihre ethischen Anschauungen.

a. Zheng Ming 正名 Die Richtigstellung der Bezeichnungen bei Kong Zi 孔子

Für Kong Zi 孔子 ist Dao 道 immer "der Weg" des Menschen gewesen, sich über die Natur zu erheben und Kultur zu gestalten. Von einem Himmelsdao - Tian Dao 天道 -, das den Menschen Glück und Unglück, Gutes und Böses, Segen und Katastrophen bringen sollte, wie es die Geschichtsschreiber vielfach beschrieben und beriefen, hat er nichts gehalten und wollte nicht darüber diskutieren. Alles in der Menschenwelt sollte sich den Menschen selbst verdanken. Das einzige, was er im Verhältnis von Himmel und Mensch - Tian Ren 天人 - vom Himmel in Anspruch nahm, war Tian Ming 天命 - ein "himmlisches Mandat" für die ausgezeichneten Herrscher und auch für seine eigene philosophische Art der Herrschaft, das Gute in der Welt zu befördern und das Böse und Schlechte zu mindern oder auszutilgen.

Galt es, "das Reich des Menschen zu errichten", wie man es mit Baconschen Worten nennen könnte, so kam alles auf das positive Handeln tatkräftiger Menschen an, und das waren für ihn die Herrscher. Waren sie gut und gingen den Weg des Dao 道, so war die Welt in Ordnung. Waren sie schlecht - und dafür hielt er die Herrscher der Streitenden Reiche und der Frühlings- und Herbstzeit, also seiner eigenen Zeit -, so gab es "kein Dao 道 unter dem Himmel" und alles geriet in Unordnung. Das zeigt

seine Zeit-Diagnose, in der er geradezu ein Geschichts-
gesetz des Niedergangs der Staaten in Abhängigkeit von
der Übernahme der Macht durch untere Stände im Lande
formuliert:

"Wenn der Erdkreis in Ordnung ist, so gehen Kultur
und Kunst, Kriege und Strafzüge vom Himmelssohn (dem
guten Kaiser mit seinem himmlischen Mandat) aus. Ist
der Erdkreis nicht in Ordnung, so gehen Kultur und
Kunst, Kriege und Strafzüge von den Lehnsfürsten aus.
Wenn sie von den Lehnsfürsten ausgehen, so dauert es
selten länger als zehn Generationen, bis sie die Macht
verloren haben. Wenn sie von den (niederen) Adelsge-
schlechtern ausgehen, so dauert es selten länger als fünf
Generationen, bis sie die Macht verloren haben. Wenn
die Dienstmannen die Herrschaft im Reich an sich reißen,
so dauert es selten mehr als drei Generationen, bis sie die
Macht verloren haben."[57]

So sah er auch den Untergang des Lu-Staates, dem er
selber diente, wegen des Machtverlustes des Herrscherhauses voraus. Er meinte, der Lu-Staat hätte kein Dao 道
mehr, und damit sei auch das himmlische Mandat - Tian
Ming 天命 - des Herrscherhauses erloschen. Das drückte
er so aus: "Wenn das Dao 道 sich ausbreiten soll, so ist
das Ming 命 ('Befehl' des Himmels, oft mit 'Schicksal'
übersetzt). Wenn das Dao 道 untergehen soll, so ist das
auch Ming 命."[58] Aber das machte ihn keineswegs zum
Fatalisten (und darum wäre auch die Übersetzung von
Ming 命 durch "Schicksal" in in diesem Zusammenhang
irreführend), sondern fordert ihn geradezu heraus, seiner
Aufgabe gerecht zu werden und damit sein eigenes Ming
Tian zu erfüllen: "Wenn die Dinge unter dem Himmel in
Ordnung wären, so wäre ich nicht nötig, sie zu ändern."[59]

Wie stellt es ein Philosoph nun an, die eingerissene Unordnung in einem Reiche zu heilen? Wie kann er seine Art von Herrschaft ausüben? Welchen Rat kann er seinem Fürsten geben, damit die Dinge im Staat wieder besser werden?

Die Frage stellt sich jederzeit und überall, und die möglichen Antworten sind sämtlich bekannt und durchgespielt. Sie werden heute von der Politikberatung katalogweise bereitgehalten und unterliegen den Prämissen der Parteiideologien von links, rechts oder aus der Mitte. Links tönt es: Mehr Gerechtigkeit durch Umverteilung des nationalen Reichtums von oben nach unten; mehr Solidarität durch Ausbau und Feinerspinnung des sozialen Netzes; mehr Gleichheit durch Gleichstellung von Mann und Frau, Erwachsenen und Kindern, Einheimischen und Fremden, Gesunden und Behinderten, Frühbegabten und Spätberufenen ... bis hin zu Pflanzen, Tieren und Menschen (aber nicht: von Geborenen und Ungeborenen); mehr Freiheit durch genauere gesetzliche Bestimmung des Verbotenen, Gebotenen und Erlaubten. Von rechts schallt es dagegen: Mehr Gerechtigkeit durch freie Entfaltung unterschiedlicher Vermögen, Talente, Begabungen, damit erst einmal nationaler Reichtum geschaffen werde; mehr Solidarität durch subsidiäre Hilfe für die wirklich Bedürftigen; mehr Gleichheit durch Chancengleichheit (zum Ungleichwerden); mehr Freiheit durch Abbau gesetzlicher Regulierungen. Aus der Mitte wird gewöhnlich dies alles zugleich und auch das Gegenteil empfohlen, etwa gerechte Gerechtigkeit, freie Solidarität und brüderliche Gleichheit, was alle Koalitionen offenhält. Die Extremisten von links und rechts propagieren ihrerseits zur Herstellung der "wahren" Gerechtigkeit, Freiheit, Gleichheit und Brüderlichkeit die Revolution und damit den Bürgerkrieg.

Worauf es hier ankommt ist, daß die Ideale der guten politischen Ordnung von allen Parteien unter denselben Titeln beschworen werden: Gerechtigkeit, Freiheit, Gleichheit, Solidarität. Man gründet darauf den Konsens der Demokraten und den Ausschluß der Extremisten. Aber die Bedeutungen der Begriffe sind in der jeweiligen "ideologischen" Verwendung geradezu entgegengesetzte, und so erstrebt jede Partei unter denselben Schlagworten gerade das Gegenteil der anderen. Das korrumpiert den öffentlichen Diskurs und führt zur Heuchelei gegenüber dem Volk. Gibt es dagegen ein Mittel? Und wird der Zustand überhaupt als politisches Problem erkannt?

Offensichtlich hat Kong Zi 孔子 es als das Grundproblem der Politik schlechthin gesehen und Mittel dagegen erfunden. Die Frage stellte sich ihm aus Anlaß eines Regierungswechsels im Staate Wei zur Zeit seines zweiten Aufenthaltes dort. Der alte Fürst Gua hatte seinen Sohn wegen dessen Heirat mit einer ihm mißliebigen Frau bei der Thronfolge übergangen und seinen Enkel als Nachfolger eingesetzt. Der übergangene Prinz sammelte eine Streitmacht und bekriegte nach neun Jahren den Staat Wei, um seinen eigenen Sohn zu entthronen und die Herrschaft für sich zu gewinnen. Es stellte sich die Legitimitätsfrage, die im Lande heftig diskutiert wurde.

In den "Gesprächen des Kong Zi 孔子" heißt es nun dazu: "Zi Lu 子路 fragte: Der Fürst von Wei wartet auf den Meister (Kong Zi 孔子), um die Regierung zu übernehmen. Was würde der Meister zuerst in Angriff nehmen? Der Meister sprach: Sicherlich Zheng Ming 正名 - die Richtigstellung der Bezeichnungen. Zi Lu sagte: So etwas? Da liegt der Meister aber ganz daneben. Warum denn deren Richtigstellung? Der Meister sprach: Wie dumm du bist Yu (Zi Lu). Der Edle lässt das, was er nicht versteht, sozusagen beiseite. Wenn die Bezeichnungen nicht richtig sind, so stimmen die Begriffe nicht mehr. Stimmen die Begriffe nicht, so gelingt auch kein Werk. Gelingt kein Werk, so gedeiht Sitte und Kunst nicht. Gedeiht Sitte und Kunst nicht, so greifen die Strafen nicht. Greifen die Strafen nicht, so weiß das Volk nicht, wo anzupacken und wohin der Fuß zu setzen ist. Darum sorgt der Edle dafür, daß er seine Begriffe unter allen Umständen in Worte fassen kann, und daß er seine Worte unter allen Umständen in Taten umsetzen kann. Der Edle duldet nicht, daß in seinen Worten irgendwelche Unordnung besteht. Das ist es, worauf alles ankommt."[60]

Das ist freilich etwas mehr als die vielbeschworene Wahrhaftigkeit Cheng 誠 des Heiligen und des Edlen. Denn auch der Heilige denkt in Begriffen und drückt sich in Worten aus und ist somit selber auf die Zuverlässigkeit und Genauigkeit der Sprache für sein Denken und Reden angewiesen. Ist die Sprache in Unordnung geraten, so mag er selbst auch ihren Fallstricken erliegen. Bemerken wir sogleich: Kong Zi 孔子 denkt gar nicht daran, etwa neue Wörter einzuführen, um neue Begriffe zu lancieren, wie das heute so üblich geworden ist. Das entschiedene "Jein", das "Null-Wachstum" und die "Rückführung der Neuverschuldung" wären nicht seine Sache gewesen. Zheng Ming 正名 - Richtigstellung der Bezeichnungen - ist Sprachpolitik, die Ernst macht mit dem klaren Sinn der Worte, den jedermann versteht und der für jedermann und unter allen Umständen an der Wirklichkeit überprüft werden kann. Und sie ist, wie er wohl richtig sah, das einzige Mittel, dem wilden Denken, der Schizophrenie der Rhetoren, der biedermännischen Lüge und Heuchelei und der Überrumpelung der Massen, die auf den altgewohnten Sinn der Wörter vertrauen, durch neuen Hintersinn der Eingeweihten zu wehren.

Wie ist das zu bewerkstelligen? In der modernen Welt würde man sagen, es gelte, die Sprache einer veränderten Wirklichkeit anzupassen, denn die Sprache sollte der Wirklichkeit entsprechen. Neue Wirklichkeiten verlangten nach neuen Bezeichnungen und veränderte Wirklichkeiten müssten durch Bedeutungswandel alter Bezeichnungen aufgefangen werden. Das entspreche ohnehin den Gesetzen der Sprachentwicklung, die man damit nur zu Normen der Sprachpolitik erheben müsse. Jedermann kennt diese Einstellung: "80 km" auf der Autobahn bedeutet jetzt "100 km", und die "Rente" von einst (nämlich die Verzinsung angesparten Kapitals einer Generation) ist jetzt (nachdem das angesparte Kapital verschleudert wurde) "Leistungstransfer von der nachwachsenden Generation auf die Älteren gemäss einem Generationenvertrag".

Kong Zis 孔子 Sprachpolitik des Zheng Ming 正名 ist das genaue Gegenteil davon. Das liegt zunächst von der Natur der chinesischen Sprache her nahe. Ihre ikonischen oder piktographischen Schriftzeichen fixieren Sinn und Bedeutung der Wörter in recht anschaulicher Weise, nicht aber den Lautbestand, wie es bei den westlichen Sprachen der Fall ist. Und das zieht es nach sich, daß man diesen Sinn und diese Bedeutungen nicht leicht verändern kann. Der Gelehrte hat ihn "vor Augen", während der westliche Intellektuelle die Lautung der Wörter liest und fast grenzenlos beliebigen Sinn damit verbinden kann.

Zheng Ming 正名 - Richtigstellung bzw. Klarmachen der Wörter - ist deswegen in erster Linie Besinnung auf denjenigen Sinn und die Bedeutung, die in den Schriftzeichen selbst schon von den Schriftzeichenerfindern niedergelegt sind. Man wird geneigt sein, diese Rückwendung zum althergebrachten Sinn der Sprache Kong Zis 孔子 gewiß konservativer Einstellung gegenüber allem Altehrwürdigen zuzuschreiben. Das mag so sein. Und doch liegt darin eine richtige und für seine Zeit wohl bahnbrechende Erkenntnis. Wer mit dem Volke und mit jedermann reden will, dem muß zuerst eine gemeinsame Sprache am Herzen liegen. Eine gemeinsame Sprache aber bildet man nicht durch "Neusprech", neue Begriffe und Jargon, mit denen man sich den Massen unverständlich macht, sondern durch Schonung, Erhaltung und Pflege desjenigen an der Sprache, was über lange Zeiten Gelegenheit gehabt hat, allgemeiner Besitz der Sprachgemeinschaft zu werden. Im Westen sucht man derartiges in der "Onomasiologie" festzustellen, d. h. in der Lehre von den mehr oder weniger konstanten Bedeutungen hinter allem Wandel der lautlichen oder gar verbalen Einkleidung. Aber diese Disziplin ist ziemlich unterentwickelt geblieben angesichts der schon ihrem Ansatz widersprechenden allgemeinen Annahme, die Bedeutungen wandelten sich genau so wie die Ausdrucksmittel. Auch die etymologische Forschung hat mit diesem Vorurteil zu kämpfen, denn man hält ja gewöhnlich den etymologischen Sinn von Wörtern für einen abgelebten und gemessen am aktuellen Wortsinn "falsch" gewordenen Sinn. Hegel und Heidegger haben in ihrem

Philosophieren darum gerungen, etymologischen Sinn der
deutschen Sprache gegen einen depravierten Sinn
mancher aktuellen Schlüsselbegriffe zur Geltung zu bringen. Das ist, wie man weiß, nicht gerade freundlich aufgenommen worden. Aber es ist gerade das, was Kong Zi
孔子 mit Zheng Ming 正名 betrieb. In der chinesischen
Sprache aber hat es einen ganz anderen Stellenwert und
auch fruchtbarere Bedingungen der Durchführung. Diese
liegen eben in der Schriftfixierung durch die ikonischen
Schriftzeichen.

Wir haben oben schon das Beispiel des "Heiligen" -
Sheng 聖 - gegeben. Wer ein Heiliger sein will, der muß
ganz Ohr, ganz Mund und zudem Herrscher sein, dies
und nichts anderes bedeutet das Schriftzeichen und das
entsprechende Lautwort. Wer das weiß und gewissermaßen die Sprache beim Wort (dem Schriftzeichen)
nimmt, der kann auch die Wirklichkeit danach beurteilen,
ob es noch wirkliche Heilige gibt oder nicht, und er wird
nicht den Gelehrten Shi 士 oder den Edlen Jun Zi 君子
mit dem Heiligen verwechseln.

Daran hängt nun aber auch das Vertrauen - Xin 信 -,
das die ganze Kommunikationsgemeinschaft ihrer Sprache entgegenbringen kann. Die Sprache muß zuverlässig
gewährleisten, daß die Dinge und die Verhältnisse im
Lichte der vorhandenen Bezeichnungen wahrgenommen
werden können und über sie geurteilt werden kann. Nicht
die Sprache hat sich nach der Wirklichkeit zu richten und
zu modeln, sondern die Wirklichkeit hat sich im Lichte
der sprachlichen Bedeutungen als das zu zeigen, was sie
ist. Was das eine nicht ist, das muß eben ein anderes
sein, aber die Bezeichnung des einen auf das andere zu
übertragen, stiftet Verwirrung und öffnet Lug und Trug

Tür und Tor. Deshalb ist Zheng Ming 正名 für Kong Zi 孔子 die Hauptsorge des Philosophen und der Anfang aller Versittlichung im Gemeinwesen.

So verstehen sich die berühmt gewordenen und oft zitierten Sätze des Kong Zi 孔子: Jun Jun Chen Chen Fu Fu Zi Zi 君君臣臣父父子子.[61] In (Tarskischer) Metasprachennotation würde es heißen: Jun "Jun", Chen "Chen", Fu "Fu", Zi "Zi" - "Nur einen Fürsten kann man 'Fürst' nennen, nur einen Untergebenen 'einen Untergebenen', nur einen Vater 'Vater' und nur einen Sohn 'Sohn'." Man übersetzt freilich gerne, und eingedenk des konfuzianischen Moralismus, gerade umgekehrt: "Der 'Fürst' sei Fürst, der 'Untergebene' Untergebener, der 'Vater' sei Vater, und der 'Sohn' sei Sohn." Dabei setzt man voraus, die Wirklichkeit sei selbstverständlich und gewissermaßen starr, nur die Bezeichnungen seien anfällig für Mißverständnisse und könnten somit auch falsch sein. Wir meinen, daß Kong Zi 孔子 die Sache gerade umgekehrt sah. Gerade weil die Wirklichkeit ein Kontinuum von Übergängen und in stetigen Wandlungen begriffen ist, und weil er seine Zeit für "in Unordnung geraten" hielt, konnte er solcher flüssigen und chaotischen Wirklichkeit die Starrheit der (wahren) sprachlichen Bedeutungen als eine Art Meß- und Beurteilungsskala gegenüberstellen. Und das konnte nur heißen: Die tatsächlichen Herrscher sind nur als Fürsten anzuerkennen, wenn sie dem Sinn des Wortes "Fürst" gerecht werden, und so auch der Untertan, der loyal dienen muß, der Vater, der seine Vaterpflichten erfüllt, und der Sohn, der seiner Sohnesrolle gerecht wird.

Man sieht, wie dadurch auch die Frage des Zi Lu 子路 zugleich mit der Frage nach der Legitimität des Prinzen

von Wei beantwortet wird. Dieser hat sich nicht als
"Sohn" erwiesen, indem er durch seine Heirat gegen den
Willen des Vaters verstieß. Darum hat der alte Fürst Gua
ihn mit Recht auch nicht als Sohn behandelt, und deshalb
ist der Enkel der legitime Nachfolger. Wer Kong Zi 孔子
verstand, hat das sicher auch verstanden, wenngleich er
es nicht eigens sagte.

Halten wir aber fest, daß Zheng Ming 正名 für Kong
Zi 孔子 nur das Wichtigste und der Anfang der philosophischen Handlungen war. Das war zweifellos schwer genug, wie aller Anfang, und stellte auch an sich eine
unendliche Aufgabe sowohl für den um Klarheit der Begriffe bemühten Denker wie für den mit Mitmenschen
konversierenden und Schüler belehrenden Gelehrten dar.
Alles andere aber, was zu tun ist, hängt davon ab und
damit zusammen, was Kong Zi 孔子 richtig bemerkte.
Sind erst die Begriffe klar, so kann man auch danach
handeln. Beim moralischen Handeln ergeben sich erst den
Maßstab, was überhaupt moralisches Handeln sein kann,
und sie legen ebendadurch auch fest, was unmoralisches
Handeln ist. Aber das ist nicht, wie bei Sokrates und
Platon, als ethischer Intellektualismus zu verstehen. Kong
Zi 孔子 war sich der Fehlbarkeit des Menschen sehr
wohl bewußt. Nicht, daß die Menschen gelegentlich
schlecht und unmoralisch handeln, ist schlimm, meinte
er, sondern aus Fehlern nicht zu lernen, das ist schlimm!
Jeder Mensch ist aber zuerst und zunächst in der
Gemeinschaft Sohn oder Vater, Tochter oder Mutter,
Ehegatte oder Freund eines Freundes, Fürst oder Unter-
tan, und das legt das meiste von dem, was zu tun ist,
schon fest, wenn er dieses wirklich ist oder sein will.
Spätere Konfuzianer haben daraus eine Lehre von den

"drei Rängen und den fünf Normen" - San Gang Wu Chang 三綱五常 - entwickelt. Als die drei Ränge (San Gang 三綱) werden im Bai Hu Tong Yi 〈白虎通義〉 - der "gemeinsamen Meinung (der Gelehrtenversammlung) in der Halle des weißen Tigers" - die Ban Gu 班固 (32-92 n. Chr.) zusammenfaßte - die "Beziehungen zwischen Fürst und Untertan, Vater und Sohn, Ehemann und Ehefrau" genannt. Damals sah man diese Beziehungen schon als ein Verhältnis der jeweiligen Unterordnung, was man aber Kong Zi 孔子 nicht ohne weiteres unterstellen sollte. Die Wu Chang 五常 - fünf Normen - sind nämlich der eigentliche Gehalt der Lehre Kong Zis 孔子, die sittlichen Prinzipien Ren Yi Li Zhi Xin 仁義禮智信 - Menschlichkeit, Gerechtigkeit, Sittlichkeit, Weisheit, Vertrauen -, und sie gelten für alle Beziehungen zwischen Menschen.

Wir haben also schon über die vertrauensbildende Kraft des Zheng Ming 正名 gesprochen. Zheng Ming 正名 ist für Kong Zi 孔子 in der Tat die Voraussetzung dafür, daß Menschen in der sprachlichen Kommunikationsgemeinschaft Vertrauen finden und Vertrauen einflössen, sofern sie sich einer und derselben Sprache bedienen können. Wie man sieht, hat Kong Zi 孔子 das Vertrauen - Xin 信 - unter die unabdingbaren ethischen Standards aufgenommen, und er hat damit wohl klarer gesehen als westliche Philosophen, die gelegentlich nur das biblische "Eure Rede sei ja ja, nein nein" zitieren und meinen, solche Entschiedenheit genüge schon zur sprachlichen Vertrauensbildung und zwischenmenschlichen Wahrhaftigkeit. Sie übersehen allzu leicht, daß schon die Expertenaussage mit dem qualifizierten Ja ("mit 99 % Wahrscheinlichkeit") auch ein qualifiziertes Nein enthält, denn das eine (meist nur zur Rückversicherung "ge-griffene") Prozent kann sich jederzeit und überall genau auf den Fall beziehen, auf den es ankommt. Und so ist auch solche Wahrscheinlichkeitsrede eine vertrauenzer-störende Jein-Rede, auf die doch in der modernen Welt allenthalben unabsehbare Aktionen begründet werden. Ein modernes Zheng Ming 正名 würde den logisch-mathematischen Wahrscheinlichkeitsbegriff und seine Anwendung auf "Handeln unter Risiko oder Unsicher-heit" ohne Abstriche an präzisem Sinn auf das ge-meinsprachliche "Es könnte sein, aber vielleicht auch nicht" heruntertrimmen, damit freimütig gelehrte Unwis-senheit eingestehen und so von selbst zur Vorsicht beim Handeln mahnen.

Kong Zi 孔子 nahm auch die Weisheit - Zhi 智 - unter die ethischen Standards auf. Das klingt nach einem reich-lich überhöhten Ideal. Das chinesische Wort ist in der Tat dasselbe, das sonst für die Weisheit des Heiligen und Weisen steht. Aber es stand ihm kein Wort für das zur Verfügung, was wir mit Platon, Aristoteles und den Stoikern so elegant "Phronesis", "Prudenz" - oder mit Kant - "praktische Vernunft" nennen. Man kann aber davon ausgehen, daß er genau dies in ethischem Zusam-menhang meinte. In diesem Sinne ist Zhi 智 jedem Menschen zumutbar, "Weisheit" als Vorsicht, Umsicht und Rücksicht beim Handeln. Und dies ist gewiß etwas anderes als Wissen Zhi 知 (mit anderem Schriftzeichen), über das nur der Gelehrte und Experte in den einzelnen Gebieten verfügt, und das somit nicht allen abverlangt werden kann. Wer aber Zhi 智 - als Weisheit - hat, dem kann man es getrost überlassen, Zhi 知 - als Experten-wissen - verantwortungsvoll in seinem Beruf anzuwenden. Wir haben oben schon gesehen, daß Kong Zi 孔子 es ablehnte, etwa das Wissen des Landmanns oder Gärtners als seine Sache anzusehen, denn sein Expertentum bestand in der Bildung des Menschen zum guten Menschen und dadurch in der Herstellung einer sittlich geordneten Kultur.

b. Wei Er Bu Zheng 爲而不爭 Gewaltloses Handeln bei Lao Zi 老子, Sun Zi 孫子 und Zhuang Zi 莊子

Lao Zi 老子 hat Kong Zi 孔子 so gut wie in allem widersprochen. Aber dieser Widerspruch bezieht sich auf alle Fragestellungen, die Kong Zi 孔子 aufgeworfen und auf seine Weise zu beantworten gesucht hat. Er hat keineswegs die Fragestellungen selbst negiert, sondern sie ebenso wie Kong Zi 孔子 als wichtig und bedenkenswert eingeschätzt. Dabei ist er, wie man oft bemerkt hat, der "tiefere Denker", weil er Kong Zis 孔子 Prinzipien hinterfragte und weiter dachte, als Kong Zis 孔子 Folgerungen daraus reichten.

Ging es Kong Zi 孔子 um den Aufbau einer menschenfreundlichen Kultur und Zivilisation durch Versittlichung des Menschen, so bedachte Lao Zi 老子, welche Folgen eine solche Kultur für die Natur mit sich bringt, wie sie dann gleichsam auf die Kultur zurückschlägt, und wie die Natur des Menschen selbst auf solche Versittlichung, Bildung und "Weisheit" in menschlichen Angelegenheiten reagiert. Wo Kong Zi 孔子 von menschlichen Handlungen und ihren Effekten in der Kultur spricht, da erwägt Lao Zi 老子 die Eingebettetheit solcher Handlungen in die Naturprozesse und ihre "kausalen" Neben-

folgen für beide Bereiche, die Kultur und die Natur. Und
während Kong Zi 孔子 Bildung, Wissen und Bewußt-
seinsbildung preist, betrachtet Lao Zi 老子 ihre Kehr-
seiten der Unbildung, des Nichtwissens und der Bewußt-
seinsdeformationen.

Er knüpft an ein altes Sprichwort an, wenn er sagt:
"Was andere gelehrt haben, das lehre ich auch, nämlich
'Gewalttätige und hochfahrende Leute bekommen nicht
ihren eigenen Tod!'. Damit werde ich ein väterlicher
Lehrer."[62] Offenbar hat ihn die Frage tief bewegt,
wie man seinen eigenen Tod stirbt, und wie dieser,
anders als der gewaltsame, das Lebendige mit der Natur
versöhnt. Der Tod scheint für ihn das große Paradigma
gewesen zu sein, wie das Nichts sich im Leben zur
Geltung bringt, so wie umgekehrt die Geburt und die
Entstehung das Sein verfestigt. "Das Volk", sagt er,
"nimmt den Tod leicht, weil die Oberen zu sehr am
Leben hängen. Darum nimmt es den Tod leicht. Wer das
Nichts Wu 無 im Leben walten Wei 爲 lässt, ist besser
als der, der (nur) das Leben schätzt."[63] Gerade weil das
Volk immer mit dem Tod rechnet, sind auch Todesstrafen
kein Mittel gegen die Bösen und Schlechten. "Das Volk
fürchtet den Tod nicht. Wie kann man ihm dann mit dem
Tode drohen?"[64] Wie man im Leben mit dem Tod
gewöhnlich umgeht, sagt er an anderer Stelle: "Man wird
geboren und geht zum Tode. Drei von zehn hängen am
Leben. Drei von zehn hängen am Tode. Von den Menschen, die ihr Leben durch den Tod bewegen lassen, sind
es auch nur drei von zehn. Wie kommt das? Nun, weil sie
in ihrem Leben das Leben schätzen. Ich habe gehört, daß
einer, der sein Leben bewahren wollte, alles dafür tat,
Büffeln und Tigern aus dem Wege zu gehen. Im Krieg

setzte er sich nicht den Waffen aus. Der Büffel war das Nichts, das sozusagen mit seinen Hörnern stieß. Der Tiger war das Nichts, das sozusagen mit seinen Krallen riß. Die Waffen waren das Nichts, das sozusagen mit Spitzen stach. Wie das? Weil für ihn das Nichts der Tod war."[65]

Auch hier übersetzen wir anders als es der Fall ist, wenn man Wu 無 - "Nichts" - und Bu 不 - "nicht" - einfach gleichsetzt. Setzt man sie gleich, so muß man nämlich behaupten, daß Lao Zi 老子 hier die Unsterblichkeit der Heiligen feiere, und zwar in sehr widerspruchvoller Weise: Einerseits gehen sie (immerhin etwa ein Drittel der Menschen) Büffeln und Tigern aus dem Wege, andererseits gehen sie den Waffen nicht aus dem Wege. Und dennoch sollen die Büffel sie nicht durchstoßen, die Tiger sie nicht zerreißen, die Waffen sie nicht durchbohren können. Und warum? Weil in ihnen kein Platz für den Tod sei![66] Solche Interpretation hat zwar eine lange Tradition unter Daoisten und Buddhisten, die ein langes Leben schätzen und Lao Zi 老子 dafür in Anspruch nehmen. Aber es macht ihrem Meister keine Ehre. Denn er hat nicht für ein langes, sondern für ein gehaltvolles, rundes und mit der Natur in Einklang stehendes Leben plädiert. Was wir oben übersetzten, kommt daher auch nur auf das hinaus, was auch bei uns im Abendland Demokrit so unübertrefflich prägnant sagte: "Toren sehnen sich nach dem Leben, da sie den Tod fürchten."[67] Wer aber mit dem Tode lebt und weiß, daß das Leben selber sozusagen tödlich ist, der wird nicht in jedem spitzen Gegenstand das absolute Nichts drohen sehen, sondern auch mit der Gefahr vernünftig umgehen. Er weiß, daß das Nichts ohnehin immer ins Sein verflochten ist. Und von einem solchen kann Lao Zi 老子 dann auch sagen: "Den Tod auf sich nehmend, aber nicht verschwindend, hat er ein vollendetes Leben."[68]

Sein - You 有 - und Nichts - Wu 無 - bestimmen in ihrer gegenseitigen Durchmischung den Kosmos und alle Dinge. Im Leben der Menschen zeigen sie sich rein als Dasein vor und Nichtmehrsein nach dem Tode, und in ihrer Verschränkung in der ständigen Gefährdung des Lebens durch den Tod. In den kulturellen und zivilisatorischen Errungenschaften der Menschen zeigen sie sich in der Vermischung von "voller" Materialität (Qi 氣) und dem Leeren (Kong 空), das die Benutzbarkeit und Dienlichkeit der Gegenstände bestimmt. Lao Zi 老子 demonstriert es am Haus, am Speichenrade und am Krug. Der Gedanke ist im Abendland auch von Demokrit gedacht worden, als er den Kosmos aus dem "Vollen" der Atome und dem "Leeren" des Raumes erklärte, und auch die moderne Physik ist nach der vergeblichen Suche nach dem raumfüllenden Äther und dem Ablegen des traditionellen "horror vacui" wieder auf diesen Gedanken zurückgekommen. Im geistigen Leben der Menschen bringt sich ihr Gegensatz als Wissen und Bewußtsein und Nichtwissen und Nicht-Bewußtsein (was nicht dasselbe wie das sogenannte Unbewußte ist) zur Geltung.

Aber auf dem Hintergrund dieses kosmischen Antagonismus beachtet Lao Zi 老子 die vielfältigen anderen Gegensätze, die ihn gleichsam in abgeschwächter Form und Gestalt immer wieder reproduzieren. Das Gegensätzliche schlechthin wird ihm zum Leitfaden seiner Erforschung von Natur und Kultur. Zweifellos hat er sich dabei auch von der "Logik des Yi Jing 〈易經〉" leiten lassen, das alles in der Welt aus dem Gegensatz von

Yang 陽 und Yin 陰 erklärt und ableitet (vgl. dazu Kapitel 4, Abschnitt 2). Aber darüber ging er hinaus bis zum Gegensatz von You 有 und Wu 無 - Sein und Nichts -, die er "dialektisch" in seinem inhaltlichen Dao 道-Prinzip vereinigt sah.

Die hier interessierende Gegensätzlichkeit ist nun gerade die von Handeln und Vollbringen - Wei 為 - und Nichthandeln bzw. Ruhen - Bu Wei 不為. Wo aber der Mensch nicht handelt, sondern ruht, da wirkt und schafft die Natur - Zi Ran 自然 - aus ihrem eigenen Antagonismus von Sein und Nichts, und je nachdem, was da vorherrscht, ergibt sich You Wei 有為 - das Sein wirkt - oder Wu Wei 無為 - das Nichts wirkt. Da der Mensch als existierendes Lebewesen selbst zum Sein gehört, so handelt in seinem gewöhnlichen Handeln das Sein gewissermaßen immer mit, nicht aber das Nichts. Dadurch kommt ein sozusagen ontologisches Ungleichgewicht in alle Dinge, die der Mensch anpackt. Er kann aber auch seinerseits etwas dazu tun, daß dieses Ungleichgewicht aufgehoben wird, nämlich eben dadurch, daß er auch dem Nichts Gelegenheit verschafft, sich in der Wirklichkeit Geltung zu verschaffen. Eben dies geschieht, wenn er nicht handelt - Bu Wei 不為 -, denn dann kommt You Wei 有為 und Wu Wei 無為 der Natur ins Gleichgewicht. Dies zu wissen, zu berücksichtigen und zur Geltung kommen zu lassen, ist der Grundgedanke der praktischen Philosophie Lao Zis 老子.

Wir haben oben schon das Prinzip genannt, das seine Handlungslehre durchweg regiert und zugleich den Gegensatz zur Handlungslehre des Kong Zi 孔子 markiert: "Das Himmelsdao mindert, was zu viel hat, und ergänzt, was nicht genug hat. Das Menschendao mindert, was (ohnehin) nicht genug hat, und ergänzt, was (ohnehin) zuviel hat."[69]

Kong Zi 孔子 und die Konfuzianer vertreten das Menschendao. Sie zerstören durch ihren Kulturalismus die Natur und depravieren die Natur des Menschen. Lao Zi 老子 selbst nimmt das Himmelsdao in Anspruch und setzt es dem Menschendao als das wahre und eigentliche Dao entgegen: "Ist das Dao 道 verloren, dann auch De 德 (die Tugend). Ist De 德 verloren, dann auch Ren 仁 (Menschlichkeit). Ist Ren 仁 verloren, dann auch Yi 義 (Gerechtigkeit). Ist Yi 義 verloren, dann auch Li 禮 (Sittlichkeit). Li (wie Kong Zi 孔子 es verstand) ist Dürftigkeit an Treue und Vertrauen und Anfang aller Verwirrungen."[70] Man sieht, daß Lao Zi 老子 keineswegs die konfuzianischen Tugenden negiert, sondern daß er sie auf ein anderes Dao 道-Prinzip begründen will und ihnen dadurch gerade ihre Eigentlichkeit und Effektivität sichern will. Und so muß man auch seine Invektiven sämtlich in Anführungszeichen setzen, die er gegen die konfuzianischen Begriffe von diesen Tugenden richtet: "Geht das große Dao 道 (das Himmelsdao) zugrunde, so hat man Ren 仁 (Menschlichkeit) und Yi 義 (Gerechtigkeit). Kommen Klugheit und Wissen auf, so hat man die großen Lügen."[71] Das gilt denn auch für (die schon oben zitierte Passage über) die konfuzianische "Heiligkeit", die man durch die echte ersetzen muß. Diese echten Tugenden preist er ausgiebig, sie müssen aber einen konkreten Ausgang und Anknüpfungspunkt haben und sich von daher auf alles Weitläufigere erstrecken: "Von seinem Körper aus soll man die Körper betrachten, von seiner Familie aus die Familie, von seiner Gemeinde aus die Gemeinde, von seinem Land aus die Länder, von den Dingen der

Welt aus die Dinge der Welt. Wie weiß ich, daß ich alles in der Welt erkenne? Eben dadurch (daß ich vom Nächstliegenden ausgehe)."[72]

Lao Zi 老子 "naturiert" die Kultur und versöhnt den Kulturmenschen mit seiner eigenen Natur. Im Abendland haben die Epikureer ähnlich gedacht, als sie das "Leben nach der Natur" (te physei zen) einforderten. Aber bei ihnen blieb es, ebenso wie später bei Rousseau und bei seinen Adepten der Gegenwart, ein Ideal, das sich gleichsam am Sonnenschein und am gepflegten Garten auf dem komfortablen Hintergrund einer funktionierenden zivilisatorischen Infrastruktur orientierte. Tod, Pest und Cholera, Erdbeben und Überschwemmungen, Barbarei und Nichtwissen haben sie nie ernsthaft in ihren Naturbegriff einbezogen. Gerade das aber tut Lao Zi 老子 in allem Ernste. Und er geht dabei auch auf die Natur des Weiblichen und Männlichen ein, auf das ja auch das Yi Jing 〈易經〉 mit seinen Schlüsselbegriffen vom Yin 陰 und Yang 陽 als Naturkräften hinweist. Lassen wir ihn dazu selber reden: "Wer seine Männlichkeit kennt und seine Weiblichkeit bewahrt, der ist die Schlucht der Welt. Ist er die Schlucht der Welt, so verlässt ihn nicht das ewige De 德 (die Tugend bzw. Macht des Dao), und er wird wieder wie ein Kind."[73] Der als "dunkel" berüchtigte Spruch erhält sein Licht aus dem, was über die Kraft des Wassers - als einem "weiblichen" Element - und sein Fließen zu den Niederungen gesagt wird: "Auf der ganzen Welt gibt es nichts Weicheres und Schwächeres als Wasser. Und doch kommt in der Art, wie es dem Harten zusetzt, nichts ihm gleich."[74] Und an anderer Stelle heißt es dazu: "Die höchste Güte ist wie das Wasser. Des Wassers Güte besteht darin, allen Dingen zu

nützen ohne Streit. Es weilt an Orten, die alle Menschen
verachten. Dadurch steht es dem Dao 道 nahe."[75]

Wie das Wasser und das weibliche Element das Harte
und männliche Element ohne Anstrengung überwindet,
wird es Vorbild und Paradigma, wie im menschlichen
Leben überhaupt zu handeln ist. Dazu gibt Lao Zi 老子
geradezu einen Handlungskanon an: "Was du zusammen-
drücken willst, das mußt du erst richtig sich ausdehnen
lassen. Was du schwächen willst, das mußt du erst richtig
stark werden lassen. Was du vernichten willst, das mußt
du erst richtig aufblühen lassen. Wem du nehmen willst,
dem mußt du erst richtig geben. Das heißt Hell-Dun-
kel."[76]

Betonen wir auch hier nochmals: Alles dies sind Auf-
forderungen zum Handeln und zugleich Ermahnungen
über das beim Handeln zu Bedenkende. Und doch ist es
noch nicht genug der Umsicht und Vorsicht. Die rechte
Vorsicht sieht auch den rechten Augenblick des Eingreifens voraus, und dann auch die rechte Zeit für die
Zurückhaltung und das Wirkenlassen des Nichts im Sein,
das sich dadurch gleichsam selber aufbraucht: "Was noch
ruhig ist, lässt sich leicht ergreifen. Was noch nicht
hervortritt, lässt sich leicht bedenken. Was noch zart ist,
lässt sich leicht zerbrechen. Was noch klein ist, lässt sich
leicht wegmachen. Man muß auf das einwirken, was noch
nicht da ist. Man muß ordnen, was noch nicht in Verwirrung geraten ist. Ein Baum von einem Klafter Umfang
entsteht aus einem haarfeinen Hälmchen. Ein neun Stufen hoher Turm entsteht aus einem Häufchen Erde. Eine
tausend Meilen weite Reise beginnt mit dem ersten
Schritt. Wer handelt, verdirbt. Wer festhält, verliert. Darum handelt der (echte) Heilige durch das Nichts Shi Yi

Sheng Ren Wu Wei 是以聖人無爲, und so verdirbt das Nichts Gu Wu Bai 故無敗. Das Nichts hält fest, so geht das Nichts verloren. Die Leute scheitern bei ihren Geschäften oft gerade im Erfolg, weil sie das Ende wie den Anfang beachten. Dann verdirbt das Nichts das Geschäft. Darum strebt der Heilige, nicht zu streben Yu Bu Yu 欲不欲, er schätzt nicht Dinge, die schwer zu bekommen sind, er lernt, nicht zu lernen Xue Bu Xue 學不學, und so kehrt er zu dem zurück, an dem die Masse der Menschen gewöhnlich vorbeigeht. Wo er alle Dinge ihrer eigenen Natur überlässt, wagt er nicht zu handeln Bu Gan Wei 不敢爲."[77]

Weit davon entfernt also, zum "Nicht-Handeln" aufzurufen, schätzt Lao Zi 老子 ab, wo zu handeln und wo nicht zu handeln ist. Und das heißt bei ihm in jedem Falle, in die Natur der Sachen so einzugreifen, daß sie sich entweder von selbst entwickeln oder daß ihre natürliche Entwicklung gefördert und unterstützt wird. Selbstentwicklung der Dinge aber ist nicht nur Wirken des Seins You Wei 有爲, sondern auch Wirken des Nichts Wu Wei 無爲. Ersichtlich ist Wu Wei dort am effektivsten, wo etwas (aus dem Nichts) entsteht und wo es wieder (ins Nichts) vergeht. Deshalb seine Aufmerksamkeit auf Beginne und Anfänge und ebenso auf das Ende, das Scheitern, den Tod. Mit ihnen muß der Mensch umzugehen lernen, dann ist er in der Nähe des himmlischen Dao 道.

Gleichsam zur Einübung dieses Umganges mit dem Nichts empfiehlt er Jing Guan 靜觀 - Achten auf die Stille - und Xu Guan 虛觀 - Achten auf die Leere: "Schaffe Leere bis zum Äußersten! Wahre Stille und Ruhe! Dann entwickeln sich alle Dinge zugleich. Ich schaue zu, wie

sie sich wandeln. Alle Dinge wenden sich zu ihrer
Wurzel zurück. Rückkehr zur Wurzel ist Stille. Stille ist
Wendung zum Geschick. Wendung zum Geschick ist
Ewigkeit. Erkennen des Ewigen ist Klarheit."[78]

Lao Zis 老子 Lehre ist in China bekanntlich zum Ausgangspunkt aller Mystik geworden. Aber das liegt vor
allem an seiner späteren Verbindung mit dem Buddhismus. Daß der indische Buddhismus in China Eingang
finden konnte, beruht offensichtlich darauf, daß er sich in
späteren Zeiten als bessere Ausarbeitung der Dao 道-
Philosophie des Lao Zi 老子 darstellen konnte. Die Verbindung mit dem Buddhismus aber hat dem Daoismus
nachmals unter den Konfuzianern nicht gerade Freunde
geschaffen, vielmehr ihre Abwehr auch gegen den Daoismus verstärkt. Und so wurde der Mystizismusvorwurf
zur Waffe in der Auseinandersetzung zwischen konfuzianischem "Rationalismus" und vorgeblichem daoistischem
"Irrationalismus".

Man kennt und schätzt - auch im Abendland - die Mystiker als kontemplative Menschen, die "stillesitzen" und
in sich hineinhorchen, wie es die Bezeichnung besagt.
Und deshalb unterschätzt man und nimmt nicht leicht zur
Kenntnis, daß die Bedeutendsten unter ihnen immer auch
Menschen von gewaltiger Tatkraft und großen Werken
waren. Und das konnten sie nur sein, weil ihnen das
Stillesitzen, das Nachdenken, die Meditation - Chan 禪,
japanisch: Zen - erst diese Handlungskraft und klare Ziel-
richtungen des Handelns verlieh. Meister Eckehard und
Bernhard von Clairvaux waren bei uns große Handelnde,
Organisatoren von gewaltigen Kulturleistungen. Und das
kann man auch von vielen sagen, die in China als Mystiker bekannt wurden, auch von den großen Buddhisten.

Lao Zis 老子 "praktische Philosophie" ist, wie wir gesehen haben, nichts weniger als ein Aufruf zum Nichthandeln, sondern eine Mahnung zum richtigen und effektiven Handeln. Richtiges und effektives Handeln aber heißt für ihn in erster Linie, das Handeln gewissermaßen in die Natur zurückzunehmen, es als Teil der natürlichen Prozesse in die Natur einzuschalten. Und dies wiederum kehrt sich gegen die konfuzianische - und auch im Abendland so herrschend gewordene - Tendenz, das menschliche Handeln, die Taten und Werke geradezu als das Gegenteil der Naturprozesse, als "Artefakte" und Kulturelemente aufzufassen. Der heilige Herrscher der Konfuzianer ist groß und berühmt durch seine Taten, und das bringt die Menschen dahin, spektakuläre Taten zu vollbringen um des Ruhmes willen. Wie ein roter Faden aber geht die These durch das Dao De Jing 〈 道德經〉, daß der wahre Heilige und Weise "niemals danach strebt, sich selbst groß zu machen Bu Zi Wei Da 不自爲大. Deshalb kann er sein Grösstes leisten Gu Neng Zheng Qi Da 故能成其大."[79]

Die Nagelprobe auf solche Leistungen ist die rechte Regierung des Reiches. Aber dazu gehört auch die Kriegführung, das alles beherrschende Thema in der Zeit der "Streitenden Reiche". Deshalb kommt für Lao Zi 老子 gleich nach der Regierung der Krieg, der bei allen Völkern und in allen Zeiten das Phänomen ist, in dem Natur und Zivilisation verschmelzen. Er gilt aber gewöhnlich als Ausnahmeereignis und Katastrophe und so als Naturereignis, das über die Menschen kommt. Und er ist doch menschengemacht, und in Kriegstaten pflegen sich, je nach Ausgang, die Tathelden zu profilieren, Ruhm zu suchen und gegebenenfalls Schande über sich zu bringen.

Während Kong Zi 孔子 gern vom "Frieden der Welt"
schwärmte und dem Herzog Ling von Wei gestand: "Ich
habe niemals Angelegenheiten studiert, die mit Armeen
und Bataillonen zu tun haben"[80], und überhaupt die
Kriegskunst wie Ackerbau und Gartenkunst den Fach-
leuten überließ, ist Lao Zi 老子 im alten China der einzige Philosoph - und darin auch gegenüber den abendländischen Philosophen einzigartig -, der den Krieg und
die Prinzipien der Kriegführung und Strategie in seine
Betrachtungen aufnimmt.

"Waffen", heißt es bei Lao Zi 老子, "sind unheilvolle
Geräte und nicht die Instrumente des Edlen. Wenn er sie
schon zur Hand nimmt und gebraucht, dann mit äußerster
Zurückhaltung. Wenn er siegt, rühmt er sich nicht, denn
der Ruhmsüchtige freut sich am Hinschlachten von Menschen. Wer aber Gefallen am Töten von Menschen findet,
der kann in der Welt nichts erreichen."[81] Nicht, daß es
keine Waffen geben sollte, der Staat und der Herrscher
brauchen sie. Aber: "Wie man Fische nicht aus dem Wasser nehmen sollte, so sollte man die Herrschaftsinstru-
mente nicht den Menschen zeigen."[82] Schon gar nicht soll
man dem Volk erlauben, Waffen zu besitzen, denn
"wenn das Volk viele Waffen hat, wächst im ganzen Staat
Verwirrung."[83] Mit dem Gewaltmonopol, aber ohne die
Waffen zu zeigen, geschweige denn sie gebrauchen zu
müssen, sichert man den inneren Frieden und verhindert
den Bürgerkrieg.

Im Verhältnis der Staaten untereinander gilt es, die
Grösse und Kleinheit bzw. Stärke oder Schwäche und die
daraus folgenden Ambitionen der Staaten zu beachten.
Darüber handelt der ganze Abschnitt 61 des Dao De Jing
〈 道德經 〉, den wir so übersetzen: "Ein großer Staat ist

wie ein unterer Flußlauf. Alles unter dem Himmel fließt darin zusammen. Er ist das Weibliche unter dem Himmel. Das Weibliche überwindet stets ruhig das Männliche. Ruhig ordnet es sich unter. Daher ordnet sich ein großer Staat einem kleinen Staat unter, und so kann er den kleinen Staat übernehmen. Wenn sich ein kleiner Staat einem großen Staat unterordnet, kann er den großen Staat übernehmen. Und so kommt es, daß sie entweder als Untergeordnete gewinnen oder durch die Unterordnung gewinnen. Große Staaten wollen nicht mehr, als sich andere Menschen einzuverleiben. Kleine Staaten wollen nicht mehr als Teilhabe für die Geschäftigkeit der Menschen. Damit beide bekommen, was sie für sich wünschen, sollte ein großer Staat sich auf Unterordnung einrichten."[84]

Das klingt vielleicht naiv, weil es alt und in einfacher Sprache gesagt ist. Aber nach all unseren historischen Erfahrungen mit mörderischen Eroberungs- und Unterwerfungskriegen kann man auch heute wohl nicht mehr sagen, als daß es zwischen Staaten stets um Gebietserweiterungen und Wohlstand für die eigenen Leute geht. Auch die grössten Kriegstreiber haben nicht mehr versprochen - und oft das Gegenteil erreicht. Noch immer gibt es große und kleine Staaten und nicht etwa einen großen Weltstaat oder lauter autonome Kommunen. Daran hat sich seit den "Streitenden Reichen" nichts geändert. Lao Zi 老子, nicht weniger um den Frieden bemüht als Kong Zi 孔子, bedachte, wie man das, was man durch Kriege zu gewinnen trachtet, auf friedlichem Wege gewinnen konnte. Daß er dabei keineswegs naiv war, sieht man daran, daß die Überlegungen, die man nach einem Kriege anstellt, gewöhnlich auf das hinauslaufen, was man vor dem Kriege hätte bedenken sollen, um sich den Krieg zu ersparen. Es sind Gedanken, die den Krieg als menschliches, aber verwerfliches Mittel der Politik ernstnehmen und nicht als Naturkatastrophe der menschlichen Verantwortung entziehen.

Wenn aber Krieg geführt werden muß, so gibt es dafür eine Strategie. Lao Zi 老子 entwickelt sie konsequent aus seiner Handlungstheorie, die das Wirken der Natur, und das heißt hier auch die Natur des Gegners und seine psychische Reaktion, in die Rechnung einstellt. Erinnern wir uns, daß die Natur nach seiner Auffassung auch das Nichts zur Geltung bringt. Der Stratege bedient sich des Nichts, um den Schein von Sein zu erzeugen, und er setzt das Sein ein, um das Nichts wirken zu lassen. So ist die erfolgreiche Strategie des Krieges die Täuschung des Gegners über das, was ist und was nicht ist. Solche Strategie ist natürlich auch im westlichen Denken nicht unbekannt. Die Römer haben sie auf die schöne Formel gebracht: "Simulo quae non sunt, quae sunt ea dissimulantur" - "ich täusche vor, was nicht ist, und was ist, das mache ich unerkennbar". Aber sie ist im Westen nicht wegen des militärischen Gebrauchs berühmt geworden, sondern als Maxime von Geschäftsleuten und Modemachern sowie überhaupt bürgerlicher Wohlanständigkeit.

Auch diesem Thema widmet Lao Zi 老子 einen ganzen Abschnitt. Lassen wir ihn selber sprechen: "Für den Einsatz der Waffen gibt es eine Strategie. Ich setze kein Wagnis in die Gewinnung der Vorherrschaft, sondern in die Sicherung des Schutzes. Ich wage nicht, einen Zoll vorzurücken, sondern einen Schritt zurückzuweichen. Das heißt marschieren, indem Nichts marschiert; sich abwenden, indem Nichts ausweicht; den Gegner angehen, indem Nichts Widerstand leistet; zupacken durch das Nichts als Waffe. Kein grösseres Verhängnis, als den Gegner zu unterschätzen! Wenn ich den Gegner unterschätze, bewirke ich, daß meine Zurüstungen vergeblich sind. Darum werde ich mit bewaffnetem Widerstand und vereinten Kräften, wenn auch mit Bedauern, siegen."[85]

Auch das klingt sehr einfach und abstrakt. Aber das kann nicht anders sein, wenn es um Prinzipien geht. Im Rahmen des Dao De Jing 〈道德經〉, das sich höchst lakonisch um so viele Dinge bemüht, ist es aber eine bedeutende Stellungnahme, und sie bleibt auch als solche noch einzigartig für einen Philosophen. Daß sie folgenreich war und weiter ausgearbeitet wurde, sieht man im Werke des Sun Zi 孫子 (Anfang des 5. Jahrhunderts v. Chr.), dessen Buch "Über die Kriegführung" (Sun Zi Bing Fa 孫子兵法) eines der erfolgreichsten strategischen Werke der Weltliteratur wurde.

Obwohl sich die Konfuzianer später viel Mühe gegeben haben, das so erfolgreiche Werk des Sun Zi 孫子 als "konfuzianisch" auszugeben und zu interpretieren, atmet es doch ganz und gar den Geist von Lao Zis 老子 Dao De Jing 〈道德經〉, und man muß vermuten, daß der Autor mit Lao Zis 老子 Ideen bestens vertraut war. Geben wir einige Hinweise dazu. Schon der Anfang des Werkes stellt heraus: "Die Lehre vom Kriegswesen ist eine wichtige Sache für den Staat. Sie ist die Grundlage von Tod oder Leben, das Prinzip (Dao 道) von Bestand oder Untergang, und man darf sie auf keinen Fall vernachlässigen" (Bing Fa 1, 1-2).[86] Ihre Themen sind die folgenden, und deren Reihenfolge zeigt ihre Wichtigkeit: 1. Dao 道 im Sinne der geistigen Einstellung bzw. der

Moral von Herrscher, Heerführer, Truppe und Volk. "Dao 道 führt das Volk zu einem gemeinsamen Willen mit seinen Oberen, so daß das Volk ohne Rücksicht auf möglichen Tod oder Überleben vor keiner Gefahr zurückschreckt" (1, 5-6).[87] 2. Tian 天 - der Himmel - umfaßt die Fragen von "Nacht und Tag, Kälte und Hitze, Zeitpunkte und Jahreszeiten" (1, 7).[88] 3. Di 地 - Erde - bezieht sich auf Fragen von "großen und kleinen Distanzen, von Gefahren und Sicherheitslagen, von offenem Gelände und engen Pässen, von (Chancen von) Tod und Leben" (1, 8).[89] 4. Jiang 將 - der Heerführer - und seine Eigenschaften: Weisheit, Vertrauenswürdigkeit, Menschlichkeit, Mut und Autorität (Zhi Xin Ren Yong Yan 智信 仁勇嚴). Man beachte, daß nur die ersteren drei konfuzianische Tugenden sind, die beiden letzten aber spezifisch für den Offizier (1, 9). 5. Fa 法 - "Gesetze" bzw. Methoden und Disziplin - beziehen sich auf die Truppenorganisation und die Logistik (1, 10).

Zentral aber ist sogleich die - von Lao Zi 老子 stammende - These: "Die ganze Kriegskunst beruht auf dem Prinzip der Täuschung Bing Zhe Gui Dao Ye 兵者 詭道也" (1, 18). Und das heißt: "Wenn man angreifen kann, muß es so scheinen, als könnte man es nicht; wenn man seine Kräfte einsetzt, muß es so scheinen, als setze man seine Kräfte nicht ein; wenn man nahe dran ist, muß es scheinen, als sei man weit entfernt; wenn man weit entfernt ist, muß es scheinen, als sei man ganz nahe" (1, 19).[90] Daran schließen sich noch eine ganze Reihe von anderen Täuschungsmanövern an, und die "darf man nicht vorher bekannt machen" (1, 25). Das alles muß der Stratege beherrschen. Aber den Gegner in der Schlacht zu überwinden, ist nur die drittbeste Lösung nach der zweiten, den Gegner gar nicht erst seine Kräfte sammeln zu lassen, und nach der ersten, die Pläne des Gegners zu unterlaufen (3, 3). Denn im Sinne Lao Zis 老子 gilt für die Strategie zuallererst: "In hundert Schlachten hundert Siege zu erringen ist keineswegs das Feinste vom Feinen; das Feinste vom Feinen ist es vielmehr, ohne Kampf den Krieg(swillen) der (feindlichen) Menschen verkümmern zu lassen Bu Zhan Er Qu Ren Zhi Bing 不戰而屈人之兵" (3, 2).[91] "Der beste Stratege beugt den Kriegswillen der (feindlichen) Menschen und kämpft überhaupt nicht, und so nimmt er die Städte der Menschen ein, ohne sie zu belagern, und er vernichtet die Reiche der Menschen, ohne in sie einzudringen" (3, 6).[92] "Er muß mit ganzer (unversehrter) Streitmacht das Feld behaupten, und nur so kann er ohne Kriegsschaden, vielmehr mit Gewinn, diese Kampfstrategie vollenden" (3, 7).[93]

Der Stratege, der dies beherzigt und dem dies gelingt, handelt ganz im Sinne von Lao Zis 老子 "gewaltlosem Handeln". Solche Strategen hat es immer gegeben, auch im alten China. Sun Zi 孫子 erinnert auch daran: "Wen die Alten als einen erfahrenen Krieger rühmten, das war einer, der nicht nur siegte, sondern mit Leichtigkeit siegte" (4, 11).[94] Aber er hat nicht mit Nachruhm zu rechnen - auch dies ganz im Sinne Lao Zis 老子 - "denn der Sieg eines so vorzüglichen Kriegers bringt ihm nichts an Ruhm für seine Weisheit und nichts an Verdiensten für seinen Mut" (4, 12),[95] da die Nachwelt solches nur an die blutigen und hart erfochtenen Siege knüpft und von den Strategien hinter dem gewaltlosen und "leichten" Sieg nichts erfährt. Von den spektakulären und blutigen Siegen aber heißt es, und es klingt wie eine Mahnung an alle Militärs: "Wenn einer in der Schlacht siegt und alle

Welt sagt 'bravo!', so ist das keineswegs der Gipfel an Bravour" (4,9).[96]

Wir haben Sun Zi 孫子 als Beispiel dafür angeführt, daß und wie die Handlungslehre des Lao Zi 老子 sich auf dem wichtigsten aller Schauplätze, wo es nämlich um Tod oder Leben ganzer Völker und um das Schicksal von Staaten geht, bewährt hat. Daß sie sich zu allen Zeiten bewährt hat, bedarf wohl keiner weiteren Diskussion. Aber gewiß müssten die politischen und die Kriegsgeschichten aller Zeiten und Völker neu geschrieben und die Ränge der Strategen neu geordnet werden, wollte man diese Wirksamkeit an historischen Zeugnissen demonstrieren. Es wäre eine höchst langweilige Geschichte der friedlichen Epochen, deren Nicht-Kriege, Nicht-Siege und Nicht-Niederlagen doch zugleich auch Kriege, Siege und Niederlagen aus solcher Strategie wären.

Nehmen wir aber auch noch Zhuang Zi 莊子 (369-286 v. Chr.) als späteren Zeugen feinerer Anwendungen und Illustrationen der Handlungslehre Lao Zis 老子 und zugleich als Kritiker der konfuzianischen Kulturlehre. Wie sein Meister betont er: "Das Wirken der Natur zu kennen, und zu erkennen, in welcher Beziehung das menschliche Wirken dazu stehen muß, das ist das Ziel. Die Erkenntnis des Wirkens der Natur wird durch die Natur erzeugt, und die Erkenntnis des menschlichen Wirkens wird dadurch erlangt, daß man das Erkennbare erkennt und das, was dem Erkennen unzugänglich ist, dankbar genießt. Seines Lebens Jahre zu vollenden und nicht auf halbem Wege eines frühen Todes sterben: Das ist die Fülle der Erkenntnis."[97]

Man hält ihn gewöhnlich für den konsequentesten Vertreter des Wu Wei 無爲 im unterstellten Sinne eines

Gar-Nicht-Handelns - und schließt von daher auf die Lehre des Lao Zi 老子 zurück. Beides ist irreführend. Wahr ist allerdings, daß er vor dem vorschnellen Eingreifen in das Wirken der Natur warnt und die Schäden dieses Eingreifens, das alle Kultur begründet und zugleich belastet, warnt. Und das steht bei ihm noch immer unter der schon angeführten Maxime: Man soll nicht verbessern wollen, was schon von Natur optimal ist, denn so kann man es nur schädigen. "Die Beine einer Ente sind wohl kurz. Wollte man sie strecken, so täte es ihr weh. Die Beine eines Kranichs sind lang. Wollte man sie kürzen, so empfände er Schmerz. Darum: was von Natur lang ist, das soll man nicht kürzen, und was von Natur kurz ist, das soll man nicht strecken! Dann gibt es auch keinen Schmerz, den man lindern müßte."[98]

Über die Kosten des Eingriffs in die Natur äußert er sich in einer seiner berühmten Geschichten. Sie lautet: "Mit den Hufen können die Pferde im Raureif Fuß fassen. Das Fell schützt sie vor dem kalten Wind. Sie fressen Gras und saufen Wasser. Mit den Beinen stehen sie auf dem Boden. Das ist das eigentliche Wesen der Pferde. Obwohl es große Gebäude und breite Wege gibt, benutzen sie diese nicht. Bis Bo Le 伯樂 sagte: 'Ich bin ein vorzüglicher Pferdebändiger!' Aber beim Schmieden von Hufeisen, beim Zurichten der Hufe und Beschlagen, beim Anstellen an die Trense und beim Satteln gingen zwei bis drei von zehn Pferden zugrunde. Und durch Hunger und Frost, Trott und Galopp und das gemeinsame Einspannen an die Deichsel unter scheuerndem Kopfschmuck vorn und anfeuernder Peitsche hinten gingen mehr als die Häfte zugrunde ... Solange die Pferde auf den Steppen weilen, fressen sie Gras und saufen Wasser. Haben sie

eine Freude aneinander, so kreuzen sie die Hälse und
reiben sich; sind sie böse aufeinander, so drehen sie sich
den Rücken zu und schlagen aus. Darin besteht ihre
ganze Kenntnis. Spannt man sie aber an die Deichsel und
zwingt sie unters Joch, dann lernen die Pferde scheu
umherblicken, den Hals verdrehen, bocken, dem Zaum
ausweichen und die Zügel heimlich durchbeißen. So werden die Pferde klug und geschickt zu allerhand Kniffen.
Das alles ist die Schuld des (ersten Pferdebändigers) Bo
Le!"[99]

Das ist nur eine Parabel, aber sie ist auf den Menschen
und seine ganze Kulturtätigkeit gemünzt. Zhuang Zi 莊子
scheut sich nicht, auch die "Dressur" der Menschen so zu
schildern, und er wiederholt dabei nur Lao Zi 老子: "Im
goldenen Zeitalter (das liegt für Zhuang Zi 莊子 lange
vor den 'Kulturbringern' Yao und Shun) saßen die Leute
umher und wußten nicht, was tun; sie gingen und wußten
nicht wohin; sie hatten den Mund voll Essen und waren
glücklich, klopften sich den Leib und gingen spazieren.
Darin bestanden die ganzen Fähigkeiten der Leute, bis
dann die 'Heiligen' kamen und Umgangsformen und Musik zurechtzimmerten, um das Benehmen der Welt zu
regeln, ihnen Moralvorschriften aufzuhängen und sie danach springen ließen ... Da erst fingen die Leute an zu
rennen und zu stolpern in ihrer Sucht nach Erkenntnis,
und sie begannen sich zu streiten in der Jagd nach
Gewinn, bis kein Halten mehr war. Das alles ist die
Schuld der 'Heiligen'."[100]

Ist das ein einfaches "Zurück zur Natur", wie wir es
nach Rousseau und mit "grünem" modernen Weltbe-
wußtsein zu deuten geneigt sind? Wohl kaum. Zhuang Zi
莊子 diagnostiziert hier nur die Lage, in die die Men-

schen durch die Kultur und in der Kultur geraten sind. Das ist, so mag auch er sich eingestanden haben, nicht mehr zurückzudrehen. Um so mehr besteht aber Bedarf, sich über die Kultur- und Zivilisationstechniken klar zu werden und sie nach ihrem wahren Vorteil und Schaden einzuschätzen. Dafür spricht jedenfalls eine andere Geschichte, die er erzählt: "Um auf dem Wasser voranzukommen, ist's am besten, ein Schiff zu benützen; um aber auf dem Lande voranzukommen, benützt man am besten einen Wagen. Wenn einer, weil man mit einem Schiff auf dem Wasser vorankommen kann, darnach streben würde, es auf dem Lande zu schieben, so würde er sein Leben lang keinen Schritt vorwärts kommen. Die alten und die neuen Zeiten verhalten sich wie Wasser und Land. Die Einrichtungen der alten Zhou-Dynastie und die des heutigen Staates Lu verhalten sich zueinander wie Schiff und Wagen. Sucht man heute die Einrichtungen der alten Zhou-Dynastie im Lande Lu durchzuführen, so ist es gerade so, wie wenn man ein Schiff auf dem trockenen Lande voranschieben wollte. Es wäre Mühe ohne Erfolg und bringt in persönliche Gefahr. Jener (gemeint ist Kong Zi 孔子) hat noch nicht erkannt, daß nur die Lehre, die auf keine bestimmten Verhältnisse zugeschnitten ist, den Dingen zu entsprechen vermag, ohne Mißerfolge zu haben."[101]

Ersichtlich spricht das nicht für Nicht-Handeln, sondern für erfolgreiches Handeln unter jeweiligen Umständen und mit Rücksicht auf die zivilisatorische Ausstattung einer Zeit. Und es richtet sich ebenso klar gegen die Bestrebungen der Konfuzianer, den Standard der Zhou-Zeit auf die Gegenwart des Staates Lu - in dem Kong Zi 孔子 gewirkt hatte - zu übertragen. Zhuang Zi

庄子 aber scheint vielmehr die Frage bewegt zu haben, welche Folgen das im Sinne der Konfuzianer erfolgreiche Handeln für die "Natur" des handelnden Menschen selbst hat. Er führt uns in einer weiteren Geschichte sehr deutlich vor Augen, was er befürchtete und was er da für gut hielt.

"Zi Gong 子貢 war im Staate Chu gewandert und nach dem Jin-Staat zurückgekehrt. Als er durch die Gegend nördlich des Han-Flusses kam, sah er einen alten Mann, der in seinem Gemüsegarten beschäftigt war. Er hatte Gräben gezogen zur Bewässerung. Er stieg selbst in den Brunnen hinunter und brachte in seinen Armen ein Gefäß voll Wasser herauf, das er ausgoß. Er mühte sich aufs äußerste ab und brachte doch wenig zustande. Zi Gong sprach: 'Da gibt es eine Einrichtung, mit der man an einem Tag hundert Gräben bewässern kann. Mit wenig Mühe wird viel erreicht. Möchtet Ihr die nicht anwenden?' Der Gärtner richtete sich auf, sah ihn an und sprach: 'Und was wäre das?' Zi Gong 子貢 sprach: 'Man nimmt einen hölzernen Hebelarm, der hinten beschwert und vorne leicht ist. Auf diese Weise kann man das Wasser schöpfen, daß es nur so sprudelt. Man nennt das einen Ziehbrunnen.' Da stieg dem Alten der Ärger ins Gesicht, und er sagte grinsend: 'Ich habe meinen Lehrer sagen hören: Wenn einer Maschinen benützt, so betreibt er alle seine Geschäfte maschinenmässig; wer seine Geschäfte maschinenmässig betreibt, der bekommt ein Maschinenherz. Wenn einer aber ein Maschinenherz in der Brust hat, dem geht die reine Einfalt verloren. Bei wem die reine Einfalt hin ist, der wird ungewiß in den Regungen seines Geistes. Ungewißheit in den Regungen des Geistes ist etwas, das sich nicht mit dem wahren Dao

道 verträgt. Nicht, daß ich solche Dinge nicht kennte: ich schäme mich, sie anzuwenden.'"[102]

Zweifellos ist das die chinesische Version der marxschen Diagnose von der "Entfremdung des Menschen durch die maschinelle Arbeit", nur etwas früher gestellt. Wer dem entgehen will, der mache es, so empfiehlt uns Zhuang Zi 庄子, wie der Große Alte: "Er schlief in aller Ruhe und wachte auf in aller Gemächlichkeit. Bald stellte er sich den Pferden gleich, bald den Rindern. So ward seine Erkenntnis der Natur zuverlässig, und sein Geist war in der Wahrheit; aber er begab sich nicht hinein in das Gebiet, wo der Mensch in seinem eigentlichen Wesen nicht in Erscheinung tritt (nämlich als Maschinenmensch)."[103]

Streifen wir alles Exotische und Altertümliche davon ab, so haben wir weder eine Zukunftsutopie noch eine Reminiszenz an nicht wiederbringliche Vorzeiten vor uns, sondern die Ansicht des Lebens in der modernen Freizeitgesellschaft. Auch Lao Zi 老子 hat sie schon beschrieben, allerdings als Reminiszenz und Utopie. Aber um das auf die Gegenwart anzuwenden, wollen wir Lao Zi 老子 zum Schluß nochmals im modernen Ton über die Wochenendsiedlungen und die Suburbs am Feiertage reden lassen:

"Kleine Siedlungen mit wenig Bevölkerung! Alles ist so gemacht, daß es jede Menge technischer Einrichtungen gibt, aber keiner benutzt sie. Alles ist so eingerichtet, daß die Leute ihr Leben bis zur Neige genießen, aber keiner reist in die Ferne. Obwohl es Boote und Fahrzeuge gibt, fährt keiner damit herum. Gibt es auch Waffen und Polizei, so lässt man sie nicht sichtbar werden. Es geschieht, daß die Leute wieder Knotenschnüre (Quippus,

d. h. die Vorläufer der Schriftzeichen) zum Erinnern benutzen. Sie genießen ihre Speisen, legen Wert auf schöne
Kleidung, fühlen sich in ihren Häusern wohl und freuen
sich an guten Manieren. Obwohl man von der einen Sied-
lung in die andere hinüberblicken und Hähnekrähen und
Hundegebell hören kann, werden die Leute alt und sterben, ohne daß sie sich jemals gegenseitig besucht hätten."[104] Und natürlich, so könnte man fortfahren, schöpft
man da auch wieder Wasser aus dem Brunnen, ohne die
nervensägende Motorpumpe anzustellen; man mäht seinen Rasen mit der Sense, um Schweiß und Knochen zu
spüren und die Nachbarn nicht zu belästigen; man hält
sich Pferd und Kleinvieh, um "naturverbunden" zu leben;
man zündet sein Grillfeuer an, um sich mal wieder elementaren Rauch um die Nase wehen zu lassen, anstatt
den gemütlichen Abend mit Mikrowellen-Fastfood zu
verkürzen.

Die Utopien entspringen nicht, wie man gewöhnlich
meint, aus den Träumen ungelebten Lebens. Sie sind in
aller Regel Abstraktionen von historischen, zumeist
höchst privilegierten und elitären Lebenslagen. Auch
Karl Marx und Friedrich Engels haben sich ersichtlich an
der englischen Gentry orientiert, als sie den zu sich selbst
befreiten Menschen schilderten, dem es künftig möglich
sein sollte, "heute dies, morgen jenes zu tun, morgens zu
jagen, nachmittags zu fischen, abends Viehzucht zu trei-
ben, auch das Essen zu kritisieren, ohne je Jäger, Fischer
oder Hirt oder Kritiker zu werden, wie ich gerade Lust
habe."[105] Das Problem ist allemal, wer das Essen serviert.

Heute entwickelt sich die zivilisierte Welt auf die voll-
automatische Bedarfsdeckung zu. Der Weg dahin steuert
sich selbst durch ein Entlohnungs- und Besteuerungs-

不为 无为

system der Arbeit, das das menschliche Handeln ebenso in seiner Bedeutung hervorhebt, wie es dieses zugleich aus dem maschinellen Apparat der Zivilisation verdrängt. Das moderne ökonomische System prämiert die letzten noch notwendigen Handlungen mit immer steigenden Bezugsrechten auf den Ausstoß des Bedarfsdeckungsapparates und schließt immer größere Massen von Menschen davon aus: Arbeitslosigkeit wird zur Signatur des modernen Bu Wei 不为 der Massen. Der Wohlfahrts- und Sozialstaat, selber auf dispositive Handlungen gegründet, muß nun die Bäuche füllen und Obdach gewähren. Aber noch immer setzt er durch Fortbildung und Umschulung auf Ertüchtigung zum Handeln, dessen Chancen das System selbst vernichtet. Das kann man Wu Wei 无为 nennen. Aber noch haben wir keine moderne Theorie des Bu Wei 不为 der freigesetzten arbeitslosen Massen und der Ruheständler und auch keine der sinnvollen Erfüllung immer längerer Freizeiten, wie sich in der scheinhaften Reproduktion von Arbeitsstreß als Sport in der Wochenend- und Ferienidylle zeigt. Da dem Abendland dazu nichts einfällt, sollte man sich nach Belehrungen umschauen, wo immer sie sich finden mögen. Lao Zi 老子 dürfte dafür kein schlechter Lehrer sein.

3. Kapitel

Fundamentale Denkweisen der chinesischen Philosophie

Neben den bisher behandelten "großen Themen" der chinesischen Philosophie stehen gewisse in mannigfaltigen Anwendungen sich durchhaltende Denkformen, die man entsprechend als die "großen Denkweisen" der chinesischen Philosophie bezeichnen könnte. Man könnte sie auch als Formalismen des Denkens ansprechen, wenn sie umfassender ausgebildet worden wären, wie im Abendland etwa Logik und Mathematik. Mit diesen zu ganzen Disziplinen und Wissenschaften entfalteten Disziplinen (wir nannten sie an anderem Orte "Y-iken", weil sie als "Wissenschaften" nicht vom Objekt "X" her, wie die "X-ologien", sondern durch ihre Methodizität, eine im Griechischen sogenannte "...iké téchne" definiert sind) haben sie jedenfalls dies gemeinsam, daß sie fundamentale Relationen auszeichnen, die sich ubiquitär auf beliebige Inhalte anwenden lassen. In der Logik sind es in der Begriffslehre vor allem die Beziehungen zwischen Gattungs- und Artbegriffen, bei denen sich bekanntlich im Gattungsbegriff die Einheit und Gemeinsamkeit der "generischen Merkmale" der zugehörigen Artbegriffe darstellt; dann auch die Relationen der Implikation (wenn...dann...), der vollständigen Disjunktion (entweder...oder...) oder der Adjunktion zwischen den Artbegriffen. In der Urteilslehre handelt es sich um die Subjekt-Prädikat-Verknüpfung im Urteil, und in der Schlußlehre um die durch den Mittelbegriff gestiftete Gemeinsamkeit in der schlußmässigen Urteilsverknüpfung. In der Mathematik wäre an die Relation zwischen einem Anfangsglied und dem "Nachfolger" zur Erzeugung der natürlichen Zahlenreihe zu denken, oder auch an die Relation zwischen Menge und Element, die in den Ansätzen der mengentheoretischen Zahlentheorie benutzt werden und durch rekursive Anwendungen den ganzen Reichtum der Zahlenwelten erzeugen.

Im alten China ist man vor rekursiven Anwendungen der Grundformen auf sich selber und damit vor der Entwicklung rein formaler Systeme immer zurückgeschreckt. Man konnte derartiges daher später auch nur als reife Früchte langer abendländischer Wissenschaftsentwicklungen vom Westen übernehmen und sie als solche weiterentwickeln, wie die Arbeit so vieler moderner Logiker und Mathematiker Chinas zeigt. Aber ersichtlich hat man sich dadurch auch viele Irr- und Umwege des formalen Denkens erspart, an denen die westlichen formalen Disziplinen litten und noch leiden. Was im alten China an dieser Stelle zu nennen wäre, nämlich die "Logik" der Ming Jia 名家 - der Namensschule bzw. der "Dialektiker", die sich mit rekursiven Denkformenspielen und widersprüchlichen Konsequenzbildungen befaßten, ist eine Episode der klassischen Han-Philosophie geblieben - und wird im allgemeinen noch jetzt hinsichtlich ihres logischen Ertrages unterschätzt. Ob "weiße Pferde" auch "Pferde" seien oder nicht, ob die durch den Tastsinn festzustellende "Härte" und die durch den Sehsinn auszumachende "Weiße" auf einen und denselben Stein bezogen werden könnten oder nicht - und mit welcher Begründung - solche Diskussionen zwischen Gong-sun Long 公孫龍 (325-250 v. Chr.) und Hui Shi 惠施 (370-310 v. Chr.) gelten heute also genauso müssige "sophistische" Unterhaltungen wie einst bei den Griechen das "königliche Argument" des Diodoros Kronos (gest. 307 v. Chr.) aus der Logikerschule von Megara, bei dem es darum ging, ob die "Möglichkeit" dasselbe wie die "Wirklichkeit" oder auch noch das "Nichtwirkliche" bedeute oder nicht.

In China ist die Unterscheidung und Abtrennung des Formalen vom Inhaltlichen deshalb niemals forciert worden. Wenn es sie gibt, wird sie am Beispiel demonstriert, und bei Gelegenheit von Anwendungen und Beispielen wurde herausgearbeitet, um was es sich beim Formalen überhaupt handeln kann. Im Folgenden wollen wir die wichtigsten Denkformen vorstellen.

1. Yi Liang 一兩 Einheit und Zweiheit

Im Abendland hat der erste als Person faßbare Denker, Hesiod, den Weg von der Zweiheit zur Einheit gedacht, als er in seiner "Theogonie" die Götter und den Kosmos aus der Vereinigung von Götterpaaren entstehen ließ. Das männliche und das weibliche Element war ihm der unvordenkliche "dualistische" Ausgang aller Welterklärung ebenso, wie in China das alte Buch der Wandlung mit seinen zwei Prinzipien Yin 陰 und Yang 陽, die man immer auch mit dem Weiblichen und Männlichen in Verbindung brachte, zu einem solchen Ausgang diente.

Aber Hesiods Dualismus wurde von den monistischen
Arché-Lehren der jonischen Vorsokratiker abgelöst und
überdeckt, und in ihrem Gefolge wurde das monistische
Denken von der Einheit zur Vielfalt die dominierende
Denkform im Abendland. In China ist dagegen der
Dualismus die vorherrschende Denkform geblieben, und
er scheint auch die ältere gewesen zu sein. So heißt es
etwa schon im Zuo Zhuan 左傳, dem Kommentar des
Zuo 左 zu den Frühlings- und Herbstannalen: "Jedes Ding
hat Zweiheit (Liang 两) ... Der Körper hat sein links und
rechts. Jedermann hat sein Komplement. Der König hat
den Fürsten, der Fürst den Untertan. Alle Dinge haben
zwei Seiten."[1] Yan Ying 晏嬰 (gest. ca. 500 v. Chr.) sagt
etwa zur gleichen Zeit: "Klarheit und Unklarheit, Großes
und Kleines, Kurzes und Langes, Hastiges und Gemäch-
liches, Trauriges und Frohes, Festes und Weiches,
Schnelles und Langsames, Hohes und Niedriges, Ausgang
und Eingang, Vollkommenes und Beschränktes: Durch
ihr jeweiliges Gegenteil treten sie hervor (Yi Xiang Ji Ye
以相濟也)."[2]

易經 ⌐Aber das Hauptdokument des Denkens im Verhältnis
von Zweiheit und Einheit ist das Buch der Wandlungen
(Yi Jing 〈 易經 〉), über dessen "Logik" wir im letzten
Kapitel (vgl. S. 177 ff) sprechen werden. Wie von Yin 陰
und Yang 陽 ganz allgemein, geht es auch im einzelnen
von dualen Verhältnissen aus und sieht ihren Zusammenhang als etwas Einheitliches. So wird etwa bei
der Bestimmung dessen, was "Frieden" (auch "Glück")
Tai 泰 bedeutet, das zugeordnete Gua-Diagramm so beschrieben: "Tai: Das Kleine geht und das Große kommt.
Heil und Gelingen! ... Keine Ebene ohne Abhang, kein
Weggang ohne Wiederkehr!"[3] Der Kommentar zum Yi

Jing 《易經》 wird noch deutlicher, wenn er beschreibt, wie die Dinge und ihre Lagen sich als "Wandlungen" aus Gegensätzlichem ergeben. Bei den reinen Yang- und Yin 陰陽-Hexagrammen, die für Qian 乾 (das Schöpferische) und Kun 坤 (das Empfangende) stehen, heißt es etwa: "Das Schöpferische und das Empfangende sind recht eigentlich das Tor zu allen Wandlungen. Das Schöpferische Qian 乾 steht für die lichten Dinge, das Empfangende Kun 坤 für die dunklen. Indem das Dunkle Yin 陰 und das Lichte Yang 陽 sich nach ihrer Art vereinigen, gewinnt das Feste und Weiche Gestalt. So gestalten sich die Verhältnisse des Himmels und der Erde."[4] Und weiter über die Gua-Kombinationen der Yin- und Yangsymbole: "Indem die festen und weichen Striche einander verdrängen, entsteht Veränderung und Umgestaltung."[5]

Das wird in mancherlei Beispielen erläutert: "Wenn die Sonne geht, kommt der Mond. Wenn der Mond geht, kommt die Sonne. Sonne und Mond wechseln einander ab, und so entsteht das Licht. Wenn die Kälte geht, kommt die Hitze. Wenn die Hitze geht, kommt die Kälte. Kälte und Hitze wechseln einander ab, und so vollendet sich das Jahr. Die Vergangenheit zieht sich zusammen, die Zukunft dehnt sich aus. Zusammenziehen und Ausdehnen wirken aufeinander, und so entsteht das Förderliche."[6] Oder in anderem Zusammenhang: "Gefahr entsteht, wo einer sich in seiner Position sicher fühlt. Untergang droht, wo einer seine Habe zu wahren sucht. Verwirrung entsteht, wo einer alles in Ordnung findet. Darum vergißt der Edle, wenn er sicher ist, niemals die Gefahr, wenn es ihm wohl ergeht, niemals den Untergang, und wenn er Ordnung antrifft, niemals die

Verwirrung. Dadurch kann er für sich und das Land Sicherheit erhalten."[7]

Im Verhältnis von Einheit und Zweiheit haben die chinesischen Kommentatoren sechs Ausprägungsformen herausgearbeitet, die dann auch nachmals immer wieder das Denken darüber bestimmen. Es sind die folgenden:

1. Der einfache wechselseitige Zusammenhang Xiang Hu Lian Xi 相互聯系.
2. Die wechselseitige Abhängigkeit Xiang Hu Yi Cun 相互依存.
3. Die gegenseitige Durchdringung Xiang Hu Shen Tou 相互滲透.
4. Die wechselseitige Verkehrung ins Gegenteil Xiang Hu Zhuan Hua 相互轉化.
5. Die wechselseitige Anregung der Produktivität der Gegensätze Xiang Fan Xiang Cun 相反相存.
6. Die Umkehr im Extrem der Gegensätze Wu Ji Bi Fan 物極必反.

1. Die schon oben genannten Beispiele mögen für den einfachen Zusammenhang stehen. Sie sind naturgemäss in Hinsicht auf die folgenden Formen auslegungsfähig. Für diese aber finden sich viele Beispiele im Dao De Jing 《道德经》 des Lao Zi 老子.
2. Wechselseitige Abhängigkeit sieht Lao Zi 老子 etwa in der begrifflichen Erfassung eines Bestimmten, durch das zugleich auch sein Gegenteil mitbestimmt wird: "Wenn auf Erden alle das Schöne als schön erkennen, so ist damit auch schon das Hässliche bestimmt. Wenn auf Erden alle das Gute als gut erkennen, so ist dadurch auch schon das Nichtgute bestimmt."[8]

3. Die wechselseitige Durchdringung wird von Lao Zi 老子 mit folgendem Beispiel demonstriert: "Das Unglück ist's, worauf das Glück beruht; das Glück ist's, worauf das Unglück lauert."[9]

4. Wechselseitige Verkehrung ins Gegenteil zeigt sich an folgendem: "Was halb ist, wird ganz werden. Was krumm ist, wird gerade werden. Was leer ist, wird voll werden. Was alt ist, wird neu werden. Wer wenig hat, wird bekommen. Wer viel hat, dem wird genommen."[10]

5. Die Produktivität der Gegensätze wird bei Lao Zi 老子 vielfältig herausgestellt und ist der Haupttopos für "dialektische" Interpretationen seines Werkes geworden: "Sein und Nichts erzeugen einander. Schwer und Leicht vollenden einander. Lang und Kurz gestalten einander. Hoch und Tief verkehren sich ineinander. Stimme und Ton vermählen sich miteinander. Vorher und Nachher folgen einander."[11]

6. Die Umkehr des Extremen in sein Gegenteil ist bei Lao Zi 老子 schon im Beispiel zu Nr. 4 angedeutet. Später wird daraus eine eigene Denkform, die mit dem stehenden Ausdruck Wu Ji Bi Fan 物極必反 - im Extrem müssen sich die Dinge umkehren - gefaßt wird. Sie dürfte westlichen zyklischen Denkformen entsprechen, wie sie von Giambattista Vico für den Geschichtsgang mit dem Gedanken der "Corsi e ricorsi" formuliert wurden. Im Werk des He Guan Zi 鶡冠子 (Abschnitt "Fließen im Kreise" Huan Liu 環流) aus der Zeit der Streitenden Reiche heißt es dazu: "Wenn die Dinge auf die Spitze getrieben werden, dann erfolgt die Kehre - Wu Ji Ze Fan 物極則反. Das heißt Fließen im Kreise."[12] Sie spielt naturgemäss auch in der Interpretation des Buches der Wandlungen eine große Rolle und führt zu der perennen

tröstlichen Prognose für alle Unglücksfälle, Notlagen und Glücksspiele: "Auf höchstes Pech folgt Gewinn - Pi Ji Tai Lai 否極泰來!"[13]

Liegt in den vorgenannten Beispielen die Betonung zumeist auf dem internen Verhältnis der Zweiheit, wobei die Einheit gewissermaßen nur als Rahmen und Umfassendes mitgedacht werden muß, so tritt in anderen Aussagen auch das Eine selbständiger hervor. Beispiele für die Anwendung dieser Denkform ergeben sich etwa beim vielfach verhandelten Thema des Verhältnisses von Ti 體 und Yong 用 - "Substanz und Funktion". In den älteren Yi Jing 《 易經 》-Interpretationen wird es schon öfter als "Dao 道" beschworen. Aber auch hier verdankt man erst Lao Zi 老子 eine klarere "metaphysische Theorie" des Dao 道 als des Einheitsprinzips in allem davon Abzuleitenden, wie später noch gezeigt werden soll. Zitieren wir hier nur folgende Stelle aus dem Dao De Jing 《 道德經 》: "Der Himmel erlangte das Eine und wurde klar. Die Erde erlangte das Eine und wurde fest. Die Geister erlangten das Eine und wurden mächtig. Das Tal erlangte das Eine und erfüllte sich. Alle Dinge erlangten das Eine und entwickelten sich. Könige und Fürsten erlangten das Eine und wurden zu Herrschern. Was sie alle dazu machte, war das Eine."[14] Dong Zhongshu 董仲舒 (179-104 v. Chr.) macht daraus - ähnlich wie die monistischen Arché-Vorsokratiker - geradezu das Ursprungsprinzip aller Dinge: "Das Eine ist der Ursprung aller Dinge."[15] Und ähnlich drückt sich Lie Zi 列子 aus: "Das Eine ist der Anfang der Verwandlung der Dinge."[16] Aber das wird später von Zhu Xi 朱熹 (1130-1200 n. Chr.) zurechtgerückt, indem er anmahnt: "Die Dinge in der Welt wandeln sich nicht, wenn sie nur Eines sind.

Nur durch die Zweiheit können sie sich verwandeln."[17]
Sein Zeitgenosse Zhang Zai 張載 (1020-1077 n. Chr.)
geht differenzierter auf das Verhältnis von Einheit und
Zweiheit ein, indem er feststellt: "Wenn die Zweiheit
nicht besteht, kann man die Einheit nicht sehen. Wenn
man die Einheit nicht sehen kann, verschwindet die
Zweiheit. Was aber die zwei Seiten - Liang Ti 兩體 -
(einer Sache) betrifft, ... so ist ihre Ursache das Eine (Yi
一)."[18] Er kommt hier recht nahe an westliche logische
Vorstellungen von der gattungsmässigen Einheit dessen,
was durch spezifische Differenzen in Arten unter-
scheidbar ist, heran, laboriert aber immer zugleich mit
der ontologischen Vergegenständlichung der Begriffsver-
hältnisse. Das klingt dann so: "Die Dinge haben keinen
Grund, für sich zu bestehen. Wenn die Dinge nicht durch
Identität und Unterschiede, Zurückziehen und Ausdehnung, Ende und Anfang entstehen, so sind sie keine
Dinge. ... Wenn sich Identität und Unterschied, Sein und
Nichts, nicht wechselseitig beeinflussen, so werden die
Dinge keine Dinge sein."[19]

Zhang Zai 張載 wird mit dieser Theorie zum Ge-
währsmann für alle nachfolgenden Spekulationen über
das Verhältnis von Einheit und Zweiheit. Diese Spekulationen entwickeln ihrerseits wechselseitig die Sicht-
weisen vom Einen zur Zweiheit und umgekehrt von der
Zweiheit zur Einheit zu neuen Lehren, die dann unter den
Titeln umlaufen: Yi Fen Wei Er 一分爲二 - Das Eine
teilt sich auf in Zwei - und He Er Wei Yi 合二爲一 -
Zwei vereinigen sich zur Einheit. Aber auch sie bleiben
immer an inhaltliche Anwendungen gebunden, in denen
die alten Probleme der ontologischen und metaphysischen
Spekulation bewältigt werden sollen. Erwähnen wir hier

auch noch Cai Jiu Feng 蔡九峰 (1167-1230 n. Chr.), der feststellt: "Wenn es keine Einheit gibt, gibt es keine Zweiheit. Wenn es keine Zweiheit gibt, gibt es keine Einheit."[20] Oder auch später noch Fang Yi-zhi 方以智 (1611-1671 n. Chr.), der ausführt: "Leeres und Reales, Bewegung und Ruhe, Yin und Yang, Form und Materie (Qi 氣), Dao 道 (hier: Abstraktes) und Qi 器 (hier: dinghaft Konkretes), Tag und Nacht, Dunkel und Klarheit, Leben und Tod und alle Dinge auf Erden und zu allen Zeiten haben zwei Seiten. Die zwei Seiten müssen einander beeinflussen, dann werden die zwei Seiten zu einer Einheit. Gegensätzliches muß sich gegenseitig stützen. Weil es die Zweiheit gibt, gibt es die Einheit. Gibt es keine Zweiheit, so gibt es auch keine Einheit."[21] Und wie ein Echo auf die vorausgegangenen Debatten klingt es dann bei ihm, wenn er sagt: "Es ist das große Prinzip der Welt, daß der wechselseitige Gegensatz wechselseitige Ursache wird. ... Wenn es nur Bewegung ohne Ruhe gäbe, hätten wir keine Wahrheit. Die Wahrheit ist, daß die Ruhe die Bewegung enthält und die Bewegung die Ruhe enthält. Im Extrem bewegt sich die Ruhe selbst notwendigerweise, und im Extrem ruht auch die Bewegung notwendigerweise. Wenn es das Eine gibt, gibt es die Zwei. Zwei stammt aus dem Einen. Könnte es wahr sein, daß alles Entgegengesetzte unter dem Himmel denselben Ursprung hat?"[22]

Wir brauchen die mannigfaltigen Einkleidungen und Variationen dieser Denkform von Yi 一 und Liang 兩 nicht weiter in die neueren Zeiten zu verfolgen. Aber es dürfte klar geworden sein, daß sie die genuin chinesische Unterlage abgeben für das Verständnis dessen, was später vom Westen her als "dialektisches Denken" nach

China eingedrungen ist und dann noch immer als "Einheit der Gegensätze" und "dialektische Entfaltung des Widerspruchs" verhandelt wird.

2. He 和 Tong 同 He 合 Harmonie, Identität und Einheit

Aus dem vorangegangenen Abschnitt dürfte sich schon zeigen, daß das Wesen der Einheit bzw. des Einen - Yi 一 - auch in China ein Problem eigener Art darstellt. Als solches hat es seit den Anfängen auch immer die Aufmerksamkeit auf sich gezogen. Will man verstehen, was hierüber in China gedacht worden ist, so sollte man sich zunächst von der Vermutung verabschieden, der logische bzw. mathematische Begriff der "Einheit" sei seinerseits klar und einheitlich genug, um ohne weiteres als Verständnisgrundlage oder gar als Maßstab einer sachlichen Beurteilung dienen zu können. Er ist selber mindestens zweideutig. Logisch gesehen faßt jeder Allgemeinbegriff bekanntlich alle unter ihn fallenden spezielleren Begriffe zu einer "Einheit" zusammen und ist deren "Einheit", und zugleich bleibt jeder Unterbegriff selbst eine "Einheit" im Ganzen des durch seinen Gattungsbegriff Vereinigten. In der Zahlenlehre zeigt sich dasselbe Verhältnis bezüglich jeder Zahl: Sie ist aus "Einheiten" (meist an der natürlichen Zahl 1 demonstriert) zusammengesetzt und ist doch zugleich auch selbst eine "Einheit". Die mengentheoretische Zahlentheorie hat uns zur Unterscheidung dieser "Einheiten" die Begriffe von Menge und Element geliefert, wobei die Menge die Einheit des Ganzen und die Elemente die (einzelnen) Einheiten im Ganzen bedeuten sollen. Aber die rekursive Anwendung der schönen Unterscheidung von Menge und Element auf die Mengen selber macht sie wieder zunichte: Das zur Menge gehörige Element kann selber wieder eine Menge - und weiter eine Menge von Mengen - sein. Da gehört es denn zu den Zumutungen des mathematischen Denkens, die Einheit des Ganzen und die Einheiten der Elemente zugleich als dieselbe Einheit und auch als unterschiedene Einheiten zu denken, eine Zumutung, die nur ein alter geheiligter Brauch als "nicht-dialektisch" und "widerspruchslos" ausgeben kann.[23] Daher genüge hier der Hinweis, daß der Begriff der "Einheit" in diesen Zusammenhängen zumindest zweideutig ist, indem er nämlich einerseits ein als nicht weiter analysierbar angenommenes "Elementares" bzw. Einzelnes bezeichnet, andererseits das aus solchen Elementen zusammengesetzte Ganze. Und so hat man es bei genauer Festhaltung dieser Unterscheidung auch zumindest mit zwei Begriffen von "Einheit" zu tun. Um diesen relativ stabilen Kern aber ranken sich gewiß auch bei uns noch vielerlei Einheitsvorstellungen, die schwer zu definieren sind. Man denke an "Einheitlichkeit", "Vereinheitlichung", "Einerleiheit", "Einigung" und anderes mehr. Noch weiter würden uns Überlegungen führen, in denen wir auch noch abgeleitete Begriffe oder Vorstellungen ins Auge fassen würden, wie etwa "Identität", "Gleichheit", "Ähnlichkeit", "Gemeinsamkeit" u. ä., in denen immer eine Einheit als begriffliches Merkmal mitzudenken ist. Jedenfalls sei damit der Horizont angedeutet, in dem sich auch die chinesische Spekulation über das Einheitsproblem entfaltet.

Ersichtlich ging man auch im alten China das Einheitsproblem sowohl von der Seite des Ganzen als auch von der des Einzelnen und Elementaren an. Dafür stehen zunächst die Begriffe von He 和 und Tong 同. He 和 wird gewöhnlich mit "Harmonie" und von da aus auch mit "Frieden" oder "Friedlichkeit" übersetzt, im gewöhnlichen sprachlichen Gebrauch wird es aber auch schlicht als "und" gebraucht. Es meint wesentlich eine Zusammensetzung von Verschiedenem zu einem "verträglichen" Ganzen und Einheitlichen. Tong 同 heißt eigentlich "dasselbe" und im weiteren das Gemeinsame bzw. Identische, wobei es offen bleibt, ob sich Tong 同 an ein und demselben Ding - gleichsam als Identitätsprinzip - oder an verschiedenen Dingen als dasselbe Merkmal zeigt. Daraus wächst ihm die logische Bedeutung der "Identität" zu. Was aber den Unterschied zwischen He 和 und Tong 同 ausmacht, wird Anlaß für ausgedehnte Diskussionen.

Im "Buch der Geschichte der Staaten" (Guo Yu 〈 國 語〉) findet sich eine Stelle, in der es darüber heißt: "He 和 erzeugt wirklich die Dinge, Tong 同 aber erzeugt sie nicht. Dinge aus anderen Dingen zusammensetzen, das heißt He, und dadurch kann He die Dinge erzeugen und entwickeln. Jedoch dasselbe (Tong 同) mit demselben (Tong 同) bringt kein Ergebnis. Darum brachten die Heiligen des Altertums Erde mit Metall, Holz, Wasser und Feuer zusammen und bildeten dadurch hundert Dinge. Die Alten brachten die fünf Geschmacksstoffe zusammen und kochten so herrliche wohlschmeckende Speisen. Sie verstärkten ihre Glieder und schützten so ihre Körper. Sie harmonisierten (He 和) die sechs Töne und gaben ihren Ohren etwas zu hören .... Wenn es nur

einen Ton gibt, hören wir nicht hin, denn nur eine Sache
gefällt nicht. Wenn es nur einen Geschmack gibt,
schmeckt es uns nicht, denn nur eine Sache ist nicht
durchsichtig."[24]

Auch der Kommentar des Zuo zu den Frühlings- und
Herbstannalen lässt sich in kulinarischer Weise über den
Unterschied von He und Tong aus: "Der Fürst fragte:
'Gibt es einen Unterschied zwischen He und Tong?' (Yan
Zis) Antwort: 'Ja, es gibt einen. He ist wie Kochen. Wir
kochen Fisch und Fleisch mit Salz, Zucker, Öl, Wasser
und anderem und mittels des Feuers, dann schmeckt das
Gericht gut ... Der feine Mann speist und es wird ihm
behaglich zumute. ... Schüttet man aber nur Wasser ins
Wasser, so gibt es nichts zu essen. Macht man Musik mit
einem Ton, so gibt es nichts zu hören. Mit Tong 同 ist da
nichts auszurichten.'"[25]

Kong Zi 孔子 wendet den Unterschied auch ins Moralische und gibt überhaupt dadurch dem He 和 und dem
Tong 同 eine dann daran haftende ethische Bedeutungsnuance. In seinen "Gesprächen" (Lun Yu 〈 論 語 〉)
heißt es: "Der Meister sprach: 'Der Edle hält es mit He
和, aber nicht mit Tong 同. Der gemeine Mann hält es
mit Tong 同, aber nicht mit He 和.'"[26] Man übersetzt hier
das He gewöhnlich mit "Harmonie" oder "Friedfer-
tigkeit" und das Tong entsprechend mit dem Gegen-
teiligen oder einfach mit "gemein". Aber dadurch geht
fast verloren, worauf es bei dieser Unterscheidung wesentlich ankommt: Der Charakter des Edlen bzw. des
"feinen Mannes" (Jun Zi 君子) ist ein höchst komplexes
Ganzes, bei dem alles in einem harmonischen Verhältnis
zueinander steht, und deshalb ist er nicht "schlicht" oder
"einfach". Umgekehrt der "kleine Mann" (Xiao Ren

小人), der eben schlicht und einfach ist - und dies mit den anderen kleinen Leuten gemeinsam hat (ebenfalls Tong 同) -, so daß er nichts in Harmonie (He 和) zu bringen hat (vgl. dazu unten Abschnitt 4, Zhong 中 Die Mitte).

Neben He 和 und Tong 同 wird ein weiterer Begriff wichtig, dessen Bedeutung gleichsam zwischen He 和 und Tong 同 oszilliert. Es ist He 合 - Einheit - als Verschmelzung von Zweierlei, das zunächst wohlunterschieden sein muß. Damit steht es gleichsam mitten im Wortfeld oder auch im Begriffsfeld, das wir im vorigen Abschnitt zwischen Yi 一 und Liang 兩 vorgeführt haben. Dieses He 合 wird somit zum Schlüsselbegriff für jeden Versuch, das Gemeinsame im Verschiedenen und zugleich die Unterschiedlichkeit im Gemeinsamen zu erfassen. Mithin wird es auch zum Ausgangsprinzip für alle "dialektischen" Denkformen, die in China formuliert worden sind und nachmals das Verständnis für westliche Dialektik tragen.

Es kann nicht verwundern, daß dieses He dann auch in den logischen Diskussionen der Ming Jia 名家 - der "Namen-Schule" bzw. der "Dialektiker" - eine große Rolle spielte. Wir sagten oben schon, daß sie im allgemeinen als sophistische Spielereien abgetan wurden und werden und daher in der chinesischen Philosophiegeschichte keine bedeutende Nachwirkung für die Ausbildung einer formalen Logik hatten. Hui Shi 惠施 (ca. 370-310 v. Chr.), von dessen Lehren wir nur aus Zitaten bei verschiedenen Autoren wissen, ist jedenfalls durch seine Lehre vom He Tong Yi 合同異 - von der "Einheit von Identität (Tong 同) und Unterschied (Yi 異)" berühmt gewesen. Er hat diese Lehre noch weiter

entfaltet, indem er von Da Tong Yi 大同异 - der großen
(Einheit von) Identität und Unterschied - und von Xiao
Tong Yi 小同异 - der kleinen (Einheit von) Identität und
Unterschied - sprach. Das "große" Tong Yi wird man
wohl als "starke Einheitlichkeit" in alledem, was be-
grifflich erfaßt werden soll, auffassen können, so daß
dabei die "Identität" betont wird und der "Unterschied"
zurücktritt: Es geht um einen Gattungsbegriff. Umgekehrt
beim "kleinen" Tong Yi, in welchem die Einheitlichkeit
schwächer betont wird und der Unterschied stärker
hervortritt: Hier handelt es sich um einen Artbegriff unter
der Gattung.

Will man der Sache logischen Sinn verleihen, so muß
man Tong Yi 同异 - genau genommen: "Identitäts-
Unterschied" - bei Hui Shi 惠施 mit "Gleichheit" oder
"Äquivalenz" übersetzen. Bekanntlich ist ja die logische
Gleichheit bzw. Äquivalenz eine Denkfigur, in welcher
etwas identisch Gemeinsames und etwas Unterschied-
liches zusammengefaßt werden soll. In jeder logischen
Definition ist die gemeinte Bedeutung von Definiens und
Definiendum das Identische, aber der formale oder
sprachliche Ausdruck ist jeweils verschieden. Ebenso ist
in der mathematischen Gleichung der "Wert" der Ausdrücke links und rechts vom Gleichheitszeichen identisch, die Ausdrücke dafür aber links und rechts verschieden. Die westlichen Sprachen und der logische und
mathematische Formalismus machen hier den Unterschied durch Zeichen augenfällig, während man die Identität hinzudenken muß. Darum gibt es bei uns keine
Zeichen, die beides zugleich - Identität und Unterschied -
darstellen. Aber genau dies ist die Bedeutung des logischen und mathematischen Gleichheits- bzw. Äquiva-

lenzbegriffs und offensichtlich auch die des aus zwei Schriftzeichen zusammengesetzten Ausdrucks Tong Yi 同异.

Legt man nun beim Tong Yi 同异 des Hui Shi 惠施 diese Bedeutung zugrunde, so klingen seine sonst so merkwürdigen und "sophistischen" Behauptungen über das He 合 - die Einheit - von Tong Yi 同异 keineswegs so befremdlich. Macht man nämlich He 合 stark oder groß (Da Tong Yi 大同异), so kann man wohl behaupten: "Der Himmel ist so niedrig wie die Erde, Berge sind so eben wie Flächen", oder auch "Die Dinge entstehen und vergehen gleichzeitig". Man muß von den spezifischen Differenzen, also den Unterschieden, absehen und das Gemeinsame betrachten. Dann sind nämlich "Himmel und Erde und alle Dinge unter dem Himmel nur eine Substanz", wie er fast mit den Worten Spinozas sagt. Hebt man aber die spezifischen Differenzen und somit die Unterschiede hervor, so bleibt die Welt zwar immer noch substanziell eine und dieselbe, dies wird dann aber nur schwach beachtet im "kleinen Tong Yi" - Xiao Tong Yi 小同异. Hierbei sollen die Dinge als einzelne betrachtet und unterschieden werden.

Bemerken wir auch, daß Zhuang Zi 莊子 (369-286 v. Chr.), der ja als Anhänger des Lao Zi 老子 und für seine dialektischen Geschichtchen berühmt ist, mit Hui Shi 惠施 fast gleichaltrig und mit ihm freundschaftlich verbunden war. So muß er wohl auch mit der Logik des Hui Shi 惠施 vertraut gewesen sein, und dies erklärt, was er mit seinen "merkwürdigen" Geschichten lehren wollte. Die logische Lehre des Hui Shi 惠施 erhält ihr Profil erst recht durch seinen Gegenspieler in der Ming Jia 名家, Gong-sun Long 公孫龍 (325-250 v. Chr.). Er setzt dem

logischen Universalismus oder "Spinozismus" (wie man
ihn wohl nennen kann) des Hui Shi 惠施 einen konse-
quenten logischen Nominalismus entgegen. Das bedeutet
nämlich, daß er Hui Shis 惠施 Xiao Tong Yi 小同异 zum
Ausgang nimmt und dabei Tong 同 - das Gemeinsame,
Identische - nur noch auf das bezieht, was wirklich als
Gegenstand eines Wortes oder Ausdrucks ausweisbar ist,
Yi 异 - den Unterschied - aber konsequent an den unterschiedlichen Wörtern und Ausdrücken festmacht. Und so
kann er die These aufstellen, die sich dann wie ein Leitmotiv durch den Ming Bian 名辨 - den Namensstreit der
Logiker - zieht: "weißes Pferd" ist nicht "Pferd", oder
auch: der "weiße Stein" ist nicht der "harte Stein". Alles,
was unterschieden und mit beliebigen spezifischen Differenzen bezeichnet werden kann, kann nur in derselben
Klasse der Dinge vereinigt (He 合) werden, nicht aber
unter einen allgemeineren Begriff subsumiert werden.
Wenn es dann noch Einheiten - He 合 - gibt, so sind es
die Einheiten der Pferde und die Einheiten der Schimmel
(der weißen Pferde), oder die Einheiten der weißen
Steine und die der harten Steine.

Stellen wir nochmals zusammen, was seither im chinesischen Denken zu Formen der "Einheit" gebraucht und
dadurch auf den Begriff gebracht wird, so handelt es sich
um die folgenden vier Denkformen:

1. He 和, die "verträgliche" Vereinheitlichung des Vielfältigen in einem Ganzen.
2. Tong 同, die Identität bzw. das Proprium, das entweder ein einzelnes Ding kennzeichnet oder viele
gleichartige Dinge hinsichtlich dieser Gleichartigkeit
- als generisches Merkmal - bestimmt.

3. He 合, die Verbindung von (mindestens) zweierlei Verschiedenem zu einer Einheit, die zugleich die Verschiedenheit in der Einheit und die Einheit in der Verschiedenheit festhält. Wird dadurch Entgegengesetztes vereinigt, so wird es zur Denkform des Widerspruchs und damit zur "dialektischen" Denkform schlechthin: Einheit des Ganzen und zugleich Einheit des Einzelnen.

4. Hinzunehmen können wir noch das Yi 一 aus dem Gegensatz von Yi 一 und Liang 兩. Yi 一 ist "das Eine", zugleich auch die Zahl 1 im Gegensatz zur Zahl 2 Liang 兩 und zu den weiteren natürlichen Zahlen.

3. Ben Mo 本末 Wurzel und Verzweigung. Ti Yong Yi Yuan 體用一源 Die einheitliche Wurzel von Substanz und Funktion: Das chinesische Hen kai Pan

Die mancherlei Denkformen, das Vielfältige zur Einheit zu bringen und es im Verhältnis zu dieser Einheit zu halten, konzentrieren sich in einer weiteren, die uns sehr nahe an abendländische Vorstellungsweisen heranführt. Es ist das Denkmodell der Wurzel - Ben 本 -, aus der das Vielfältige in seinen Verzweigungen - Mo 末 - herauswächst, das sich aber doch nur durch die Verwurzelung lebendig erhalten kann. Im Westen spricht man an dieser Stelle gerne vom Ursprung, was die Getrenntheit des so Entsprungen vom Urgrunde betont, und doch ist auch die

Vorstellung vom "Grund" oder "Fundament", auf dem etwas steht und das das Begründete für seine Beständigkeit
braucht, vertraut und verbreitet. Die Vorsokratiker haben
bei uns diese Denkform entwickelt. Es ist die "Arché",
die Matrix aller Ursprungs- und Begründungsvor-
stellungen für dasjenige, was in seinen Weiterungen und
"Ableitungen" durchschaut und erklärt werden soll.
Arché ist wie die "Wurzel" das Erste oder der Anfang,
aus dem alles weitere und später folgende erwächst, und
so kann es auch das zeitlich Erste und Vorgängige sein.
Im "Prinzip" und "Prinzipiellen", der lateinischen Übersetzung des griechischen "Arché", tritt diese zeitliche Bedeutungsnuance zugunsten des "Eigentlichen", Wichtigsten, dauerhaft Durchständigen zurück, aber es gehört
auch zur Wurzel, daß sie gleichzeitig mit dem daraus
Erwachsenen dableibt und dieses weiternährt. Nur die
Bedeutungsnuance der "Herrschaft" - des einen Macht-
bereich durchwesenden einheitlichen Willen eines Herrschers -, die für die Griechen wohl die älteste und immer
durchgehaltene Bedeutung von Arché war, findet sich
nicht in der chinesischen Denkform der Wurzel, denn die
Herrschaft wird da, wie wir eingangs schon zeigten,
anders gedacht und ist an andere Phänomene gebunden.

   Wer bei uns Arché, Grund, Prinzip denkt, der denkt
zugleich an das Begründete, das Abgeleitete, das Zweite
und Folgende. Aber bei diesem gibt es gewissermaßen
kein absehbares Ende der Folgerungen. Das ist beim
chinesischen Äquivalent Mo 末 anders. Wir haben es mit
"Verzweigung" übersetzt. Aber was aus einer Wurzel
erwächst und sich verzweigt, das hat von vornherein sein
Maß und Ende und wächst nicht darüber hinaus. Mo 末
bedeutet gerade auch diese Begrenztheit, das "Ende" bzw.

das Ganze, das sich so aus Einem ergeben kann. Aber an die Stelle von Mo 末 treten dann auch andere Termini wie etwa Wan Wu 萬物 - alle Dinge -, was diese Begrenztheit wieder aufhebt.

Die Denkform von Ben 本 und Mo 末 begegnet schon in der "Großen Lehre" Da Xue 《大學》 des Sittenbuches Li Ji 《禮記》. Es heißt da: "Alle Dinge haben Wurzel - Ben 本 - und Verzweigungen - Mo 末. Die Geschäfte haben ein Ende und einen Anfang. Erkennt man, was früher kommt und was später, so nähert man sich dem rechten Weg - Dao 道 ... Daß etwas, dessen Wurzel in Unordnung ist, in seinen Verzweigungen in Ordnung ist, das gibt es nicht. Daß einer, der das Wichtigste gering achtet, das Geringere wichtig nähme, das ist ausgeschlossen. Dies (darauf zu achten) heißt Erkenntnis von Ben 本. Es ist die höchste Erkenntnis."[27] Zhuang Zi 莊子 (369-286 v. Chr.) erklärt Ben 本 als das "Auserlesene" oder Vorzügliche - Jing 精 - und stellt es in Gegensatz zum Vulgären und Gemeinen - Cu 粗 - der vielfältigen Dinge. Das Huai-nan Zi-Werk 《淮南子》 (von König Liu An 179-122 v. Chr. und seinen Gästen) sagt: "Das Eine - Yi 壹 - ist Ben 本 aller Dinge",[28] und Dong Zhong-shu (179-104 v. Chr.) sagt dasselbe von Yuan 元 (dem Hauptsächlichsten oder "Fundamentalen"), nämlich daß es "der große Anfang" (Da Shi 大始) aller Dinge sei.[29]

Aber das substanziell Gedachte wird zum Attributiven, wenn es neue Inhalte erhält. Ben 本, die Wurzel, wird zum Wurzelhaften des Einen oder des Wichtigsten oder von anderem, was als Grund von Begründetem oder als Ursache von Wirkung erscheint. Und ebenso ergeht es Mo 末 als dem Begründeten oder Wirkung. Der Begriff

wird zur Metapher, und doch bleibt seine Bedeutung
zugleich wesentliches Merkmal dessen, was an seine
Stelle tritt.

Seit der Wei- und Jinzeit (220-420 n. Chr.) geschieht
das mit dem Begriffspaar Ti 體 und Yong 用. Ti 體 bedeutet wörtlich "Körper", insbesondere Körper eines
Lebewesens. Yong 用 bedeutet "Gebrauchen" von etwas,
also etwas benutzen, und insofern auch Nutzen und
Leistungsfähigkeit von etwas für einen Zweck. Das Begriffspaar ist seitdem zum festen Bestand der chinesischen philosophischen Fachterminologie geworden, und
Ti 體 wird heute allgemein mit "Substanz", Yong 用 mit
"Funktion" übersetzt, was ja bei uns durch Ernst Cassi-
rers Studie über "Substanzbegriff und Funktionsbegriff"
von 1910 auch zu einer stehenden Wendung geworden
ist. Der Sinn dieser Wendung ist auch mit Heideggers
neuen Begriffen von "Zeug" und "Zuhandenheit" passend
wiederzugeben, und vielleicht ist Heideggers Erfindung
nicht ganz ohne das chinesische Beispiel von Ti 體 und
Yong 用 zustande gekommen, auf das er von seinen
chinesischen Gesprächspartnern hingewiesen worden
sein mag.

Ti 體 und Yong 用 - körperlich Dinghaftes und sein
Gebrauch - konnte nur in einer realistischen, ja materialistischen Denkströmung als dasjenige angesehen werden, was wurzelhaft und was daraus erwachsend erschien. Es war die dominierende Richtung des Konfuzianismus, die die Begriffe so festlegte. Und sie entspricht recht genau der aristotelischen Ontologie bei uns,
die an dieser Stelle das Begriffspaar Substanz (Hypo-
keimenon) und Akzidenz (Symbebekon) einführte.
Substanz wird von Aristoteles auch - mit dem gleich-

klingenden Wort wie im Chinesischen - als Ti ("to Ti",
das "Was" oder "etwas") umschrieben. Akzidenz, Eigen-
schaft oder Attribut ist dasjenige, was an der Substanz,
am Ding, am etwas der sinnlichen Wahrnehmung zugänglich ist und sich an ihr beschreiben lässt. Das im
Abendland vorwiegende Interesse an der theoretischen
Erkenntnis der Dinge rückt die Akzidenzien als Eigenschaften der Dinge in den Vordergrund. Unter diesen
Akzidenzien spielt das "Aktive" und "Passive", das, was
Dinge wirken und erleiden können und was man mit
ihnen anfangen kann, nur eine untergeordnete Rolle. Im
alten China, das so grundlegend an Praxis und Handeln
interessiert war, tritt der Gebrauch, die Funktion, die
Verwendbarkeit der Dinge in den Vordergrund des Interesses. Die Dinge werden hinsichtlich Yong 用 - ihrer
Verwendbarkeit und Dienlichkeit für Zwecke - begriffen.
Man kann es auch so ausdrücken: In der Denkfigur von Ti
體 und Yong 用 wird Yong - Brauchbarkeit, Funktion -
als das "wesentliche" und "notwendige" Merkmal von Ti
體 - der materiellen Dinge - angesehen, hinter dem alle
anderen Merkmale als "unwesentliche" und "zufällige"
zurücktreten. Der biblische Spruch: "An ihren Früchten
sollt ihr sie (die Menschen, aber auch die Dinge!) erkennen", verweist darauf, daß diese Betrachtungsweise
auch dem Abendland nicht fremd ist. Man muß sich nur
die Wurzel und die Zweige hinzudenken, an denen die
Früchte reifen.

Zur festen Denkform, gleichsam zu stabilen Kategorien, geworden, leiten Ti 體 und Yong 用 zu weiterem
Forschen an und werden auf neue Inhalte angewendet. Es
wäre erstaunlich, hätten sie nicht auch auf die
"metaphysischen" Grundfragen Anwendung gefunden, um

die die "hundert Schulen" (Bai Jia 百家) und besonders die Konfuzianer und Daoisten gerungen haben. Das Grundproblem des Verhältnisses von You 有 - Sein - und Wu 無 - Nichts - gerät ebenso in seinen Anwendungskreis wie das von Körper und Seele, Materie und Idee, sinnliche Welt und Bewußtsein. Die realistischen Konfuzianer blieben im allgemeinen dabei: Ti 體 - das Substanzielle - ist Körper, Materie, sinnlich Gegebenes, es ist das eigentliche Sein; Yong 用 - seine Funktion und wesentliches Akzidenz - ist Seele, Idee, Bewußtsein, und dieses ist, gemessen am fundierenden Sein, Nichts, so wie das Leere erst in der Umfassung durch das Körperhafte erscheint.

Diese herrschende Meinung aber wird von den Daoisten bestritten, und das Verhältnis wird gerade umgekehrt gesehen. Wang Bi 王弼 (226-249 n. Chr.), der Interpret des Lao Zi 老子, spricht es in seinen Anmerkungen zu Lao Zi 老子 deutlich aus. Er meint, daß das Nichts - Wu 無 - selbst das Substanzielle - Ti 體 - sei und daß daher alles Seinshafte zur Funktion - Yong 用 - des Nichts gehöre: "Alle Dinge haben ihre Funktionen. ... Obwohl man gewöhnlich das Nichts - Wu 無 - als Funktion - Yong 用 - einschätzt, kann man nichts anderes als Nichts als Substanz - Ti 體 - setzen."[30] Wang Bi 王弼 ist sich auch der Herkunft der Denkform von Ti 體 und Yong 用 bewußt, denn er beschreibt das Verhältnis auch mit den Begriffen von Ben 本 und Mo 末 und erläutert dieses selbst mit dem Verhältnis von Mutter - Mu 母 - und Sohn - Zi 子: "Die Mutter ist Wurzel - Ben 本 -, der Sohn ist der Sproß - Mo 末."[31] Und beides vereinigend sagt er: "Wenn alle Dinge sich als Funktionen des Nichts zeigen, dann bekommen sie (im Nichts) ihre Mutter."[32]

"Man muß die Mutter schützen, damit der Sohn leben kann. Man muß die Wurzel - Ben 本 - pflegen, damit die Zweige sprießen können!"[33]

In der Songzeit, in der der Neokonfuzianismus unter daoistischem Einfluß eine Wende zum Idealismus erfährt, unterwirft sich die Denkform von Ti 體 und Yong 用 neue Gehalte. Und zugleich wachsen die Begriffe von Ben 本 und Ti 體 zum stehenden Begriff Ben Ti 本體 - etwa wurzelhafte Substanz - zusammen, der bis heute in der Fachterminologie für das westliche "Wesen" und "Substanz" steht. Im Streit zwischen Realisten bzw. Materialisten und Idealisten verfeinern auch die Materialisten ihre Materie zur "geistigen" Luft - Jing Qi 精氣 ähnlich, wie es bei uns die materialistischen Stoiker in der Auseinandersetzung mit den Platonikern mit ihrem "Pneuma" taten.

Zhang Zai 張載 (1020-1077 n. Chr.) betont es in seinem Werk "Klarstellung von Dunkelheiten" (Zheng Meng 《正蒙》): "Qi 氣 ist Ben Ti 本體."[34] Für Idealisten wie Cheng Yi 程頤 (1033-1107 n. Chr.) aber wird Idee - Li 理 - zum Ben Ti 本體, und entsprechend werden die sinnlichen Erscheinungen - Xiang 象 - zur Funktion - Yong 用 - der Ideen, durch die sie erkannt werden. Cheng Yi 程頤 drückt es so aus: "Das Tiefgründige ist Idee - Li 理 -, das Offensichtliche ist Erscheinung - Xiang 象. Ti 體 und Yong 用 haben einen (gemeinsamen) Ursprung, das Offensichtliche und das Tiefgründige sind nicht getrennt."[35] In ähnlicher Weise lässt sich später Wang Yang-ming 王陽明 (Wang Shou-ren 王守仁 1472-1529 n. Chr.) vernehmen, wenn er Bewußtsein, Ideenerkenntnis und objektive "Himmels-Idee" zusammenfaßt: "Erkennen - Zhi 知 - ist Ben Ti 本體 des Bewußtseins"[36] und

"Ben Ti 本體 des Bewußtseins ist Himmelsidee Tian Li 天理."[37]

Aber dieser Idealismus wurde in der Ming- und Qingzeit, der chinesischen Moderne, wieder zurückgedrängt. Wang Fu-zhi 王夫之 (1619-1692 n. Chr.), der Wortführer der modernen Materialisten, erklärt Li 里 - die Ideen - für bloßen Ausdruck der objektiven Gesetzlichkeit des Wandels der Realität, die er wieder als Qi 氣 - materielle Luft - und als Ti 體 - Substanz der Dinge - begreift. Was aber Ti 體 ist, wird anhand von Yong 用 - der Funktion der Substanz - erkannt. In seinen "Exoterischen Erklärungen zum Zhou Yi" (Buch der Wandlungen aus der Zhou-Zeit) sagt er darüber: "Die Funktionen der Dinge unter dem Himmel haben alle ihr Sein - You 有. Wir erkennen das Sein von Ti 體 aus seinen Funktionen."[38] Auf ihn beruft sich auch noch Tan Si-tong 譚嗣同 (1865-1898 n. Chr.), der unter Aufnahme damaliger westlicher naturwissenschaftlicher Äthertheorien den Äther - Yi Tai 以太 - zur Substanz der Wirklichkeit erklärt und Dao 道 - Gesetzlichkeit - als seine Funktion ansieht. Er sagt es so: "Dao 道 ist Funktion; Qi 器 (hier: Äther) ist Substanz. Wo Substanz auftritt, ergibt sich Funktion; wo Substanz existiert, bleibt auch Dao erhalten."[39] Er meinte, Dao 道 hänge notwendig von Qi 器 ab, und dann habe es auch eine wirkliche Funktion.[40]

Die hier angeführten Texte und Beispiele aus einer langen Tradition des philosophischen Denkens in so vielen unterschiedlichen Perioden mögen genügen, die Konstanz dieser einheitlichen Denkform von Ben Mo 本末 und Ti Yong 體用 zu bestätigen. Ausgehend von einer kosmologischen Ursprungsspekulation, wird sie in allen Denk- und Forschungsbereichen, die man nach westlichem Verständnis den Grunddisziplinen der Philosophie zurechnen würde, als "selbstverständlich" vorausgesetzt und angewandt. Sie unterwirft sich gleichsam den Problemgehalt von Metaphysik, Ontologie und Epistemologie und teilt vor allem als Ti Yong 體用 - Substanz- und Funktionsdenken - allen Inhalten eine "pragmatische" Nuance der Sicht und Auffassung mit, die für das ganze chinesische Philosophieren typisch geblieben ist.

Aber wir haben hier nur die manifesten und wörtlichen Verwendungen dieser Denkform registriert. Man kann und muß voraussetzen, daß sie sich auch in der Behandlung weiterer Problembestände gleichsam als Hintergrundsidee zur Geltung bringt, nämlich überall dort, wo nun ein Vielfältiges und Komplexes in irgendeiner Weise auf ein Einheitliches zurückgeführt und von daher verstanden wird. Einiges davon mögen schon die vorigen Abschnitte angedeutet haben. In der aneignenden Interpretation des älteren Gedankengutes durch spätere Denker, denen die Denkform zuverlässiger zur Verfügung stand, ließen sich noch viele Beispiele dafür herausarbeiten. Beschränken wir uns hier nur auf eine Liste von Topoi dazu, die keinen Anspruch auf Vollständigkeit erheben soll, aber vielleicht Anregung zu weiteren Forschungen geben könnte. Ben Mo 本末 und Ti Yong 體用 sind als Denkform im Spiele, wenn es um folgende Verhältnisse und Beziehungen geht:

1. Das Verhältnis zwischen dem Unendlichen und Endlichen, insbesondere im Verhältnis von Dao 道 und den "zehntausend Dingen" (Wan Wu 萬物) bei Lao Zi 老子 und Zhuang Zi 莊子.

2. Das Verhältnis zwischen dem Absoluten und Relativen, insbesondere als Wu Dai 無待 - Unabhängiges - und You Dai 有待 - Abhängiges - bei Zhuang Zi 莊子.

3. Das Verhältnis zwischen der Ruhe und Bewegung, der Nichtveränderung und Veränderung bei Lao Zi 老子, Lie Zi 列子 und Wang Bi 王弼.

4. Das Verhältnis zwischen dem Gestaltlosen und Gestalt, auch Unbenennbarem und Benennbarem bei Lao Zi 老子, im Huai Nan Zi-Werk 淮南子 und bei Wang Bi 王弼.

5. Das Verhältnis zwischen der Tiefe und Oberfläche, auch zwischen Wesen und Erscheinung bei Zhu Xi 朱熹, oder Idee und Ausdrucksvielfalt der Idee (Li Yi Fen Shu 理一分殊) bei Cheng Yi 程頤.

Einheit und Vielheit zusammen und selber als Einheitliches und Ganzes gedacht, das ist das chinesische Ti Yong Yi Yuan 體用一源. Man kann es das chinesische Pendant zur abendländischen Denkform von "Hen kai Pan" - "Eins und Alles" - nennen, die auch bei uns die Spekulation regiert: von der Arché-Forschung über so mannigfaltige Formen des Pantheismus, die "Coincidentia oppositorum" im "infiniten Einen" des Cusaners, die Einheit der Substanz in allen ihren unendlichen Attributen und Modi bei Spinoza bis zur axiomatisch-logischen Konstruktion des Reichtums der Welt aus einem Prinzip.

4. Zhong 中 Die Mitte

Es dürfte auf der Hand liegen, daß Zhong 中 im "Lande der Mitte" - Zhong Guo 中國 -, als welches sich China seit der Han-Zeit betrachtete, eine ganz besondere Rolle spielt. Den Deutschen liegt es dabei recht nahe, diese Bezeichnung auf die ausgezeichnete Mittelpunktslage zwischen anderen Völkern und Staaten zu beziehen, wie es ja mit den neueren deutschen Reichen der Fall ist. Auch in China war das vor der Reichseinigung bei dem einen oder anderen Staat der Fall, der vielleicht deshalb so genannt wurde. Aber die geographische Lage Gesamtchinas kann diese Bezeichnung nicht rechtfertigen. Dahinter steht in der Tat etwas anderes, was in den ältesten Traditionen der Herrschaftsweisen und den moralischen Prinzipien begründet ist und von daher das chinesische Denken tief durchdringt.

In den "Gesprächen" des Kong Zi 孔子 wird über den Thronübergang vom guten Kaiser Yao 堯 auf den guten Kaiser Shun 舜 berichtet. Yao soll dabei nicht nur seine Herrschaft übergeben haben, sondern seinem Nachfolger auch eine Maxime seiner Herrschaftsausübung ans Herz gelegt haben. Sie lautet:

Yun Zhi Jue Zhong 允執厥中 - Halte treulich die Mitte!

Nach dem "Buch der Geschichte in alter Schrift" (Gu Wen Shang Shu 《古文尚書》) soll der Kaiser Shun 舜 diesen "Vier-Wörter-Spruch" stets in trauerndem Angedenken an seinen Vorgänger im Herzen bewegt und als Regierungsmaxime bedacht haben. Das machte ihn in der ganzen chinesischen Geistesgeschichte bis heute zu einer

stehenden Wendung und moralischen Mahnung. Er selbst
aber kleidete ihn gewissermaßen in einen interpretierenden Satz von sechzehn Wörtern ein und übergab ihn
so zusammen mit seiner Herrschaft an seinen Nachfolger.
Dieser sogenannte "Sechzehn-Wörter-Spruch" lautet:

人心惟危	Ren Xin Wei Wei	Dem Menschenherz droht stets Gefahr
道心惟微	Dao Xin Wei Wei	Der Dao-Weg ist alleine wahr
惟精惟一	Wei Jing Wei Yi	Nur diesen einen sehe klar
允執厥中	Yun Zhi Jue Zhong	Die Mitte treulich nur bewahr!

Auch in dieser Gestalt ist der Spruch bis heute be-
rühmt geblieben und ziert in vielen Kalligraphien die
Wände von Studierstuben der Gelehrten und die Gemä-
cher mancher Politiker - so auch das Arbeitszimmer von
Sun Yatsen 孫逸仙, des ersten Präsidenten der Republik.
Die Neo-Konfuzianer der Song-Zeit nannten ihn Shi Liu
Zi Xin Zhuan 十六字心傳 - Geisteserbe in sechzehn
Zeichen -, und sie hielten ihn für das Schibboleth aller
gelehrten Selbstbildung und aller guten Staatsverwaltung.
Durch drei gute Kaiser "von Herz zu Herz" weitergegeben, sei er von Kong Zi 孔子 aufgezeichnet und als Vermächtnis an seinen Schüler Zeng Zi 曾子 übermittelt
worden, von diesem an Zi Si 子思, der das Buch "Mitte
und Maß" (Zhong Yong 《 中庸 》) geschrieben habe, um
die darin liegende Lehre festzuhalten. Zi Si 子思 habe
die Lehre auch seinem Schüler Meng Zi 孟子 ans Herz
gelegt, aber dieser habe sie nicht weitergegeben, wie Zhu

Xi 朱熹 (1130-1200 n. Chr.) berichtet. Und so legte Zhu Xi 朱熹 es sich als wesentliches Verdienst aus, sie in der Song-Zeit wieder aufgenommen und durch Eingliederung des Buches "Mitte und Maß" in die "Vier heiligen Bücher" (Si Shu 《 四書 》 der Konfuzianer) für die Nachwelt gerettet zu haben. So ist es verständlich, daß die Philosophie von Kong Zi 孔子 später von den Konfuzianern immer wieder auf diesen Grundgedanken vom Zhong 中 - Mitte - zurückgeführt und vor allem seine "Gespräche" von daher interpretiert wurden, und daß das Buch "Mitte und Maß" (das ursprünglich ein Teil des alten Sittenbuchs - Li Ji 《 禮記 》 - war) als kanonisches Werk über diesen Topos galt.

Wie hält man sich nun "treulich an die Mitte"? Über den guten Kaiser Shun 舜 heißt es im Buch "Mitte und Maß": "Shun war ein großer Weiser. Shun liebte es zu fragen, und er liebte es, dem Sinn einfacher Reden nachzusinnen. Er hatte Nachsicht mit dem Schlechten und verbreitete das Gute. Er erfaßte (die Sachen) von ihren beiden Seiten aus und handelte dem Volk gegenüber von ihrer Mitte aus. Das ist es, warum er Shun war."[41] Es ist gewiß eine probate Maxime für einen Herrscher, das Schlechte nicht aus dem Auge zu lassen, gerade, wenn er das Gute fördern will. Auch bei uns wird man es für eine geläufige Einsicht halten, daß jegliches Ding seine zwei Seiten hat, und wir nennen sie gewöhnlich die positive und die negative und berechnen sie als vorteilhaft oder nachteilig. So hatten es schon die alten Stoiker gelehrt, und sie waren dabei auf das "Oudéteron" gestoßen, das, was "keines von beiden" ist, und das sie deshalb das "Unterschiedslose" (Adiáphoron) nannten. Spätere machten daraus in der Ethik das moralisch "Indifferente". Aber

dies ist gewiß nicht das, was hier "die Mitte" heißt. Man
muß sich schon daran halten, daß "jedes Ding" seine zwei
Seiten hat und von daher überhaupt erst als das, was es
ist, erkannt und eingeschätzt werden kann. "Sich an die
Mitte halten" ist daher zunächst die Aufforderung, die
Dinge und Lagen richtig zu erkennen und zu durchschauen, und das brachte Shun 舜 wohl durch sein
Nachfragen zustande. Dann aber "dem Volk gegenüber"
aus der Mitte her handeln, kann nur "sachgerechtes"
Handeln ohne Rücksicht auf eigenen oder fremden Vor-
und Nachteil meinen. Auch das haben die Stoiker bei uns
unter dem Titel der "Natur der Sache", der im abendländischen Recht so tief verankert ist, bedacht. Aber sie
meinten, sich bezüglich dieser "Natur" auf die ange-
borenen Erkenntniskräfte der gemeinmenschlichen Vernunft und die Etymologie der sprachlichen Bezeichnungen verlassen zu können. Das aber war im alten
China anders: Im Kontinuum der Lagen und Sachverhalte
mußten erst einmal die Schwerpunkte "ausgemittelt"
werden, die es überhaupt erlauben konnten, von Lagen,
Sachverhalten und Dingen zu reden.

Das wird aus einigen Stellen in den "Gesprächen" des
Kong Zi 孔子 deutlicher, wo er seine Erkenntnismethode
erläutert. Als man ihn nach seinem Wissen fragte, sagte
er - fast mit sokratischen Worten - "Ich hätte Wissen?
Nichts von Wissen! Wenn mich ein gewöhnlicher Mensch
(etwas) fragt, dann bin ich sozusagen ganz und gar leer.
Ich betrachte es (das Erfragte) von seinen beiden Seiten
her und lege es dar."[42] Als ihn sein Schüler Zi Gong 子貢
fragte, ob ein gewisser Shi 師 oder Shan 商 der bessere
Mann sei, sagte er: "'Shi 師 geht zu weit, Shan 商 bleibt
zurück.' Zi Gong fragte weiter: 'Dann ist also Shi 師 der

bessere?' Der Meister sprach: 'Zuviel ist geradeso (un-
passend) wie zu wenig'."[43]

Hier kann man den Übergang vom Zhong 中 zum Yong
庸 - von der Mitte zum Maß -, von dem im Buch von
"Mitte und Maß" eben die Rede ist, schön ersehen.
Zuviel und zu wenig sind selbst schon Maßverhältnisse,
und um ihr Maß beurteilen zu können, muß man über das
richtige Maß, nämlich die Mitte als Ausgangspunkt, ver-
fügen. Gewiß kann es sich nicht um eine quantitative
Maß- oder Meßskala handeln, an die man im Abendland
auch in moralischen Meßlehren nach Art der antiken
Hedoniker und modernen Benthamianer, die den "Nutzen" bis zum "Grenznutzen" von Lustgewinn und Güter-
wert berechnen, denken mag. Vielmehr handelt es sich
um eine qualitative Maßlehre für dasjenige, was jeweils
nach zwei Seiten von einer schwerpunkthaften Mitte bis
zu Extremen auslaufen kann. Daß es diese zwei Seiten
bis hin zu den Extremen gibt, ist Voraussetzung für die
Erkenntnis der Sachen und für den handelnden Umgang
mit ihnen. "Der Edle", heißt es im Buch "Mitte und
Maß", "hält sich an Mitte - Zhong 中 - und Maß - Yong
庸. Der gemeine Mann widerstrebt Mitte und Maß. Mitte
und Maß des Edlen bestehen eben darin, daß er ein Edler
ist und sich jederzeit an die Mitte hält. (Das Wider-
streben gegen) Mitte und Maß des gemeinen Mannes
besteht darin, daß er ein gemeiner Mann ist und vor
nichts zurückschreckt."[44] Offensichtlich wird der gemeine
Mann als der "Unmässige" verstanden, der einseitig nach
dem einen oder dem anderen Extrem ausschlägt und dabei seine Mitte verloren hat.

Um also nicht ins eine oder andere Extrem zu verfallen
und um den "Verlust der Mitte" zu vermeiden, bedarf es

eines Vermittelnden zwischen den von der Mitte ausgehenden Richtungen, gleichsam einer Waage, die die
beiden Richtungen oder Seiten ausbalanciert. Dafür benutzt Kong Zi 孔子 den Begriff He 和 - Harmonie -, von
dem weiter oben schon die Rede war. He 和 ist das, was
gerade die Einheitlichkeit des Verschiedenen und sich
Entgegengesetzten herstellt, indem es sie ins Gleichgewicht bringt. Eine Stelle gleich zu Beginn des Buches
von "Mitte und Maß" zeigt es am Beispiel der Leidenschaften des Menschen und überträgt das mikrokos-
mische Modell auch sogleich auf den Makrokosmos: "Der
Zustand, da Heiterkeit und Ärger, Trauer und Freude sich
noch nicht regen, das ist Zhong 中. Der Zustand, in dem
sie sich regen, aber in allem das rechte Maß haben, das
ist He 和. Zhong 中 - die Mitte - ist die große Wurzel
aller Dinge unter dem Himmel; He 和 - die Harmonie -
ist der zielgerichtete Weg aller Dinge unter dem Himmel.
Wenn Zhong 中 und He 和 erreicht werden, so sind Himmel und Erde in Ordnung und alle Dinge gedeihen."[45]

Das Beispiel von den Leidenschaften pflegt die aristotelische Tugendlehre als eine Lehre vom einzuhaltenden
Mittleren zwischen dem Überschwang und dem Zuwenig
zu evozieren, die ja im Westen bis hin zur politischen
Lehre vom "Juste milieu" ihre Auswirkungen gehabt hat.
Die "goldene Mitte einzuhalten" und "Maß zu halten"
waren wohl auch schon vor Aristoteles goldene Maximen
der sieben Weisen und sind es bis heute geblieben. Schon
die aristotelisch-thomistisch gesinnten jesuitischen Chi-
namissionare und auch der nicht weniger aristotelisch
versierte Christian Wolff, der die konfuzianische Ethik
als erster dem Abendland als vorbildlich und überneh-
menswert empfahl,[46] haben da eine gewisse Überein-

stimmung gesehen, und sicher mit Recht. Gleichwohl bleibt darauf hinzuweisen, daß Zhong 中 und Yong 庸 zusammen mit He 和 in China anders als im Abendland weit über den ethischen Bereich hinaus das Denken bestimmen. In ihrer makrokosmischen Anwendung sind sie eher mit allgemeinen Symmetrie- und Harmonieprinzipien aus der pythagoreisch-platonischen Denktradition zu vergleichen. In diese Richtung interpretiert Cheng Yi 程頤 in der Song-Zeit die Hauptbegriffe, und Zhu Xi 朱熹 zitiert ihn zustimmend: "Zhong 中 ist das Nicht-Einseitige; Yong 庸 ist das Unveränderliche. Zhong ist der rechte Weg (Dao 道) der Welt und Yong ist das Gesetz der Welt."[47]

Kong Zi 孔子, der die Begriffe auf die praktischen und insbesondere ethischen Probleme bezieht, sieht freilich darin auch ihre Begrenzungen. Alles hat sich im Rahmen der sittlichen Prinzipien (Li 禮) zu halten. So sagt er in den "Gesprächen" kritisch: "Bei der Ausübung der Sitte ist He 和 - die Harmonie - die Hauptsache. Der Weg (Dao 道) der alten Herrscher ist dadurch so schön, daß sie sich im Kleinen wie im Großen danach richteten. Doch gibt es auch etwas, wo dies nicht geht: z. B. Harmonie um der Harmonie willen (He Er He 和而和), ohne daß die Harmonie durch die Sitte (Li 禮) geregelt wird, das kann nicht gehen."[48]

Meng Zi 孟子, den Zhu Xi 朱熹 ja dafür tadelte, daß er die Maxime vom Yun Zhi Jue Zhong 允執厥中 nicht weitergegeben habe, hielt sich ersichtlich nicht an den ethischen Anwendungsrahmen. In der Tat spricht Meng Zi 孟子 auch von Zhi Zhong 執中 - sich an die Mitte halten -, aber in erkenntnistheoretischen, ja man könnte auch sagen, in ideologiekritischen Zusammenhängen. Er will

nämlich zeigen, daß sich auch ganze Denkwege als
"extremistisch" erweisen können und so die Mitte ver-
fehlen. In seiner Schrift "Über Bewußtseinsanstren-
gungen" (Jin Xin 《盡心》) sagt er dazu: "Yang Zi 楊子
war ein Egoist. Sich auch nur ein Härchen auszureißen,
um der Welt nützlich zu sein, selbst das hätte er nicht
getan. Mo Zi 墨子 war ein Menschenfreund. Sich von
Kopf bis Fuß den ganzen Leib kahl zu scheren, um der
Welt zu nützen, auch dazu war er bereit. Zi Mo 子莫
hielt sich an die Mitte (Zhi Zhong 執中). Sich an die
Mitte zu halten, kommt ja dem Dao 道 näher. Aber sich
nur an die Mitte zu halten ohne (eigenes) Urteil, das ist
auch Einseitigkeit. Warum ich die Einseitigkeit hasse,
das ist, weil sie dem Dao 道 Eintrag tut, indem sie einen
einzelnen Punkt auf Kosten von hundert anderen betont."[49]

Man wird wohl nicht zu weit gehen, wenn man in
dieser Ausprägung des Sich-an-die-Mitte-Haltens ein
chinesisches und speziell konfuzianisches Pendant zu
dem findet, was bei uns in neueren Zeiten als Common
sense oder "gesunder Menschenverstand" gefeiert worden
ist. Man verdankt es der Systemphilosophie des 17. Jahrhunderts, daß umfassende Lehrgebäude nach dem eukli-
dischen "Mos geometricus" auf Prinzipien gebracht und
ihre Einzelsätze als "Theoreme" von diesen "axioma-
tisch" deduziert vorgeführt werden. Die "kritische" Philo-
sophiegeschichtsschreibung der Aufklärung hat (mit
Johann Jakob Brucker) davon Gebrauch gemacht, um die
"Denksysteme" unter sozusagen psychiatrischen Gesichts-
punkten als Aberrationen vom normalen, "gesunden" und
"vernünftigen" Philosophieren zu kritisieren. Das Auf-
kommen einer Terminologie der "-ismen" als Charak-

teristik ganzer Denksysteme zeigt das deutlich. Die ersten "-ismen"-Bezeichnungen wie etwa "Fanatismus", "Materialismus", "Spinozismus" u. a. sind in der Regel medizinischen Krankheitsbezeichnungen (vgl. Rheumatismus u. a.) nachgebildet und sollten krankhaften Überschwang, Exaltation und eben aus der Mittellage "verrücktes" Denken anzeigen. Die gesunde Mittellage aber war eben das vernünftige und gesunde Denken der Aufklärung, das Raisonable oder der Common sense, der allen normalen Menschen gemeine Sinn für das Ausgewogene zwischen den Extremen. Offenbar versteht Meng Zi 孟子 den strikten Egoismus und den ebenso strikten Altruismus als solche Verrücktheiten, zwischen denen das philosophische Denken sich in der Mitte zu halten hat.

Indem der Konfuzianismus so das Sich-an-die-Mitte-Halten propagierte, ist er, wie man zugestehen wird, selbst zur Common-sense-Philosophie der Mitte im Lande der Mitte geworden, um welche die übrigen "hundert Schulen" (Bai Jia 百家) und ihre noch zahlreicheren Nachfolgeschulen in mehr oder weniger weiten Ausschwüngen oszillierten. Kein Wunder, daß sich die Kritik an dieser Dominanz immer wieder regte. "Mitte und Maß" wurde schließlich als ein philosophisches Programm des "Mittelmaßes" und der Denkfaulheit angeprangert, wie etwa von Lu Xun 魯迅 (1881-1936 n. Chr.), der in seinem Buch "Sammlung von Vermischtem" (Hua Gai Ji 《華蓋集》) über den Konfuzianismus lästert: "Trägheit drückt sich in mehreren Formen aus: am gewöhnlichsten erstens im Aufnehmen und Befolgen des himmlischen Mandats (Tian Ming 天命) und zweitens in Mitte und Maß (Zhong Yong 中庸)."[50]

Beachten wir aber auch noch eine Seitenlinie unseres
Themas. Es wäre erstaunlich, hätte sich nicht auch die
Schule des Daoismus in der Nachfolge des Lao Zi 老子,
die ja die konfuzianischen Themen alle so fruchtbar
kritisierte und ihnen eine eigene Interpretation zuteil
werden ließ, dazu geäußert. Bezüglich Zhong 中 war es
Zhuang Zi 莊子 (369-286 v. Chr.), der dazu eine eigene
Theorie entwickelte. Ihre Grundbegriffe sind Huan Zhong
環中 - Ring-Mitte bzw. Kreismittelpunkt - und Liang
Hang 兩行 - wörtlich: zwei Linien. Zhuang Zi 莊子 gilt
als der große Dialektiker des alten China, und so dient
ihm diese Lehre zur Begründung des dialektischen Denkens überhaupt. Die "zwei Seiten" eines jeden Dinges,
von denen vorher die Rede war, werden ihm zu zwei
gegensätzlichen Sicht- und Beurteilungsweisen aller
Dinge, gleichsam zwei perspektivische Linien, in denen
alles erscheint. Der Gegensatz zeigt sich im bejahenden
und verneinenden Urteil, die sich gegenseitig aus-
schließen und so zusammen einen Widerspruch bilden.
Die Menschen, in die Dinge hineingestellt und gleichsam
unter sie verwoben, halten sich an die positiven und
negativen Beurteilungen, um sich in der Welt zurecht-
zufinden. Der Weise und Heilige aber betrachtet die Welt
vom Dao 道 aus, in welchem er sich mit allem iden-
tifiziert. Das ist der Standpunkt im Mittelpunkt des
Kreises, in dem alle positiven und negativen Linien
gleichsam wie in ihrem Indifferenzpunkt zusammen-
laufen. Zhuang Zi 莊子 drückt es in seinem Traktat "Über
die Gleichheit der Dinge" (Ji Wu 《 齊物 》) so aus: "Der
Zustand, in dem Ich und Nicht-Ich keinen Gegensatz
mehr bilden, heißt Dao Shu 道樞 - Angelpunkt des Dao
道. Der Angelpunkt ist wie die Mitte eines Kreises -

Huan Zhong 環中 -, um den sich die Gegensätze drehen können, so daß jeder seine Berechtigung im Unendlichen findet. So sind sowohl die Bejahungen wie die Verneinungen unendlich."[51] Und weiter: "Darum vermittelt (He 和) der Heilige zwischen Bejahung und Verneinung, so daß er sie in ein ruhiges kosmisches Gleichgewicht bringt. Das heißt Liang Hang 兩行."[52]

Wir können seine Theorie nicht besser klarmachen als mit der so viel späteren Theorie des Nikolaus von Kues über den "Zusammenfall aller Gegensätze" - der coincidentia oppositorum - im göttlichen Unendlichen, das implizit in sich vereint, was explizit in der Welt erscheint. Seine "docta ignorantia" (die "gelehrte Unwissenheit"), die dahin führen soll, ist selber ein dialektisches Denken, das die Dinge "sub specie aeterni" - unter dem Blickwinkel des Unendlichen und Ewigen - zu erfassen sucht. Und dies ist offensichtlich auch der "Standpunkt in der Ringmitte", den Zhuang Zi 莊子 dem Heiligen wie ein Gravitationszentrum aller entgegengesetzten Linien zuweist. Was uns aber der Kusaner mit geometrischen Beweisen nahezubringen sucht: diesen Zusammenfall von Kreisumfang und Kreismittelpunkt im unendlich Kleinen, oder von gerader Linie und Kurve im unendlich Großen, und schließlich von Minimum und Maximum im Unendlichen schlechthin, das erläuterte Zhuang Zi 莊子 durch seine "paradoxen" Geschichtchen, von denen wir zwei Beispiele zum Schluß anführen wollen.

Die erste Geschichte gibt einen Rat fürs praktische Leben und lautet so: "Zhuang Zi 莊子 wanderte in den Bergen. Da sah er einen großen Baum mit reichem Blätterschmuck und üppigem Gezweig. Ein Holzfäller stand daneben, rührte ihn aber nicht an. Nach dem Grund davon befragt, antwortete dieser: 'Er ist für (das) Nichts zu gebrauchen.' Zhuang Zi 莊子 sprach: 'Diesem Baum ist es wegen seiner Unbrauchbarkeit zuteil geworden, seines Lebens Jahre zu vollenden.' Als der Meister das Gebirge wieder verlassen hatte, übernachtete er im Haus eines alten Bekannten. Der alte Bekannte war erfreut und hieß seinen Knecht, eine Gans zu schlachten und sie zu braten. Der Knecht fragte: 'Die eine Gans kann schreien, die andere kann nicht schreien. Welche soll ich schlachten?' Der Hausherr sagte: 'Schlachte die, die nicht schreien kann!' Am nächsten Tag fragten die Schüler den Zhuang Zi 莊子: 'Der Baum gestern im Gebirge hat es durch seine Nutzlosigkeit geschafft, kolossal alt zu werden. Diese Gans des Hauswirtes dagegen hat ihre Nutzlosigkeit mit dem Tode büssen müssen. Was ist da vorzuziehen, Herr?' Zhuang Zi 莊子 lächelte und sprach: 'Ich ziehe es vor, mich ganz zwischen Brauchbarkeit und Unbrauchbarkeit zu halten. Zwischen Brauchbarkeit und Unbrauchbarkeit, so scheint es, aber das ist es nicht: So wird man mit den Schwierigkeiten nicht fertig … Laßt die Dinge Dinge sein, aber beziehet nicht das eine Ding auf das andere Ding. So werdet ihr mit den Schwierigkeiten fertig!'"[53]

Die andere Geschichte handelt von Überzeugungen, Überredungen und von der kommunikativen Meinungsbildung, also einem gerade heute in Deutschland so aktuellen Thema, auf das man so große Hoffnungen für die Bildung eines grundsätzlichen Konsenses im Streit der philosophischen Richtungen setzt. Da heißt es: "Angenommen, ich diskutiere mit dir. Du überzeugst mich, und ich überzeuge dich nicht. Hast du nun wirklich recht,

und habe ich nun wirklich unrecht? Oder aber ich
überzeuge dich und du überzeugst mich nicht. Habe ich
nun wirklich recht und hast du wirklich unrecht? Hat
einer von uns recht und einer unrecht, oder haben wir
beide recht oder beide unrecht? Ich und du, wir können
das nicht wissen. Wenn man in einer solch verzwickten
Lage ist, wen soll man da herbeiziehen, um zu entscheiden? Sollen wir einen holen, der mit dir übereinstimmt, um zu entscheiden? Da er doch mit dir übereinstimmt, kann er nur ein schlechter Schiedsrichter sein.
Oder sollen wir einen holen, der mit mir übereinstimmt?
Da er doch mit mir übereinstimmt, kann er nur ein
schlechter Schiedsrichter sein. Sollen wir einen holen,
der von uns beiden abweicht, um zu entscheiden? Da er
doch von uns beiden abweicht, kann er nur ein schlechter
Schiedsrichter sein. Oder sollen wir einen holen, der mit
uns beiden übereinstimmt, um zu entscheiden? Da er
doch mit uns beiden übereinstimmt, kann er nur ein
schlechter Schiedsrichter sein. Auf diese Weise können
ich und du und die andern uns untereinander nicht
verständigen. Und da sollen wir uns gar von etwas, was
außer uns ist, abhängig machen? ... Wir müssen das
Getriebe der Welt in Harmonie (He 和) bringen. Wenn
es uns ganz gleichgültig geworden ist, dann haben wir
unsere Lebenszeit gut genutzt. Was heißt es, das Getriebe
der Welt in Harmonie zu bringen? Meine Antwort ist:
Was ist, ist nicht (She Bu She 是不是), Rechthaben ist
Nichtrechthaben (Ran Bu Ran 然不然). Wenn das was
ist, wirklich wäre, dann gäbe es auch einen Unterschied
zwischen dem was ist und dem was nicht ist. Aber das ist
unentscheidbar. Wenn Rechthaben wirklich Rechthaben
wäre, so gäbe es auch einen Unterschied zwischen

Rechthaben und Nichtrechthaben. Aber das ist unentscheidbar. Vergeßt die Zeit und vergeßt die Meinungs-
unterschiede! Haltet euch ans Unendliche, denn ihr wohnt
im Unendlichen!"[54]

Natürlich war diese Weisheit den Konfuzianern der
Han-Zeit ein Greuel. Und doch war sie selbst eine Konsequenz des von ihnen propagierten Prinzips der Mitte.
Die Neokonfuzianer der Song-Zeit wußten sie mehr zu
schätzen, und sie hat wesentlich dazu beigetragen, dem
Neokonfuzianismus seine Wendung zum Idealismus zu
verschaffen. Kong Zis 孔子 Philosophie war eine Philosophie des "Unterwegs", und darum war der Weg - Dao
道 - ihm das wichtigste. Ihn zu gehen, hieß für ihn und
seine Schule, sich in der Mitte zwischen dem Unweg-
samen zu bewegen. Lao Zis 老子 Philosophie artikulierte
dem Weg ein Ziel, zu dem nicht hinzugehen, sondern von
dem auszugehen war. Er nannte es auch Dao 道, aber es
war das "Prinzip", das Erste und Begründende für alle
Dinge. Zhuang Zi 莊子 erwies das Dao 道 als Mittelpunkt des unendlichen Kreises Huan Zhong 環中 aller
gegensätzlichen Bestimmungen Liang Hang 兩行, in welchem selbst das Gehen und Ruhen, das Bereden und das
Beschweigen, das Denken und das Träumen, das Leben
und der Tod zum nicht mehr Unterscheidbaren und In-
Finiten zusammenfallen. Es ist das Absolute, für das die
chinesische Philosophie keinen anderen Ausdruck gefunden hat. Aber das so verstandene Absolute ist - wie auch
im Abendland - das Mystische geblieben, in dem auch
noch das Verstehen und das Unverständnis zusammenfallen.

4. Kapitel

Die hermeneutischen Grundlagen der chinesischen Philosophie

1. Zhu Jing 注經 Vermittlung der Klassiker

Weit mehr als die abendländische Philosophie ist die chinesische durch eine hermeneutische Grundeinstellung bestimmt. Wir können uns ihr durch eine Erinnerung an die scholastische Methode nähern, in welcher die Orientierung an Meinungen der Klassiker und Autoritäten noch eine dominierende Rolle spielte.

In der chinesischen Philosophie zeigt sich diese Einstellung darin, daß Philosophieren in erster Linie als Zhu Jing 注經, als kommentierende Vermittlung der Klassiker, betrieben wird. Zhang Zai 張載 (1020-1077 n. Chr.) drückt es so aus, daß es darauf ankomme, die überkommenen Lehren der Klassiker durch Interpretation für die Gegenwart fruchtbar zu machen. Er forderte: "Himmel und Erde vergeistigen, allen Menschen Wohlstand bringen, die verlorene Lehre der Gründerväter wieder lebendig machen und für die Nachwelt Frieden stiften."[1]

Diese Einstellung geht, wie so vieles, auf Kong Zi 孔子 zurück. Er bekennt von sich selbst in den "Gesprächen": Shu Er Bu Zuo, Xin Er Hao Gu 述而不作, 信而好古 "Ich überliefere (nur) und schaffe nicht selbst

(Neues), ich vertraue nur und liebe das Alte."[2] Seine
Schüler übernahmen alle diese Haltung und unterschieden genau zwischen den schaffenden Gründervätern
und denen, die ihre Gedanken und ihr Werk nur ver-
mittelten. Im Buch der Sitten heißt es darüber: "Der
Autor ist der Heilige, der Überlieferer interpretiert nur
sein Werk."[3] Und auch Zhu Xi 朱熹 (1130-1200 n. Chr.)
bekräftigt das mit den Worten: "Nur derjenige, der Neues
erschafft, ist ein Heiliger. Ein Weiser ist derjenige, der
ihre (der Heiligen) Gedanken übermittelt."[4]

Es liegt auf der Hand, daß eine solche Einstellung den
Glauben und das Vertrauen darauf voraussetzt, daß es in
der Vorzeit schöpferische Denker gegeben habe, deren
Leistung weit über das Maß der Gegenwart hinaus-
gegangen sei. Ihr Ehrentitel ist Sheng 聖, was wir mangels eines besseren Wortes mit "Heiliger" übersetzen dür-
fen, zumal die Chinesen selbst dieses Sheng 聖 auch zur
Übersetzung von "Heiliger" im christlichen Sinne benutzen. Im Wortsinn liegt auch für Chinesen die Anerken-
nung von etwas gewissermaßen Übermenschlichem, selbst
wenn ihnen für gewöhnlich ein Begriff für das Göttliche
abgeht, das bei uns solche Heiligkeit verleihen soll.

Wie nun im Westen aus grauer Vorzeit überkommene
Schriften zu "Heiligen Schriften" wurden, die als "göttliche Offenbarung" durch heilige Propheten aufgezeichnet
worden sein sollten und so eine menschliche Autorschaft
erhielten, ebenso hat man es in China mit aus ältester
Vorzeit stammenden Schriften gehalten. Und je mehr sich
diese einem unmittelbaren und einfachen Verständnis
entzogen, um so mehr neigte man dazu, in ihnen übermenschliche Weisheit und Tiefe zu vermuten, die nur
Kulturheroen besitzen konnten.

Sind die alten Großkulturen sämtlich Buchkulturen, deren älteste Schriften besonders beachtet und gepflegt wurden, so macht es doch einen wesentlichen Unterschied, in welcher Weise eine Schrift ihren Inhalt transportiert. Eine Buchstaben- oder Silbenschrift gibt den Lautbestand einer gesprochenen Sprache wieder. Sie wird bei den zwangsläufig eintretenden Veränderungen der Aussprache ihrer Schriftzeichen mit dem Ablauf der Zeit zunächst eine historische Schrift und in vielen Fällen zuletzt die Schrift einer "toten Sprache" werden, die überhaupt nicht mehr gesprochen, sondern allenfalls gelesen wird. Fixiert die Schrift aber so den Lautbestand (wie immer er auch beschaffen gewesen sein mag), so hat offensichtlich der Bedeutungs- und Sinnbestand einer solchen Sprache keine Stütze. Er muß aus dem Kontext und der Kenntnis der ganzen Sprache mühsam konstruiert oder rekonstruiert werden. Die Sinnkonstruktion nach Maßgabe anderer Sprachen wird zum hermeneutischen Hauptgeschäft im wissenschaftlichen Umgang mit solchen Sprachen.

Anders liegt die Sache bei den Schriften, die nicht Lautungen, sondern Sinn und Bedeutungen direkt fixieren. Den Umgang mit ihnen ist der Abendländer nicht gewöhnt, und so neigt er leicht dazu, seine Gewohnheiten und Erwartungen auch auf diese zu übertragen. Sinn-Schriften lenken die Aufmerksamkeit und das Verstehensbemühen direkt auf das einzelne Schriftzeichen. Man muß seine lautliche Aussprache nicht unbedingt kennen, und die historischen Veränderungen der "Belautung" einer solchen Schrift werden zum Gegenstand des philologischen Konstruktions- oder Rekonstruktionsgeschäfts. Derartiges kann sich der Abendländer allenfalls

am Beispiel der mathematischen Zahlensymbole (bei ge-
nügender Internationalisierung der mathematischen No-
tationssysteme) vor Augen stellen: Man liest sie in allen
Sprachen anders, aber man geht davon aus, daß ihre
Bedeutung immer dieselbe ist.

Sinnschriften können sich verschiedener Mittel zur
Sinnfixierung bedienen. In einer lebendigen Kommunikationsgemeinschaft genügen aufmerksamkeits- und erinne-
rungsstimulierende Marken, die gegebenenfalls umfassende Sinnkomplexe zu evozieren gestatten. In Herr-
schaftssymbolen, Wappen, Fahnen und ihren Farben sind
sie auch bei uns noch im Dienst. Eigentliche Sinn-
schriften werden sie durch ihre Bildlichkeit, die "Ikoni-
zität", und ihre Stilisierung zu leicht reproduzierbaren -
schreibbaren und wiedererkennbaren - Einheiten.

Dieser wesentliche Unterschied zwischen ikonischen
Sinnschriften und nichtikonischen Lautschriften kommt
nun bei jeder Betrachtung des Umganges chinesischer
Gelehrten mit ihren Literaturdenkmälern ins Spiel. Die
chinesischen Schriftzeichen (ebenso wie die ursprünglichen ägyptischen Hieroglyphen) notieren durch einfache, jedoch mehr oder weniger stilisierte Bilder sinnlich ausweisbarer Gegebenheiten - es gibt davon 214 von
den Philologen stilisierte sogenannte Radikale - und
durch deren Zusammensetzungen zu komplexen Bildern
den Sinngehalt von Wörtern. Dieser ist gemäss den
Radikalen entweder ein unmittelbar sinnlich ausweisbarer Sachverhalt - man könnte es empirisches Faktum
nennen - oder etwas Abstraktes bzw. eine theoretische
Vorstellung. Und derartiges muß sich dann aus dem Verhältnis von Radikalen oder auch von Komplexen derselben zueinander im Zeichen oder aus der metaphorischen

Übertragung des Bildgehaltes der Radikale auf das sogenannte nicht Anschauliche ergeben.

Ersichtlich geben die üblichen abendländischen Lautschriften dem bildhaft-sinnlichen oder dem sogenannten
abstrakten und "unanschaulichen" Denken einen unbe-
grenzten Raum für Evokationen und Imaginationen frei.
Der Lautschriftleser muß sich selbst "ein Bild davon
machen", was die sprachlichen Laute bedeuten könnten.
Bleibt das Lautbild solcher Literatur konstant, so wird die
Bedeutungsebene gewissermaßen flüssig und kann sich
jedem zeitlich oder räumlich veränderten Denken an-
passen. So lesen wir unsere Vorsokratiker und die
Klassiker danach noch immer in den griechischen und
lateinischen Textgestalten und können im allgemeinen
auch mit Vertrauen auf die Philologie davon ausgehen,
daß auch die einstigen Zeitgenossen sie lautlich ebenso
gelesen haben. Aber beim Verstehen des Sinngehaltes
können wir uns keineswegs so dumm oder naiv stellen,
daß wir in die Lage geraten könnten, von allem Sinn- und
Bedeutungsreichtum abzusehen, den die späteren Zeiten
entwickelt haben. Wir bringen ihn immer schon mit und
lesen ihn in die dürren Texte hinein. Das Goethesche
"legt ihr's nicht aus, dann legt ihr's unter" beschreibt nicht
einen Fehler des Interpretationsgeschäfts im Abendland,
sondern gerade sein eigentliches Wesen.

Ganz anders ist die Lage bei der sinnfixierenden chinesischen Zeichenschrift. Die Lautungen haben sich im
Laufe der Jahrtausende und in wechselnden Verkehrs-
und Isolationslagen der diese Schrift benutzenden Völker
erheblich verändert. Aber die Zeichen haben sich im allgemeinen über die Jahrtausende und über die ostasia-
tischen Völkergrenzen hinaus konstant erhalten. Das ist

nicht zuletzt eine der bedeutendsten Kulturleistungen des chinesischen Zentralstaates, der die Pflege der Schriftzeichen immer für eine der vornehmsten Staatsangelegenheiten gehalten und sie niemals privatem Neuerungswillen überlassen hat. Wenn sich abendländische Denkeroriginalität ganz wesentlich in der Erfindung neuer Worte für (vorgeblich) neue Begriffe und Sinngehalte niederschlagen konnte, so wäre die Einführung neuer Schriftzeichen, sei es von neuen Radikalbildern oder neuen Kombinationen aus den alten Radikalen stets als Verbrechen oder auch als Ungebildetheit erschienen. Und so ist auch nichts über solche Versuche überliefert, wohl aber vieles Klagen über die Fehler unkundiger Abschreiber. Von einem chinesischen Raimundus Lullus, der etwa die Radikale zu neuen Zeichen zusammengefügt oder komplexe Zeichen durch weitere Radikale zu noch komplexeren "Denkbildern" erweitert hätte, ist nichts bekannt geworden. China war und ist gezwungen, mit seinen traditionellen Zeichen auszukommen und auch fremde oder neue Ideen mit dem Sinngehalt der alten Zeichen zu verschmelzen.

Daß ein solches sinnfixierendes Schriftinstrument die Aufmerksamkeit auf die Ursprünge lenkt, dürfte auf der Hand liegen. Man unterstellt den Erfindern gleichsam natürlicherweise, daß sie über höchste Weisheit und Einsicht verfügt hätten, um das Wichtigste und Wesentliche aus allen Sinnbereichen in eine überschau- und lernbare Zahl von sinnlich-dinglichen Zeichen einzufangen. Etymologie der Zeichen wird von selbst zu einer Lehre vom wahren und eigentlichen Sinn, und selbst die kühnste Spekulation muß um den Nachweis bemüht sein, daß das zu Denkende und Auszusprechende, ja auch das Unaussprechliche nur und nichts anderes als der wahre und eigentliche Sinn bestimmter Zeichen sei.

Alle chinesischen Schriftzeichen bestehen aus einzelnen Strichen, und nach ihrer Anzahl werden sie (innerhalb einer Anordnung nach den 214 Radikalen) in den Wörterbüchern aufgelistet. Das hat in China seit den ältesten Zeiten ein Interesse daran erzeugt und wachgehalten, ob und wie evtl. die Schriftzeichen aus einfachsten Strichformen gebildet worden sein könnten. Und gemäss der Sinnvermutung auch gegenüber den einfachsten Zeichen (einige Radikale bestehen nur aus einem Strich) mußte man auch in allen primitiven Strichen einen bestimmten Sinngehalt voraussetzen, obwohl manche davon nur von den Philologen der Abzählbarkeit wegen als "Radikale" isoliert worden sind.

2. Die Logik des Yi Jing 易經

Nun gibt es unter den "heiligen Schriften", den Jing-Schriften, in China das Yi Jing 〈易經〉, das Buch der Wandlungen. Neben und - wie wir meinen - vor allem anderen Sinngehalt, dem man ihm seit jeher unterlegte, scheint es sich vor allem deswegen ständigen Interesses erfreut zu haben, weil man darin gleichsam einen Blick in die Werkstatt der Sprachzeichenerfindung werfen zu können meinte. Es wird deshalb gewöhnlich auch dem sagenhaften Kaiser Fu Xi 伏羲, dem angeblichen Erfinder der Schriftzeichen, zugeschrieben. Und wie in China auch später Schriftbestandspflege und Schreibungsreformen kaiserliche Angelegenheiten blieben, so hat man auch die späteren Herrscher zu weiteren Autoren des

Yi Jing 〈易經〉 erklärt. Fu Xi 伏羲 (sein Regierungs-
antritt wird auf das Jahr 2852 v. Chr. datiert) soll die acht
Gua 卦-Zeichen erfunden (oder aus den Sedimentmustern
des Gelben Flusses und des Lo-Flusses abgelesen) haben.
König Wen 文 soll dann etwa 1143 v. Chr. daraus die 64
weiteren Bie-Gua 別卦-Kombinationen - die bekannten
Hexagramme - entwickelt und mit kurzen Erläuterungen
versehen haben. Als Dritter hat dann angeblich der
Herzog von Zhou (Zhou Gong 周公) um 1105 v. Chr. die
Symbole durch weitere sprachliche Sätze erklärt und
ihnen vor allem prognostischen Sinn für Glück und Unglück zugesprochen. Kong Zi 孔子 schätzte das Yi Jing
so hoch, daß man ihm auch die berühmten Shi Yi 十翼,
die "zehn Flügel" bzw. Kommentare, zuschrieb, die bis
heute als Text zum Yi Jing mit abgedruckt werden. Sie
sind aber Kommentare aus seiner Schule.

Das Yi Jing 〈易經〉 als Buch oder Schrift zu bezeichnen, ist eigentlich nur wegen der Kommentare in ge-
läufigen Schriftzeichen zu demjenigen erlaubt, was seinen wesentlichen (und wahrscheinlich uralten) Kern-
gehalt ausmacht. Dieser besteht nämlich in einem Algorithmus von Kombinationen zweier unterschiedlicher
Striche: einerseits horizontalen durchgehenden Linien
oder Balken, und andererseits unterbrochenen horizontalen Linien oder Balken. Man schreibt und druckt sie
freilich meist in der Breite gewöhnlicher Schriftzeichen,
und zumindest der durchgehende Strich sieht auch wie
ein Radikalzeichen (isoliert auch als Zeichen für die Zahl
1 verwendet) aus. Im Abendland gibt es kein damit
vergleichbares Symbolsystem, das zu kombinatorischen
Weiterungen ausbaufähig gewesen wäre. Hier mußte man
bis auf Leibniz warten, der nicht ohne Anregungen durch

mühselig eingeholte Informationen über das Yi Jing 〈 易 經 〉 eine duale Zahlennotation entwickelte, wie sie heute der numerischen Computertechnik zugrunde liegt.[5] Dies wurde dann selbst wieder ein Grund für manchen chinesischen Interpreten, auch alle Computertechnologie auf das Yi Jing 〈 易經 〉 zurückzuführen und deren Konstruktionsprinzipien darin wiederzufinden.

Daß die Zwei-Strich-Symbole älter sein müssen als die Schriftzeichen, erkennt man schon daran, daß ihre Kombinationsgestalten und sie selbst nicht zu selbständigen Schriftzeichen geworden sind. Und das spricht auch dafür, daß sich die Schriftzeichen nicht aus ihnen entwickelt haben. Man kann aber wohl von ihnen sagen, daß ihr Algorithmus als eine Art hermeneutische Denkmaschine gewirkt hat, die vielleicht auch schon bei der Erfindung der Schriftzeichen Anregungen gegeben hat.

Worauf es nämlich ankommt, ist, daß in einer systematischen Variation aller möglichen Kombinationen aus zwei Grundzeichen (Yao 爻 genannt) zunächst in Zweierkombinationen (den Xiang 象, das Zeichen bedeutet hier Symbol oder bildhaftes Zeichen), dann Dreierkombinationen (den Ba Gua 八 卦 bzw. acht Gua-Zeichen, Trigrammen) und schließlich in 64 Sechserkombinationen (den Bie Gua 別 卦 bzw. Neben-Gua, Hexagrammen) an der Stellung der beiden Grundzeichen im kombinierten Zeichen sichtbar und kontrollierbar wird, welches Zeichen etwa "vorherrscht", indem es öfter als das andere vorkommt, welches "zurücktritt", indem es weniger oft als das andere vorkommt, welches "unten" liegt und somit das Obere trägt, welches "oben" liegt und somit von den anderen getragen wird. Und natürlich werden die "reinen" Kombinationen aus nur einer

Strichsorte besonders auffällig. Der Ingeniosität der
systematischen Variation zur Darstellung aller gegebenen
Möglichkeiten von Kombinationen entspricht nun eine
ebensolche formale Ingeniosität der Kommentare, jeder
Lage der einzelnen Striche in der Dreier- oder Sechserkombination sowie den Lagen von Zweierkombinationen
in den Dreier- und der Dreier- in den Sechserkombinationen, kurz, den formalen Eigenschaften der komplexen Gestalten besondere Bedeutungen zuzusprechen,
die sich zu einem "formalen" Gesamtsinn des jeweiligen
Zeichens zusammenfügen. Das führte zu einer recht aus-
gefeilten Kategorienlehre für die Beschreibung der Stellungen und Lagen der einzelnen Striche und ihrer
einzelnen Kombinationen in der Gesamtkombination. Es
ist die Rede vom Rang der sechs Lagen (von unten nach
oben in der Sechserkombination), vom Vorherrschen und
Zurücktreten (oder "Lauern") der Zeichen, von "Gehen"
und "Kommen" der Zeichen, von "fest" und "schwach",
von "Korrektheit", wenn die durchgehenden Striche auf
dem 1., 3. und 5. Platz von unten, die unterbrochenen auf
dem 2., 4. und 6. Platz stehen, von "Inkorrektheit", wenn
es anders ist, schließlich von den mannigfaltigen Beziehungen, die sich zwischen den einzelnen Lagen noch
ergeben können, und vielem anderen mehr.

Um sich eine angemessene Vorstellung von dem zu
machen, was im Yi Jing 〈 易經 〉 aus den genannten Bedingungen der Zeichenkombinationen schon über den
"formalen" Sinn eines komplexen Zeichens zu wissen ist,
noch ehe es auf irgendeinen Gegenstand oder Sachverhalt bezogen wird, so denke man an das, was
gewöhnlich ein Mathematiker schon einem Formelaus-
druck ansehen kann, ehe er seine Variablen mit inhalt-

lichen Begriffen ausfüllt. Das Ersetzen der Formelvariablen durch inhaltliche Begriffe etwa der Physik liefert dem Physiker recht komplexe Vorstellungen über die Verhältnisse der Faktoren in einem bestimmten Naturbereich. Nichts anderes geschieht nun auch - mutatis mutandis - bei der Benutzung der Yi Jing 〈易經〉-Symbole für die Erklärung beliebiger inhaltlicher Sachverhalte aus den mannigfaltigsten Wirklichkeitsbereichen.

Auch im Yi Jing 〈易經〉 unterstreicht der Herzog von Zhou 周公 in seinen Erläuterungen zu den 64 Bie-Gua 別卦 zunächst die formale Bedeutung des Symbolschematismus dadurch, daß er die beiden Yao 爻-Striche durch Zahlenwerte belegt. Der einfache Strich bedeutet "formal" die Neun, der durchbrochene Strich bedeutet die Sechs. Warum diese Zahlenwerte gewählt wurden, darüber kann man nur spekulieren. Jedenfalls erfreut sich die Neun bis heute einer gewissen Hochschätzung, was auch mit einem gewissen Abstand für die Sechs gilt. Feng Yulan 馮友兰, wohl der bedeutendste neuere Philosophiehistoriker Chinas, hat jedenfalls auch keine Erklärung dafür gefunden.[6] Des weiteren betrachtet Zhou Gong 周公 die "formale" Stellung der Neuner- und Sechser-Yao 爻 im Verband des ganzen Bie Gua 別卦-Zeichens, nämlich in "erster Position" (von unten gezählt), "in zweiter Position" usw. bis zur "sechsten Position" (oben). Diese Verwendung von Zahlausdrücken zur Beschreibung des Formalismus hat natürlich immer zu interpretatorischen Nachfolgen geführt. Man kann das, was daraus entstand, eine Kabbala des Yi Jing 〈易經〉 nennen.[7]

Aber nennen wir nun diese "formalen" Sinnbestimmungen des Yi Jing 〈易經〉 nicht eine Quasi-Mathematik, obwohl sie im chinesischen Denken über die Natur eine durchaus vergleichbare Stellung einnehmen wie die Mathematik in der abendländischen Physik. Sie reichen entschieden weiter und wurden in der Tat auch auf ganz andere Bereiche angewandt als jemals die Mathematik des Westens. Wohl aber können wir sie eine formale hermeneutische Logik des chinesischen Denkens nennen. Daß eine solche hier entwickelt wurde, erklärt geradezu, warum Äquivalente zu dem, was im Abendland formale Logik wurde, nur in Ansätzen entstanden. Es war angesichts der Denkschulung am Yi Jing 〈易經〉 wenig Bedarf dafür vorhanden.

Worin besteht nun diese hermeneutische Logik, und wie schult sie das Denken? Vom Sinn des Zeichens ausgehend, ist sie zunächst einmal eine reine intensionale Begriffslehre. Die Kombinationen der Striche im Yi Jing 〈易經〉-Symbol legen die Verknüpfung von zwei verschiedenen Intensionen oder Begriffsmerkmalen offen. An dieser Stelle arbeitet die westliche Begriffslogik seit Platon und Aristoteles in den Definitionslehren mit den beiden unterschiedlichen Intensionen-Komplexen: den generischen und den spezifischen Merkmalen, die den Merkmalsgehalt eines Begriffs ausmachen. Die generische Merkmalsgruppe entstammt einem höheren Gattungsbegriff, die spezifischen Merkmale treten in dessen (zu definierenden) Artbegriff hinzu und unterscheiden jeden "spezifischen" Artbegriff von den anderen Artbegriffen, die ebenfalls unter dieselbe Gattung fallen. Einen Begriff anhand seiner Definition zu "haben" und zu durchschauen bedeutet demnach, mittels seiner generischen Merkmale zu wissen, welcher Gattungsbegriff mittels seiner generischen Merkmale intensional in ihm enthalten ist und welche generischen Merkmale er mit den anderen Artbegriffen unter dieser Gattung gemeinsam hat. Zugleich muß man sein "Spezifikum" (auf welches gewöhnlich die namentliche Bezeichnung hinweist oder woher dieselbe genommen ist) kennen, das ihn mittels seiner "spezifischen Differenz" sowohl vom Gattungsbegriff selbst als auch - in negativer Abgrenzung - von seinen Nebenarten unterscheidet. Um ein Beispiel zu nennen: Um zu wissen, was der Begriff "Tier" bedeutet, muß man wissen, daß in ihm die generischen Merkmale von "Lebewesen" enthalten sind, und weiterhin, daß das "Tierische" als Spezifikum jedes Tier - negativ - von den Pflanzen unterschiedet, die ebenfalls Lebewesen sind. Soweit die reguläre intensionale Begriffsbildung der westlichen Logik.

Es gibt freilich daneben eine irregulär zu nennende Begriffsbildung, die man bis auf Heraklit zurückführen kann: die Bildung der widersprüchlichen Begriffe oder der sogenannten dialektischen Begriffe (contradictiones in terminis). Sie sind zu allen Zeiten benutzt worden und haben sich auch als höchst fruchtbar erwiesen. Gleichwohl ist ihre begriffslogische Struktur wenig durchschaut. Zünftige Logiker haben sie gewöhnlich als Vehikel des "Falschen" - wie jede Gestalt des Widerspruchs - aus der klassischen Logik verbannt, wie ja überhaupt alles "Dialektische" bei ihnen als falsches und wirres Denken gilt. Gleichwohl ist ihre begriffslogische Struktur leicht offenzulegen, und sie verspricht etwas Wesentliches an der Yi Jing 〈 易經 〉-Logik sichtbar zu machen. Dialektische bzw. widersprüchliche Begriffe sind dadurch gekennzeichnet, daß sie zusätzlich zu generischen und spezifischen Merkmalen auch noch die spezifischen

Merkmale von Nebenartbegriffen (unter der gleichen
Gattung) in sich aufnehmen, die Obengesagtem gemäss
als das negative Gegenteil der eignen spezifischen Differenzen gelten. Deshalb sind in ihrem Intensionengehalt
geradezu sich ausschließende Merkmale miteinander
verknüpft: Was man von dem einen positiv behaupten
kann, muß man zugleich von dem anderen verneinen, und
umgekehrt. Und so werden Urteile mit solchen dialektischen Begriffen immer positiv und negativ zugleich
wahr und auch falsch sein. Um es am obigen Beispiel zu
zeigen: Die Nebenart zu "Tier" ist "Pflanze", und es ist
klar, daß Tiere nicht Pflanzen ("Nicht-Pflanzen") und
Pflanzen nicht Tiere ("Nicht-Tiere") sind. Eine dialektische Verknüpfung beider wäre das "Pflanzen-Tier" oder
die "Tier-Pflanze". Von einem solchen Begriff muß gelten, daß er zugleich und in gleicher Hinsicht etwas
Tierisches und Nicht-Tierisches und ebenso etwas
Pflanzliches und Nicht-Pflanzliches meint. Dergleichen
scheint es in der Wirklichkeit nicht zu geben. Aber die
heuristische Fruchtbarkeit des dialektischen Begriffs
zeigt sich sofort darin, daß man eine genaue Vorstellung
darüber haben kann, wie es beschaffen sein müsste, wenn
es dies gäbe. Und erst dann kann man gezielt danach
forschen, ob es derartiges nicht doch wirklich gibt, oder
man kann ein Züchtungsprojekt daraus entwickeln. Wird
etwas derartiges aber gefunden oder erzeugt, so ist klar,
daß man dieses Gebilde nicht mehr unter einen solchen
dialektischen Begriff faßt, sondern es als Unterart
entweder unter die Tiere oder die Pflanzen stellt, je
nachdem, welcher Charakter in ihm überwiegen mag.[8]

Was hat nun im Vergleich dazu die Yi Jing 〈 易經 〉 -
Logik zu bieten? Versuchen wir es anhand der acht

Trigramme - der Ba Gua 八卦 - herauszustellen, jenem Teil des Yi Jing 〈 易經 〉, das man dem Fu Xi 伏羲 zuschreibt.

Es handelt sich um acht Zeichen, die aus jeweils drei Strichen übereinander gebildet sind. Die Unterschiede ergeben sich aus der Anzahl und dem Verhältnis der einfachen und der unterbrochenen Striche (den Yao 爻) in ihnen. Sie sehen folgendermaßen aus:

Die acht Trigramme (Ba Gua 八卦) des Yi Jing

Jedes der acht Gua 卦-Zeichen steht ersichtlich für einen (formalen) Begriff, und die Zahl und Lage der beiden Stricharten in ihnen drückt seine formalen intensionalen Merkmalsverhältnisse aus. Da diese acht Begriffsgestalten ihrerseits aus zwei einfachen Zeichen, eben den beiden Yao 爻-Stricharten, gebildet sind, muß man diese als einfache Intensionen behandeln. Sie ergeben zwei allgemeinste Grundbegriffe - wir werden später sehen, daß sie gewöhnlich und auch im Yi Jing 〈 易經 〉 auf "Yang" 陽 und "Yin" 陰 bezogen werden. Wir können sie als "kategoriale" Gattungsbegriffe ansehen, deren Merkmale in die von ihnen abgeleiteten acht Gua 八卦-Begriffe eingehen.

Die Art und Weise, wie die Artbegriffe aus den beiden Grundgattungen hervorgehen, macht nun den grundsätzlichen Unterschied der Yi Jing 〈 易經 〉-Logik zu allen westlichen Begriffslehren aus. Allenfalls die dialektische Logik kann hier Hinweise auf die zugrundeliegende Denkweise geben. Betrachten wir die beiden äußeren Artbegriffe 1 und 8, so sehen wir, daß in ihnen die reinen generischen Merkmale der Ausgangsgattungen gleich dreimal notiert sind und keine weitere spezifische Differenz hinzutritt. Was sie nach westlichen Vorstellungen bedeuten könnten, das müsste man eine Art Potenzierung eines Merkmals (in dritter Potenz) in einem Begriff nennen.

Dergleichen kommt in der westlichen Logik nicht vor, es sei denn, man nimmt die sog. lullische Ars combitoria hinzu, in welcher auch gelegentlich ein Wortzeichen mit sich selbst kombiniert werden durfte. Carolus Bovillus (Charles Bouillé ca. 1470 - ca. 1553 n. Chr.) hat so in seinem Buch "Über den Wissenden"[9] den Menschen als "homo-homo" und den Weisen gar als "homo-homo-homo" definiert. Wohl aber kommt dergleichen in der Mathematik und in der mathematisch-physikalischen Begriffsbildung vor, die auf der lullischen Kunst beruht.[10] Nehmen wir als Beispiel die "mathematische" Definition des Würfels als a^3 (Kante mal Kante mal Kante), so können wir uns eine Vorstellung davon machen, wie aus der Potenzierung eines Begriffs von einer geraden begrenzten Linie (die nichts Körperhaftes an sich hat) ein von solchen Linien begrenzter Körper definiert und "erklärt" wird. Logisch müsste man einen solchen Kubus ein "Kante-Kante-Kante-Ding" nennen. Dem Physiker fällt es nicht schwer, nach diesem Beispiel auch Begriffe von

Zeitquadraten oder höherdimensionalen Zeitgebilden zu definieren. Und er ist gewöhnlich stolz darauf, daß solche "exakten" Begriffe sich so auffällig von normalen bzw. alltagssprachlichen Begriffen unterscheiden. Daß er sich dabei aber auf dialektische Logik einlässt, das würde er unter Berufung auf die Autonomie der mathematischen Begriffsbildung mit Entschiedenheit zurückweisen. Abgesehen von der Potenzbildung bei mathematisch-physikalischen Begriffen aber wäre es in der üblichen logischen Begriffsbildung ein Unding, einen Begriff dadurch zu bilden und zu definieren, daß in ihm irgendein intensionales Merkmal mehrmals vorkommt. Wohl aber kommen in einzelnen chinesischen Schriftzeichen manche Radikale doppelt und sogar mehrmals vor. Der Sinn dieser Zeichen aber ist jeweils ein anderer als der Sinn der einfachen Radikalzeichen, ebenso wie in der abendländischen Geometrie der Sinn von "a" (Linie) ein anderer ist als der von "a^2" (Quadratfläche).

Zwischen dem ersten und dem achten Gua 卦 sind die übrigen (Nr. 2-7) dadurch definiert, daß in ihnen das generische Merkmal der einen Gattung dominiert, indem es noch zweimal vorkommt. Als spezifische Merkmale muß man zunächst die Intension der anderen Gattung ansehen, die das Gua 卦 in sich aufnimmt. Spezifisch sind aber auch die Lage und Anordnung der beiden Strichzeichen im Verhältnis zueinander und somit der Intensionen im Gesamtzeichen des Gua 卦. Diese kann man nur durch Hinweis auf das Bild klarmachen, oder man muß sie umständlich beschreiben und sich bildhaft vorstellen können.

Dialektisch an dieser Artenreihe der Gua 卦 unter zwei Grundbegriffen ist es nun, daß die Artbegriffe Nr. 2-7 in

ihrem Merkmalsbestand jeweils Merkmalsanteile der
anderen Artbegriffe aufweisen. Man muß daher logisch
von ihnen sagen können, daß dasjenige, was sie ausdrücken, sowohl dasselbe wie auch nicht dasselbe ist wie
das jeweils andere. Dies können wir uns am Beispiel der
Reihe der Farbenarten klarmachen. Nach klassisch-
westlicher Logik sind die Farben spezifisch nur zu be-
nennen: rot, gelb, blau, usw. Ihr generisches Merkmal ist,
daß sie insgesamt "Farben" sind. Damit muß es nach
westlichen Begriffen vom Begriff sein Bewenden haben.
Man kann nicht in die Definition aufnehmen, ob und wie
sie etwa durch Mischung von bestimmten Ausgangs-
farben auseinander hergestellt werden könnten, vielmehr
lässt sich das nur in theoretischen Urteilen über die
Farben explizieren. Die Begriffslogik des Yi Jing 〈 易
經〉ist nun aber gerade darauf abgestellt, auch diese
Herkunft und Entstehung von irgendetwas in der Be-
griffsstruktur auszudrücken und somit in die formale
Definition mit aufzunehmen. Man kann davon ausgehen,
daß der Name des Werkes selbst: Yi 易 - die Wandlung -
gerade dies meint. Indem jede Art etwas von einer anderen Art in sich aufnimmt und enthält - und diesem
Anteil eine bestimmte Stellung zuweist -, drückt der Artbegriff zugleich seine Herkunft und sein gleichursprüng-
liches Entstehen mit und aus den anderen Arten aus. Dies
verhält sich ganz ebenso, wie man sagen kann, daß das
Grün aus der Mischung von Gelb und Blau (nach Goethes
Farbenlehre) entstanden sei, und dies gemäss spezifischen Mischungsverhältnissen. Und gemäss der Yi
Jing 〈 易經〉-Logik wird man dann noch zu beachten
haben, daß alle Farben aus dem reinen Hellen und dem
reinen Dunklen (was auch als Bedeutung von Yang 陽

und Yin 陰 vorausgesetzt wird) als reinsten Intensionen bzw. Gattungen herstammen.

Man sieht nun leicht, wie diese Begriffslogik und ihr Prozedere auf eine weitere Stufe der Unterartbildung durchschlägt. Die Gua 卦-Intensionen werden nach derselben Schematik als generische und spezifische Merkmale zu sechsteiligen Begriffskonstellationen zusammengeführt. Daraus ergeben sich die dem König Wen zugeschriebenen 64 "Neben-Gua" (Bie Gua 別卦). Mit ihnen denkerisch umzugehen, stellt sicherlich eine beachtliche Leistung der Vergegenwärtigung und der Imaginationskraft dar, die man allenfalls mit dem mathematischen Umgang mit sehr komplexen Differentialgleichungen vergleichen kann. In diesen Bie Gua ist die Herkunft des jeweiligen Begriffs aus den Yao 爻 und den Gua 卦 mitzudenken (so, wie man bei unseren logischen Begriffen im Prinzip ja auch alle generischen Merkmale der ganzen Gattungsreihe über einem Begriff mitzuvergegenwärtigen hat). Hinzu treten aber noch die spezifischen Lagen und Konstellationen aller dieser Intensionsingredienzen zueinander, die jeweils genau zu beachten sind.

Daß dabei von primitivem Denken keineswegs die Rede sein kann, dürfte klar geworden sein. Der westliche Interpret neigt freilich unter dem Paradigma des Fortschritts allzu leicht dazu, Altes und Anfängliches grundsätzlich für primitiv und schlicht zu halten und alles Raffinierte und Elaborierte für allfällige spätere Ausarbeitung. Man kann es aber auch gerade umgekehrt sehen, und das haben die chinesischen Gelehrten seit jeher getan und so allem Anfänglichen und Begründenden höchsten Respekt und gediegenste Aufmerksamkeit

entgegengebracht. Will man gleichwohl auf westlichem
Standpunkt beharren, so wird man nicht umhinkommen,
die Yi Jing ⟨ 易經 ⟩-Logik für das Endprodukt einer
langen Entwicklung zu halten, von der keine schriftliche
Kunde berichtet. Und dies wird man ja auch von den so
schlicht scheinenden Thesen der Vorsokratiker bei uns
sagen können, von deren schriftlosen Vorgängern auch
nichts überliefert ist.

Wir haben bisher explizite Hinweise auf die Anwendung der Yi Jing ⟨ 易經 ⟩-Logik auf inhaltliche Begriffe
vermieden, und zwar, um die formale Struktur dieser
Logik einigermaßen zu erhellen. In der Tat kann natürlich
nur die Anwendung solcher Denkmuster auf die Begriffe
ganzer Wissensbereiche die Fruchtbarkeit und Effizienz
des Verfahrens demonstrieren. Diese Anwendung haben
die alten "heiligen" Denkmeister mitgeleistet. Zhou
Gongs 周公 Erläuterungen der Stellungen des Neuner-
Yaos und des Sechser-Yaos sind solche Zuordnungen
inhaltlichen Sinnes, der sich auf Lagediagnosen und
Handlungsempfehlungen daraus bezieht. Es heißt etwa:
"Anfangs (ganz unten auf Platz eins) eine Neun bedeutet:
Verdeckter Drache. Handle nicht!" oder: "Neun auf zwei-
tem Platz bedeutet: Erscheinender Drache auf dem Feld.
Fördernd ist es, den großen Mann zu sehen!"[11] Daß im
1973 aufgefundenen Mawangdui-Text, der älter ist als
alle sonst bekannten überlieferten Yi Jing-Texte, gelegentlich andere Zeichen und somit andere Anwendungs-
beispiele vorkommen, dürfte unsere These vom formalen
Charakter der Yi-Jing-Logik bestätigen. Da die späteren
Kommentatoren mit diesem Instrument die Hauptbegriffe
des Bereiches, den wir grob mit Natur umschreiben,
logisch zu klären bemüht waren, wurde das Yi Jing

〈 易經 〉 zum "heiligen" Klassikerwerk aller chinesischen Naturphilosophie und Naturwissenschaft. Aber man sollte beachten, daß man dabei einen recht weiten Begriff von Natur zugrunde legte, der vieles von dem in sich faßte, was man heute anderen Bereichen zuteilt. Das ist aber auch bei den Werken unserer Vorsokratiker, die meistens "Peri Physeos" (Über die Natur) schrieben, nicht anders.

Was in der Natur wichtig und auffällig ist, das wurde auch im Chinesischen von Anbeginn verwortet. Es gibt Wörter und älteste Schriftzeichen für den Himmel (Tian 天), die Erde (Tu 土), das Feuer (Huo 火), das Wasser (Shui 水) und anderes. Die Detaillierung der empirischen Naturphänomene und der Reichtum an Wortmaterial stehen denjenigen westlicher Sprachen in keiner Weise nach. Nun ist es aber nicht so, daß das Yi Jing 〈 易經 〉 aus den bekannten und benannten Naturphänomenen eine Auswahl getroffen und diese definiert hätte. Es bezieht die formalen Denkmuster der Yao 爻-Striche und der Gua 卦-Komplexe aus ihnen auf eine Klasse von Begriffen, von denen man allenfalls sagen kann, daß sie gewisse Eigentümlichkeiten und Eigenschaften der Naturphänomene, die diesen gemeinsam und mehr oder weniger zukommen, zum Ausdruck bringen. Auch diese Begriffe gehören zum allgemeinen Wortbestand, sie sind nicht etwa künstlich gebildet.

Genauer handelt es sich um die folgenden: Der einfache Yao 爻-Strich wird auf den Begriff Yang 陽 bezogen, der durchbrochene Yao 爻-Strich auf den Begriff Yin 陰. Die Etymologie der Schriftzeichen für Yin 陰 und Yang 陽 zeigt, daß Yin 陰 die sonnenabgewandte Seite eines Berges, Yang 陽 die sonnenzugewandte Seite eines Berges bedeutet. Gemäss der Natur der chinesischen

Schriftzeichen kann man dies ganz buchstäblich - besser
gesagt: ganz bildlich - nehmen, und so werden die Worte
auch im heutigen Wortschatz noch gelegentlich benutzt.
Man kann und sollte es aber auch zugleich in jeder
beliebigen Weise metaphorisch verstehen: Das, was der
Fall ist und geschieht, wenn die Sonne einen Abhang
bescheint, und was auf der Rückseite der Fall ist, soll
vorgestellt und gedacht werden. Die Yao 爻-Striche interpretieren es: als ein Durchgehendes und als ein Unter-
brochenes, und derartiges muß sich nun in und an allem
zeigen, was mit diesen Intensionen konstruiert wird.

Die acht Gua 卦 -Zeichen werden auf die folgenden
Begriffe bezogen:

1. Qian 乾. Das Zeichen bedeutet "in ständiger Bewegung". Dasselbe Zeichen als "Gan" gelesen bedeutet auch
"trocken". Man denkt sogleich daran, daß die Sonnen-
einstrahlung die Luft in Bewegung bringt und die
Sonnenseite des Berges austrocknet. Drei Yang 陽-Striche im Ba Gua 八卦-Trigramm stellen es logisch dar. Im
Mawangdui-Yi Jing-Text steht (bei den Hexagrammen)
an dieser Stelle Jian 键 Riegel eines Tores, Beginn,
Wachstum, aber auch Sternsame.

2. Dui 兑. Das Zeichen bedeutet "Durchdringen" oder
auch "Dunstiges" und "Heiteres". Zwei Yang 陽-Striche
bilden die Basis und tragen den oben aufliegenden Yin
陰-Strich. Was in Bewegung (und trocken) ist, wird von
Yang 陽 getragen und bewegt und von Yin 陰 zugedeckt.
Der Mawangdui-Text hat hier Duo 奪 Berauben, Ab-
handenkommen.

3. Li 離. Das Zeichen bedeutet "leuchtend". Das Leuch-
tende besteht oben und unten (außen) aus Yang 陽, in der

Mitte eingeschlossen ist ein Yin 陰-Strich. Der Mawang-dui-Text hat hier Luo 羅 Netz, Einfangen.

4. Zhen 震. Das Zeichen bedeutet "Erschüttern". Yang 陽 liegt zugrunde und wird durch zwei Yin 陰 zugedeckt und zurückgehalten. Gleiches Zeichen auch im Mawang-dui-Text.

5. Xun 巽. Das Zeichen bedeutet "Eindringen". Zwei Yang 陽 decken ein Yin 陰 an der Basis zu, oder das starke Yang 陽 überwältigt das schwache Yin 陰. Im Mawangdui-Text stehen hier Ge 箇 Pflanzenstengel und Suan 算 Zählen, Rechnen.

6. Kan 坎. Das Zeichen bedeutet "Einsinken", auch "Grube". Ein Yang 陽 liegt in der Mitte zwischen zwei Yin 陰, die es nach außen abschirmen. Im Mawangdui-Text steht hier Gan 贛 Schenken, Übergeben.

7. Gen 艮. Das Zeichen bedeutet "Hemmen" oder "An-halten". Ein schwaches Yang 陽 wird von zwei Yin 陰 getragen und am Durchdringen gehindert. Der Mawang-dui-Text hat Gen 根 Wurzel.

8. Kun 坤. Das Zeichen bedeutet "Erdhaftes". Es wird durch drei Yin 陰-Striche dargestellt, das reine Yin 陰 ohne jede Vermischung mit Yang 陽. Im Mawangdui-Text steht Chuan 川 Fluß, Strom.

Die acht Gua 卦-Zeichen werden in der genannten Reihenfolge u. a. auch direkt auf manifeste Naturphäno-mene bezogen, nämlich auf 1. Himmel, 2. See, 3. Feuer, 4. Donner, 5. Wind, 6. Wasser, 7. Berg und 8. Erde, und so wird es in westlichen Darstellungen wegen der "natur-philosophischen" Anwendung gerne übernommen. Auch der Mawangdui-Text verfährt teilweise so, obwohl auch bei ihm offenbar die Anwendung auf Situationsdiagnosen und -prognosen im Vordergrund steht. Aber man muß beachten, daß diese sämtlich Anwendungen sind.

Werfen wir noch einen Blick auf die dem König Wen (Wen Wang 文王) zugeschriebenen 64 Bie Gua 別卦-Zeichen. Sie ergeben sich, wie bereits gesagt, durch die möglichen Variationen der Kombination von je zwei Gua 卦-Zeichen zu sechsteiligen Gebilden, den Hexagrammen. Die verknüpften Gua 卦 werden übereinander angeordnet, und man sieht sofort, daß dadurch auch im Innern der Bie Gua 別卦-Zeichen zwei neue Gua-Gestalten entstehen, nämlich aus den Strichen 5 bis 3 von unten und 4 bis 2 von unten. Auch diese sind mitzubeachten für den logischen Gesamtsinn des Bie Gua 別卦-Zeichens. Die Zuordnung von inhaltlichen Begriffen zeigt sehr deutlich, daß der Definitionsbereich dieser Logik weit über Naturphilosophisches hinausgeht. Es handelt sich wiederum um Lagen, Konstellationen, Spannungszustände, Bewegungen, die sowohl in der Natur als auch im gesellschaftlichen und sittlichen Leben vorkommen und die - wie der Titel des Yi Jing 〈易經〉 ja sagen will - die Veränderungen und "Wandlungen" aller Verhältnisse und ihre Herkunft aus anderen Lagen und Konstellationen ausdrücken.

Der grösste Fehler bei der Interpretation sowohl der Gua 卦 wie der Bie Gua 別卦 besteht im allgemeinen darin, die zugeordneten Begriffe für Eigennamen dieser Yi Jing 〈易經〉-Symbole zu halten. Sie werden freilich oft so verwendet, weil dies für den Kenner ein einfaches Mittel ist, ein bestimmtes Gua 卦 oder Bie Gua 別卦 zu evozieren. Aber wenn sie hier Eigennamen wären, müssten sie ihren sprachlichen bzw. Schriftzeichensinn eingebüsst haben. Dieser muß aber beim Umgang mit dem Yi Jing 〈易經〉 gerade vorausgesetzt und festgehalten werden, denn er soll ja durch die Gua 卦- und Bie-Gua 別卦-Strukturen gerade logisch expliziert und definiert werden. Macht man sich das klar, so wird man die Auswahl und Zuordnung der relevanten Begriffe durchaus als ingeniös und außerordentlich scharfsinnig bewundern.

Einige Beispiele mögen das zeigen. Zunächst ergibt sich, daß auch in der Reihe der Bie Gua 別卦 wieder Kombinationen der reinen Yin 陰- bzw. Yang 陽-Komplexe auftauchen, und sie werden wiederum denselben Begriffen zugeordnet wie bei den Gua 卦. Diese bilden gewissermaßen die Eckpfeiler des Systems. Es handelt sich um ein doppeltes Qian 乾 (Gua 1) am Anfang der Reihe und um ein doppeltes Kun 坤 (Gua 8) am Ende (Beachte aber die oben genannten andersartigen Einsetzungen im Mawangdui-Text). Man könnte sie jeweils Yang 陽 bzw. Yin 陰 in Sechserpotenz nennen, aber um mathematische Vorverständnisse abzuhalten, ist es angemessener zu sagen, daß im Bie Qian 別乾 das Yang 陽 am reinsten zur Geltung kommt, und ebenso im Bie Kun 別坤 das Yin 陰. Dasselbe muß für die Verdoppelungen der übrigen Gua 卦 gelten, die ebenfalls denselben Begriffen wie ihre einfachen Gua 卦 zugeordnet werden. Eine Sonderstellung müssen dann auch die Kombinationen von Qian 乾 und Kun 坤 einnehmen. Diese werden den Begriffen Pi 否 und Tai 泰 zugeordnet. Bei Pi liegen die drei Yang 陽-Striche oben, die drei Yin 陰-Striche unten. Das Schriftzeichen Pi 否 bedeutet etwas Schlechtes, Übles, Abwehrendes und Stockung. Yin 陰 und Yang 陽 sind in ihrer natürlichen Ordnung streng getrennt, der Himmel hat sich gleichsam von der Erde

zurückgezogen, sie wirken nicht aufeinander ein, es
kommt keine Bewegung und Wandlung zustande. Bei Tai
泰 ist es das Gegenteil: Die drei Yin 陰-Striche liegen
oben, die drei Yang 陽-Striche unten. Das Schriftzeichen
Tai 泰 bedeutet Friedlichkeit, auch Glück. Die Struktur
macht deutlich: Friedlichkeit herrscht, wenn Yang 陽
allem zugrundeliegt und alles Yin 陰 (von unten her)
durchdringen kann.

Nehmen wir von den gemischten Bie Gua 別卦 noch
folgende als Beispiele: Fu 復 Wiederkehr, Umkehrung
und Wende, Hin und Her, wird erklärt aus der Zusammensetzung von Zhen 震 (Gua 4) unten und Kun 坤 (Gua
8) oben. Eine Erschütterung durchdringt von unten alles
Erdhafte. Die Struktur zeigt zugleich: Ganz unten gibt es
nur noch einen einzigen ("schwachen") Yang 陽-Strich,
über ihm fünf Yin 陰-Striche. Es ist ein Extrem erreicht,
von dem her Yang 陽 von unten her wieder alles Yin 陰
durchdringen kann. Das nennt man "Wieder". Das Gegenteil ist Bo 剝, Zersplitterung, Verminderung. Das Bie
Gua 別卦 enthält unten Kun 坤 (Gua 8) und oben Gen
艮 (Gua 7): Das Widerständige wird vom Erdhaften nach
oben weggedrängt. Nur noch ein ("schwaches") Yang 陽
ganz oben kann sich gegenüber fünf Yin 陰 unten halten
und verbürgt keine Ordnung und Gestaltung mehr. Eine
Katastrophe bahnt sich an.

Was bisher behandelt wurde, kann man als Problematik zweier disziplinärer Gegenstandsbereich der Philosophie ansehen. Zum einen handelt es sich um die intensionale Logik mit ihren formalen Xiang 象-, Gua 卦- und
Bie Gua 別卦-Strukturen für Begriffe. Deshalb haben wir
die Formalismen des Yi Jing 〈 易經 〉 eine Yi Jing 易經 -
Logik genannt. Zum anderen geht es um die Anwendung

dieser Begriffsstrukturen auf inhaltliche Begriffe, und dies führt zu "Definitionen" dieser inhaltlichen Begriffe. Diejenigen Begriffe, die dazu ausgewählt und herangezogen werden, kann man einer Ontologie zurechnen: Es sind ontologische Grundbegriffe, Kategorien, die Grundcharaktere, Eigenschaften, "Kräfte", Dispositionen, Tendenzen, u. ä. der Wirklichkeit insgesamt ausdrücken. Die beiden Grundzeichen (Yao 爻) werden auf die "obersten Kategorien" Yin 陰 (das Erdhafte, Dunkle, Schwache, Anschmiegsame, Empfangende, Weibliche) und Yang 陽 (das Himmlische, Helle, Starke, Gewaltsame, Durchdringende, Männliche) bezogen. Aus den vier Kombinationskonstellationen der Yao 爻 (Xiang 象 i. e. S.) ergeben sich vier abgeleitete Artbegriffe, gleichsam "Prädikamente": das "starke Yin" (Tai Yin 太陰, mit zwei Yin 陰-Strichen dargestellt) und das "starke Yang" (Tai Yang 太陽, mit zwei Yang 陽-Strichen) sowie das "schwache Yin" (Xiao Yin 小陰) und das "schwache Yang" (Xiao Yang 小陽) (jeweils aus beiden Stricharten gemischt). Aus jeweils drei Yao 爻-Strichen ergeben sich die acht Gua 卦-Trigramme als Unterartbegriffe, gleichsam eine Reihe von ontologischen Postprädikamenten. Und aus der Kombination der Gua 卦-Trigramme zu Hexagrammen ergeben sich die vierundsechzig Bie Gua 別卦 als "Unter-unter-Artbegriffe", welche die konkreteste Nomenklatur für die Wirklichkeitsbeschreibung definieren. Zwischen diesen und den acht Gua 卦 werden in schematischen Druckanordnungen aber auch noch die hier fehlenden Vierer- und Fünferkombinationen angegeben, so daß sich eine schöne dihäretische Begriffspyramide von sechs Stufen entwickeln lässt.

Bemerken wir aber, daß dadurch der Bereich metaphysischer Fragestellungen und Begriffsdefinitionen ausgespart blieb; die Frage nämlich nach der letzten Einheit, dem "Prinzip", auf welches die beiden Grundkategorien evtl. zurückgeführt bzw. von dem her sie abgeleitet werden konnten. Diese Lücke auszufüllen war später das Anliegen aller Schulen im Streit um die Dao 道-Definition. Und um das Problem des Dao überhaupt als Problem zu artikulieren, mußte ihnen allen die Logik und die Ontologie des Yi Jing〈易經〉als Ausgangsbasis dienen. Es galt, das Gemeinsame bzw. die Einheit von Yang 陽 und Yin 陰 zu "definieren" und es auf den Begriff zu bringen. Für die meisten Denker blieb der Dao-Begriff ein Postulat dieser Einheit. Das gilt auch noch für Zhou Dun-yi 周敦頤 (1017-1073 n. Chr.), der diese Einheit, aus der Yin 陰 und Yang 陽 und alle Dinge hervorgehen sollten, als Tai Ji 太極 - das Große Letzte (auch als "Infinites", "Ur-Idee", "the Great Ultimate" übersetzt) - bezeichnete.[12] Ersichtlich bezeichnet auch Tai Ji 太極 nur ein formales Non-plus-ultra, aber es kann nicht inhaltlich ausdrücken, was es ist. Wir zeigten schon an anderer Stelle, wie es die Konfuzianer im allgemeinen versuchten, das eine der beiden Yao 爻 zum ersten zu machen und das andere davon abzuleiten. Da wurde gewöhnlich das Yang 陽 zum You 有 - Sein - erklärt, das auch das Yin 陰 als Wu 無 - Nichts - hervorbringt. Wang Bi 王弼 (226-249 n. Chr.) schlug das Umgekehrte vor und erhob das Yin 陰 als Wu 無 - Nichts - zum Ersten, aus dem auch das Yang 陽 als You 有 - Sein - erst hervorgehen sollte. Das wurde dann metaphysische Grundlage des buddhistischen Daoismus. Einzig Lao Zi 老子 löste das Problem systemkonform, indem er Dao 道 als

dialektische Verschmelzung von Yang 陽 und Yin 陰 -
Sein und Nichts - und somit als contradictio in terminis
konstruierte.[13]

Die dem Herzog von Zhou 周公 zugeschriebenen
"hinzugefügten sprachlichen Sätze" lassen sich als Anwendungen der logisch definierten ontologischen Be-
grifflichkeit auf die einzelnen Bereiche der Wirklichkeit
verstehen. Im Vordergrund stehen die einzelnen Naturphänomene, aber dazu gehört auch der ganze Bereich der
Kulturphänomene und insbesondere der Bereich menschlicher Situationen und ethischer Verhaltensweisen. Es ist
dieser Anwendungsbereich, der das Yi Jing 〈 易經 〉 jederzeit für die chinesische Naturphilosophie, aber auch
für die moralische und politische Situationsdiagnose und
die Prognosen (Orakel, Chen Wei 讖緯) so interessant
und dienlich gemacht hat. Angewandt werden ausschließlich die Bie Gua 別卦, also die Hexagramme. Der
Text (der beigefügten Sätze des Zhou Gong) spricht
zuerst die Definition des dem Hexagramm zugeordneten
Begriffs aus und beschreibt dann eine Situation, auf die
er zutrifft. Zeigen wir es nochmals für das Hexagramm
der reinen (sechs) Yang 陽-Striche. Es definiert Qian 乾
mit den Worten: "Des Himmels Bewegung ist kraftvoll."
Die Situation, auf die die Konstellation anwendbar ist,
wird umschrieben: "So macht der Edle sich stark und
unermüdlich." Für das reine Yin 陰-Hexagramm "Kun"
坤 wird definiert: "Der Zustand der Erde ist die empfangende Hingebung." Eine Anwendungssituation lautet: "So
trägt der Edle weiträumigen Wesens die Außenwelt."[14]

Lassen wir es damit genug sein. Der Leser wird sich
selbst seinen logischen Reim auf die übrigen Bie Gua
別卦-Strukturen machen können. Es ist nicht nur ein

reizvolles Spiel - und hat sicher der Erfindung vieler
Spiele Pate gestanden -, sondern in erster Linie eine
Herausforderung, sich bei so vielen auch jetzt noch in der
chinesischen Alltagssprache verwendeten Wörtern reich-
lich Gedanken zu machen, was alles an möglichen Sinnkomponenten in ihnen liegt und wie sie auf die persönlichen und die Gesamtlagen und Situationen anwendbar sind.

Betonen wir aber nochmals den hermeneutisch frucht-
baren Gesichtspunkt. Der chinesische Gelehrte ist spätestens seit Kong Zi 孔子 vor allem Schriftgelehrter. Sein
Denken ist geradezu eingenommen von den Bildern der
Schriftzeichen, die ihn immer wieder lehren, die Bedeutung eines Wortes oder Begriffes aus den Bedeutungskomponenten der Einzelbestandteile der Schriftzeichen zu einem Gesamtsinn zu vereinen. Derartiges
kann durch keinerlei Lautschrift erreicht werden. Es ist
nur ein schwaches Äquivalent dafür, wenn der westliche
Gelehrte (und er muß dann schon ein Sprachgelehrter
sein) bei der Lautung eines Wortes, das er kennt und
benutzt, zugleich an die Etymologie und die mancherlei
verschiedenen Sinnbesetzungen denkt, die solcher Lautung gleichsam wie Schatten anhaften können. Dann mag
er seine Sprache vielleicht so benutzen, wie es der chinesische Gelehrte in der Regel tut. Und man weiß, welche Herausforderungen des Denkens dabei entstehen und
auf wieviel Unverständnis die Ergebnisse der Denk-
bemühungen derer gestoßen sind, die es vermochten.

Die chinesischen Schriftzeichen setzen sich, wie wir
sagten, aus den Radikalen zusammen, die selber schon
Schriftzeichen sind. Es dürfte kein Zufall sein, daß die
Anzahl kombinierter Radikale in den einzelnen Schrift-

zeichen selten die Zahl sechs übersteigt. Dies gilt jedenfalls dann, wenn man aussagekräftige bildhafte Radikale
zählt und nicht - wie die chinesischen Philologen - jede
Strichart selbst oder wenn man mit ihnen auch manches
selbst aus Radikalen zusammengesetzte Bild wohl aus
Gründen ökonomischer Verteilung in den Wörterbüchern
zu den Radikalen rechnet. Sechs ist auch die Zahl der
Bestandteile der Bie Gua 别卦. Das Mittlere sind die
Zeichen aus drei Radikalen, und sie haben in den Gua 卦
ihr logisches Äquivalent. Die Yi Jing 〈易經〉-Kommen-
tare haben auch die Zweierkombinationen der Yao 爻-
Striche aufmerksam beachtet und daraus eine Lehre von
den vier Xiang 象 (vgl. den nächsten Abschnitt), den
"einfachen Bildern" gemacht, in denen sie darstellbar
sind. Zuletzt aber führt dies wieder auf die einfachen
Radikale zurück: wie gesagt 214 in den klassischen
chinesischen Wörterbüchern für alle Wörter, zwei Yao
(Yin 陰- und Yang 陽-Striche) im Yi Jing 〈易經〉. Ob
dem noch ein einziges zu Denkendes zugrunde liegen
könnte und ob es in Zeichen und Sprache zu fassen wäre
oder das Unaussprechliche und nicht Darzustellende blie-
be, das wurde, wie wir schon ausführten, zum großen
metaphysischen Thema aller chinesischen Schulphiloso-
phien. Es ist das Thema vom Dao 道 als Prinzip aller
Dinge.

Der Parallelismus der Yi Jing 〈易經〉-Logik und der
Schriftzeichenbildung macht es ohne weiteres verständlich, daß man ihre Erfindung denselben Kulturheroen bzw. Heiligen zugeschrieben hat. Sicherlich können sie auch nicht unabhängig von einander entstanden
sein. Wir möchten jedenfalls vermuten, daß der Entwurf
der Yi Jing 〈易經〉-Logik der Zeichenerfindung lange

vorausging. Darauf deuten zumindest die Kombinations-
weisen und die Begrenzung der Zahl der Komponenten
der Zeichen hin. Es scheint, daß man lange und große
Übung im Umgang mit dem Yi Jing 〈易經〉-Formalis-
mus gehabt haben muß, um ein Schriftzeichensystem
nach derselben Logik aufzubauen. Nicht zuletzt ist es ein
starkes Argument für die spätere Entstehung der Schriftzeichen, daß man sie mit Hilfe der Yi Jing 〈易經〉-
Symbole gedeutet und definiert hat - und nicht umgekehrt, wie wir zu zeigen versuchten.

Gehen aber die Yin Jing 〈易經〉-Symbole den Schriftzeichen voraus, so daß sie schon in schriftloser Vorzeit
das Denken anregten - und auch ohne Schrift wurde und
wird gedacht und geredet, was man in alten Buchkulturen allzuleicht vergißt -, so kann man sie auch als eine
andere chinesische Schriftart bezeichnen, ähnlich etwa
gewissen mathematischen und logischen Notationen, die
allen beliebigen Ausfüllungen und Belegungen offenste-
hen. Und nur dann kann es nicht verwundern, daß man
sie als älteste Gedächtniszeichen, für Orakel und Progno-
sezwecke und nicht zuletzt zum Spiel benutzte.

Und das ist auch jetzt noch so. Wer sich der Yi Jing
〈易經〉-Logik zu einer Diagnose seiner eigenen
Situation und zur Prognose seines künftigen Schicksals
bedienen will, der macht eine Anwendung auf seinen
eigenen Fall. Er braucht sich nur eine Zahl aus den 64 für
die Bie Gua 別卦 zu erwürfeln (das Schicksal oder sein
eigenes Geschick wird ihm schon die passende "zuchan-
cen"). Dann kann er an der Struktur des Zeichens sehen,
wie die Gua 卦-Komponenten zueinander stehen, wieviel
Yin 陰 und Yang 陽 darin vorkommt und wo sie stehen,
und er wird sich schon denken, was das Ganze zu be-

deuten hat. Das zugeordnete chinesische Wort sagt es auf vornehm-verfremdete und beeindruckende Weise: ob der Tiefpunkt erreicht ist und die Kehre zum Besseren sich anbahnt, ob er mit sich und der Welt in Frieden ist, oder ob es steil auf die Katastrophe zugeht. Wer sich davon beeindrucken lässt, dem mag es Trost und Hoffnung, Ermunterung und Bestätigung, Warnung oder gar den letzten Schlag verabreichen, und fixiert auf das "magische" Zeichen sieht und denkt er nichts anderes mehr - und führt dann gerade das herbei, was ihm verheißen wurde.

3. Yan Yi 言意 Sprache und Gedanke

Wenn es zutrifft, wie wir zu zeigen suchten, daß die Logik des Yi Jing 〈易經〉 dazu dienen soll und kann, den Sinn- und Bedeutungsgehalt von Begriffen - und damit von Schriftzeichen - genauer und sicherer zu bestimmen und zu fixieren, als es die Evokationen der Schriftzeichen alleine vermöchten, so erhält eine dem Kong Zi 孔子 zugeschriebene Aussage aus den Yi Jing 〈易經〉-Kommentaren besonderes Gewicht, denn sie zeigt, daß dem Kommentator der Sachverhalt genau vor Augen stand. Der Satz lautet: "Der Meister sprach: Die Schrift kann die (Bedeutung der) Worte nicht restlos ausdrücken. Die Worte können die Gedanken nicht restlos ausdrücken." Der Schüler fragt nun: "Dann kann man also die Gedanken der Heiligen nicht erfassen?" Darauf wieder der Meister: "Die Heiligen erstellten die Xiang 象 (d. h. die vier Zweierkombinationen von Yao 爻-Strichen), um ihre Gedanken aufzuzeichnen, sie bildeten

die Gua 卦, um Richtiges und Falsches zu beschreiben,
und sie fügten dann noch Sätze bei, um (dies mit)
Wörter(n) zu (be)schreiben."[15]

Nun ist es aber eine Sache, die alten Texte mit Hilfe
der Yi Jing 〈易經〉-Logik lesen und verstehen zu wollen, wie es offensichtlich Kong Zi 孔子 versucht hat, und
eine andere Sache, dies ohne diese Hilfe unternehmen zu
wollen, wie es natürlich viele Gelehrte betrieben, die das
Yi Jing 〈易經〉 verschmähten oder gar nicht verstanden.
Dies um so mehr, als das Yi Jing 〈易經〉 sehr bald
vorwiegend als ein Klassikerwerk der Naturphilosophie
galt. So wundert es nicht, daß die Frage nach dem Sinn
der Texte sich mehr und mehr auf die rein sprachliche
oder philologische Seite beschränkte.

In der Wei-Jin-Periode hatten sich die Meinungen über
die Ausdrucksfähigkeit der Sprache in zwei Theorien
konsolidiert. Die eine Meinung behauptete: Yan Bu Jin
Yi 言不盡意 Die Sprache (oder die Wörter) kann den
Sinn nicht (restlos) ausdrücken. Die Gegenmeinung lau-
tete: Yan Jin Yi 言盡意 Die Sprache kann den Sinn
(restlos) ausdrücken.

Als Wortführer der ersteren Meinung profilierte sich
Xun Can 荀粲 (209-238 n. Chr.). Sein Bruder fragte ihn
bei einem Gespräch über gelehrte Werke und seine
Methode, nur auf den (einfachen) Wortsinn zu achten,
warum (Kong Zis Schüler) Zi Gong 子貢 behauptet habe,
man könne die Worte des Meisters über die Natur und
die Weltordnung nicht verstehen. Xun Can 荀粲 antwortete: "Im Yi Jing heißt es: Die Heiligen erstellten die
Xiang 象, um ihre Gedanken aufzuzeichnen, und sie
fügten Sätze hinzu, um die Xiang zu erklären. Was
unsere Sprache ausdrücken kann, ist nur ein Ober-

flächliches, aber die Tiefe der Gedanken kann man nicht in der Sprache zum Ausdruck bringen."[16] An anderer Stelle führt er diesen Gedanken vom Yan Bu Jin Yi genauer aus: "Die feinsten Ideen können nicht durch die Symbole (象 im Yi Jing 〈 易經 〉) ausgedrückt werden. Obwohl es (im Yi Jing) heißt, daß die Gedanken durch die Xiang 象 (Symbole) ausgedrückt werden könnten, so bezieht sich das nicht auf das außerhalb der Xiang Liegende. Und obwohl es heißt, daß das Sprachliche durch die Wortverknüpfungen ausgedrückt wird, so bezieht sich das nicht auf das außerhalb (der Sprache) Liegende. Darum bleiben (die feinsinnigsten) Gedanken und (der unausgesprochene Sinn der) Sprache weg und treten nicht hervor."[17] Was er damit sagen will, wird man vielleicht logisch auf den Anwendungsbereich, die Extensionen der Begriffe, und sprachlich auf die vielfältigen Sinnassoziationen der Wörter beziehen können. Xun Can 荀粲 trägt hier vor allem der ästhetischen Bedeutung der Sprache Rechnung, die ja in der Poesie immer mehr zu denken und zu assoziieren gibt, als sie wörtlich sagt. Und das spielte dann später auch in der ästhetischen Diskussion eine große Rolle. Jedenfalls ist Xun Can 荀粲 aus diesen Überlegungen zu der Konsequenz weitergetrieben worden, die schlechthin die "Klassizität der Klassikerschriften" in Frage zu stellen geeignet war: "Obwohl es die sechs heiligen Schriften (noch) gibt, sind sie doch nur leere Hülsen von Heiligen."[18]

Hier deutet sich ein hermeneutischer Nihilismus an. Denn wenn der Tief- oder Hintersinn der heiligen Schriften nicht verstehbar sein soll, so kommt das auf dasselbe hinaus, als ob es ihn nicht gäbe. Zugleich eröffnet es die Perspektive eines hermeneutischen Konstruktivismus, der

beliebigen Konstruktionen von Hintersinn Tür und Tor
öffnet. Das wird weder in China noch bei uns offen ausgesprochen, aber es kennzeichnet allen Umgang mit Klassikern, ja die Institution des Klassikertums selbst. Solange die heiligen Schriften nur ihrem Literalsinn nach
noch genug Einsicht und Interesse zu bieten haben, wird
er offen für die Projektion des je eigenen Geistes des
Interpreten der Schule oder des Zeitalters. Es ist, mit
Goethe zu sprechen, der Herren eigener Geist, der sich
nun in ihnen spiegeln kann. Die heiligen Schriften und
die Klassikerwerke werden zum Spiegel, in denen die
Späteren sehen, was sie selbst vor den Spiegel getragen
haben.

Die Gegenposition des Yan Jin Yi 言盡意 - daß die
Sprache den Sinn ausdrücken kann - wird von Ou-yang
Jian 歐陽建 (gest. 300 n. Chr.) in seiner "Theorie vom
Ausdruck des Sinnes in der Sprache" (Yan Jin Yi Lun
言盡意論) vertreten. Er bettet das hermeneutische Problem in seine realistische Erkenntnistheorie ein. "Formen
sind unabhängig von Bezeichnungen, denn sie zeigen an
sich selbst Kreise und Vierecke. Farben sind unabhängig
von Bezeichnungen, denn sie sind an sich selbst dunkel
oder hell."[19] Und weiter: "Sind die Ideen (davon) ins
Bewußtsein getreten, so kann man sie doch nicht ohne
Sprache erfassen. Obwohl sich die Dinge an einem bestimmten Ort befinden, so kann man das nicht ohne Bezeichnungen klarmachen."[20] Hier gibt es eine gleichsam
natürliche Entsprechung. "Die Bezeichnungen verändern
sich gemäss der Veränderung der Dinge. Die Sprache
paßt sich der Veränderung der Ideen an, so wie Stimme
und Lautung, Körper und Schatten, die immer zusammenstimmen und nicht in zweierlei auseiananderfallen.

Wenn sie nicht in zweierlei auseinanderfallen, kann man dann sagen, daß die Sprache die Gedanken nicht ausdrücken könne?"[21]

Hier spricht sich, wie man bemerkt, ein empiristischer Common sense aus, der die Sprache ganz und gar instrumentalistisch nimmt. Die Erfahrungen und die aus ihnen gewonnenen Ideen sind bei allen Menschen dieselben. Die Sprache mit ihren Wörtern ist nur ein Hilfsmittel, diese Ideen manipulierbar, mitteilbar, evozierbar zu machen. Es ist offensichtlich dieselbe Auffassung, die man in Aristoteles' Hermeneutikschrift finden kann und die auch von daher unsere abendländischen Vorstellungen von der Funktion von Sprache weitgehend geprägt hat. Aber gerade diese Übereinstimmung mit einem Sprachverständnis, das Sprache wesentlich als gesprochene Sprache und die Schrift als Lautschrift nimmt, lässt vermuten, daß Ou-yang Jian 歐陽建 kein großer Schriftgelehrter gewesen sein kann (wenn er auch Bibliotheksbeamter und später Bürgermeister war). Er hat nicht bemerkt, daß eine ikonische Schrift ganz anders, mehr und detaillierter Ideen und Vorstellungen ins Bewußtsein bringt als eine pure Lautevokation. Von der Präzisierung der Evokationen durch die Begriffslogik des Yi Jing 〈易經〉 scheint er nichts begriffen zu haben. Beziehen wir gleichwohl seine These vom Yan Jin Yi 言盡意 auch auf die Schriftzeichen, so besagt sie, daß auch das elaborierteste Sprachsystem nicht mehr an Ideen im Bewußtsein eines Hörers und Lesers evozieren kann, als dieser selbst ohne Sprache durch Anschauung der Dinge und Erfahrungen mit ihnen mitbringt.

In den beiden genannten Positionen von Yan Bu Jin Yi 言不盡意 und Yan Ji Yi 言盡意 haben wir die zwei

Extreme, zwischen denen sich die hermeneutische Diskussion entfaltete. Daß diese Diskussion aufkam und sich dahin entwickelte, das rührt von dem metaphysischen Grundproblem her, zu dem auch das Yi Jing 〈 易經 〉 nur hinführte, ohne es lösen zu können, und um dessen Lösung dann alle Schulen rangen. Es ist die Frage nach der letzten Einheit, dem Prinzip, dem Dao 道, das der anfänglichen Zweiheit der Yao 爻 (Yin 陰 und Yang 陽) zugrundeliegen mußte, und das durch die Yi Jing 〈 易經 〉-Logik gerade nicht ausgedrückt werden konnte. Alle sprachen vom "Dao 道", und so auch Kong Zi 孔子. Als Wort ist es sehr als alt und hat seinen schlichten und einfachen Sinn von "Weg" bis heute bewahrt. Das Schriftzeichen zeigt "Kopf über Weg", und das lud natürlich selbst schon zu mannigfaltigen Spekulationen ein: Man muß seinen "Kopf in Bewegung setzen", um es zu erfassen, es bezeichnet eine "Denkbewegung", es ist die "Bewegung des Denkens" selbst, und diese kann sich wieder in vielerlei "Methoden" (auch in diesem griechischen Begriff ist auf "Wege" verwiesen) stilisieren. Man kann auch deuten: Es ist der "Kopf" im Sinne des "Ausgangs" einer Bewegung, und vermutlich hat ihm diese Deutung den Sinn des "Prinzips", des "Ersten" verschafft, den die Griechen mit "Arché" bezeichneten: den Ursprung und das eigentliche Wesen. Was man in China Metaphysik nennen kann, das ist immer Dao 道-Spekulation gewesen.

Aber wie im Abendland der Arché-Begriff, so ist auch Dao 道 damit nur als eine formale Kategorie bestimmt, und so wird er auch in erster Linie verwendet. Die inhaltliche Frage, was als Dao oder Prinzip ausgezeichnet wird und wie dieses zu denken sei, wird damit nicht

beantwortet. Eine Antwort dieser inhaltlichen Art ist im
Yi Jing ⟨ 易經 ⟩ nur insinuiert: Es muß dasjenige sein,
aus dessen Einheit die Zweiheit der Yao 爻 (nämlich Yin
陰 und Yang 陽) hervorgehen. Und es muß sich in der
inhaltlichen Erklärung der Dinge darin zeigen, was Yin
陰 und Yang 陽 - Irdisches und Himmlisches, Dunkles
und Helles, Weibliches und Männliches - als Einheit umfaßt und durchdringt. Aber diese Einheit geht in die Yi
Jing ⟨ 易經 ⟩-Logik, wie wir sahen, nicht ein. Diese setzt
mit der Zweiheit der Yao 爻 an und erklärt alle Dinge
aus diesen. Und auch das Bild des Schriftzeichens gibt
dafür nichts her. Kurzum, man weiß, daß es dieses Eine
geben muß, aber was und wie es ist, das lässt sich
schwerlich in Worte fassen oder allein aus dem Formalismus entnehmen. Man weiß, wie das Abendland dies
Problem anging. Von Thales' Wässrigem über Anaxi-
manders' Apeiron, die Platonische Idee des Guten, das
Aristotelische Sein, den neuplatonischen Gott reicht die
Kette der metaphysischen Vorschläge bis in die neueren
"-ismen"-Begriffe, und vieles davon findet sich gleich
oder ähnlich bei den chinesischen Metaphysikern.

In China aber war es die große Leistung des Lao Zi 老
子, der logischen Herausforderung des Yi Jing ⟨ 易
經 ⟩ und der formalistischen Rede Kong Zis 孔子 vom
Dao-Prinzip mit einem inhaltlichen Dao 道 zu begegnen.
Daß er mit dem Yi Jing ⟨ 易經 ⟩-Formalismus und Kong
Zis 孔子 Denken vertraut war, das muß man voraussetzen, um seine Antwort auf diese zu verstehen, und
seine Terminologie und Argumentationsweise spricht
jedenfalls klar dafür. Seine Antwort verrät seine Einsicht
in die Grenzen der Sprache und jeden sie stützenden
logischen Formalismus: "Dao 道, das ausgesprochen wer-

den kann, ist nicht das eigentliche Dao 道. Ein Name (Ming 名), der sich dafür nennen lässt, ist nicht die eigentliche Bezeichnung."[22] So beginnt bekanntlich Lao Zis 老 子 Werk Dao De Jing 〈道德經〉, und es lässt im folgenden erst auf der davon abgeleiteten Stufe die Zweiheit als Yin 陰 und Yang 陽 - Erdhaftes und Himmlisches, Nichts 無 und Sein 有, und dann alle Dinge als benennbar und sagbar durch Sprache und Worte erscheinen.

Halten wir fest, daß "Dao" 道 bei Lao Zi 老子 in drei Bedeutungen verwendet wird. 1. meint es "Prinzip", das womit der Anfang zu machen ist. Das ist durch den aussprechbaren Namen zu bezeichnen. 2. meint es dasjenige, was inhaltlich als Prinzip angesetzt werden soll. Und da rügt er Kong Zi 孔子, daß er der Meinung war, dafür genüge eben das erstere: die Bezeichnung "Prinzip". 3. führt Lao Zi 老子 aus dieser metaphysischen Verlegenheit noch die Bedeutung ein, daß es als Bezeichnung für das eigentlich Unsagbare und Unaussprechliche dienen soll: "Ich kenne seine Bezeichnung nicht, aber ich nenne es Dao 道."[23] Das ist dialektisch zu nennen und bei genauem Hinsehen sehr witzig gesagt, aber Witz ist in der Philosophie verpönt, und so sucht man gewöhnlich alles andere als Witz in diesem Satz. Der Satz will aber nicht mehr und nichts anderes besagen, als daß Lao Zi 老子, um mit den Philosophen zu reden, die Bedeutung 1 von Dao 道 als Prinzip beibehalten will, daß er aber die Bedeutung 2 des Kong Zi 孔子 ablehnt, dadurch sei auch irgend etwas Inhaltliches gesagt. Die sich daraus ergebende These ist, daß in der Frage nach dem inhaltlichen metaphysischen Prinzip die Sprache und ihre Schriftzeichen und auch die Yi Jing 〈易經〉-Logik an ihre Grenzen gelangt seien. Weder die logische Konstruktion von Sinn durch zwei Yao 爻-Symbole noch der Schriftzeichensinn von Dao 道 mit seinen zwei Sinnkomponenten "Kopf" (首) und "Weg" (辶) kann uns darüber belehren, wie dieses inhaltliche Prinzip zu denken ist. Es ist, um mit Platon zu reden, die "ungeschiedene Zweiheit" (ahoristos dyas) in der Einheit zu denken.

Das ist natürlich gerade die Grundthese von Yan Bu Jin Yi 言不盡意, allerdings eingeschränkt auf die metaphysische Problematik. Die Ausdehnung auf alles Gesagte und durch Schriftzeichen Ausgedrückte, die Ouyang Jian 歐陽建 vornimmt, entbehrt freilich nicht einer gewissen Konsequenz. Ist das Prinzip wirklich Prinzip und "Wesen aller Dinge", so scheint sich seine Unausdrückbarkeit auf alles davon Abgeleitete ausbreiten zu müssen. Der tiefe und eigentliche metaphysische Hintersinn alles vordergründigen literalen und zeichenmässigen Sinnes muß unausdrückbar bleiben.

Aber Lao Zi 老子 war keineswegs der Meinung, daß dies durch Sprache nicht Ausdrückbare deshalb auch nicht zu denken wäre. Das ganze Dao De Jing 〈道德經〉 dient ja gerade als Hinführung zu dem, was und wie dieses zu denken sei. Man versteht Lao Zi 老子 - und auch Wittgenstein - ganz falsch, wenn man die These aus seinem "Tractatus logico-philosophicus": "Worüber man nicht reden kann, davon muß man schweigen" in dem Sinne nimmt, daß das "Mystische" und Unsagbare nicht zu denken sei.

Gestehen wir Lao Zi 老子 zu, daß das Problem weder mit den Mitteln der Schriftzeichenanalyse noch mit den Mitteln der dualistischen Yi Jing 〈易經〉-Logik zu bewältigen war. Wie es bei ihm gelöst wurde und worauf

die Ausführungen des Dao De Jing 〈道德經〉hinaus-
laufen, haben wir an anderer Stelle zu zeigen versucht.[24]
Lao Zis 老子 metaphysisches Prinzip ist ein dialektischer
Begriff, er hat die logische Struktur einer contradictio in
adiecto, in welchem das sich durch Negation gegenseitig
Ausschliessende zu einer Einheit zusammengefaßt wird.
Das sich Ausschließende sind die beiden Yao 爻, inhaltlich Yin 陰 und Yang 陽 und nach Lao Zis 老子 Interpretation von Yin 陰 und Yang 陽: das Nichts (Wu 無)
und das Sein (You 有). Wo das Dao 道 west, muß demnach die Einheit von Sein und Nichts gedacht werden,
und das zeigen die Beispiele des Dao De Jing 〈道德
經〉: im Haus, in welchem das leere Nichts der Räume
und das volle Sein der Wände und des Materials erst den
eigentlichen Charakter für den Gebrauch, das Bewohnen,
gewährleisten; im Rad, das erst als Einheit des Leeren
zwischen den Speichen und des Vollen der Speichen
selbst zum Gebrauche taugt; im Gefäss, dessen leere
Höhlung im umgebenden Ton zum Schöpfen und Bewahren dienen kann. Und so gilt es auch für den Heiligen und
Lehrer, dessen Tugend (De 德) darin besteht, die Rede
im Schweigen zur eigentlichen Wirkung zu bringen, und
für den Herrscher, der alles im Staate bewirkt, indem er
"nicht eingreift" und in allem Sein das Nichts wirken
lässt.

Bemerken wir noch einmal deutlich, daß die Yi Jing
〈易經〉-Logik selbst ein dialektisches Moment enthält,
wie wir schon oben zeigten. Alles wird aus den beiden
Yao 爻 (Yin 陰 und Yang 陽) erklärt und abgeleitet. Und
wenn Yin 陰 als "Nichts", Yang 陽 als "Sein" verstanden
wird, so sind die Gua 卦 und die Bie Gua 別卦 Gestalten
der Verschränkung von Sein und Nichts. Das hat Lao Zi

老子 klar gesehen und seinen Überlegungen zugrunde gelegt. Aber das Yi Jing 〈 易經 〉 lenkt alle Aufmerksamkeit auf das Vorherrschen des einen oder anderen Yao 爻 im Komplexen, und es lenkt darüber hinaus die letzte Aufmerksamkeit auf das reine und starke Yin 陰 oder das reine und starke Yang 陽. Deshalb entfaltet sich die metaphysische Debatte der Schulen dahingehend, ob das eine oder das andere das eigentliche und allesbeherrschende sei: entweder Yin 陰 oder Yang 陽, entweder Nichts Wu 無 oder Sein You 有. Und darum war die These des Lao Zi 老子, die deren Einheit als Prinzip behauptete, auch für Chinesen schwer zu fassen und kaum zu verstehen. Das ist so geblieben und gilt auch für abendländische Verstehensversuche.

Die Dao-Schule (Dao Jia 道家) - der Daoismus - hielt sich gewöhnlich an das Nichts. Deshalb ging sie vielfache Allianzen und Verschmelzungen mit dem Buddhismus ein, der dasselbe metaphysische Prinzip zugrunde legte. Die Konfuzianer und andere Schulen hielten sich im allgemeinen an das Sein, und nur einige wenige versuchten es mit dem Nichts. Auf jeden Fall nutzten sie an der Dao-Lehre, was für sie verständlich und insofern nutzbar war.

Wang Bi 王弼 (226-249 n. Chr.) unter anderem durch seine Kommentare zum Dao De Jing 〈 道德經 〉 des Lao Zi 老子 und zum Yi Jing 〈 易經 〉 berühmt, interpretierte Dao 道 als Nichts (Wu 無) und ließ das Sein (You 有) und alle Dinge aus ihm hervorgehen. Er hat dadurch die vorwiegende "nihilistische" Deutung von Lao Zi 老子 gleichsam sanktioniert. Wir halten diese Deutung zwar für verfehlt, gleichwohl müssen wir den Scharfsinn bewundern, mit dem er die Intentionen Lao Zis 老子 auf Überwindung der Grenzen der Yi Jing 〈 易經 〉-Logik

und der Sprache erfaßte und im Streit um deren Aus-
drucksfähigkeiten zur Geltung brachte.

Auch er geht von der Voraussetzung aus, daß sowohl
die Yi Jing 〈易經〉-Logik wie auch die Schriftzeichen
nur instrumentellen Charakter besässen. Man kann und
muß sie, wie er in einem schönen Bild sagt, wie eine
Angel benutzen, mit der man die Gedanken-Fische fängt.
Hat man die Fische - die Gedanken oder den Sinn - gefangen, so kann man sie beiseite lassen. Seine Ausführungen sind etwas umständlich, aber offensichtlich auf
Genauigkeit bedacht. Lassen wir ihn selbst zu Worte
kommen: "Was Xiang 象 (d. h. hier alle Yao 爻-, Gua 卦-
und Bie Gua 別卦-Kombinationsformen) betrifft, so
drückt es den Gedanken aus. Was die Sprache betrifft, so
erklärt sie Xiang 象. Der vollständige Gedankenausdruck
geschieht durch nichts anderes als durch Xiang 象. Der
vollständige Ausdruck von Xiang 象 geschieht durch
nichts anderes als die Sprache (Yan 言). Die Sprache
stammt von Xiang 象 her, darum kann man durch die
Sprache Xiang 象 einsehen (verstehen). Xiang 象 stammt
vom Gedanken (Yi 意) her, darum kann man durch Xiang
象 den Gedanken einsehen (verstehen). Der Gedanke
wird durch Xiang 象 ausgedrückt, Xiang 象 durch die
Sprache. Darum erklärt die Sprache Xiang 象, und wenn
man Xiang 象 erfaßt hat, kann man die Sprache (Yan 言)
vergessen (weglassen). Xiang 象 gibt dem Gedanken (Yi
意) Halt. Wenn man den Gedanken erfaßt hat, kann man
Xiang 象 vergessen (weglassen). Es ist wie im Beispiel
des Fangnetzes für den Hasen: Wenn man den Hasen
gefangen hat, kann man das Fangnetz beiseite lassen.
Oder wie bei der Angel und dem Fisch: Wenn man den
Fisch gefangen hat, kann man die Angel beiseite lassen.

Eben weil die Sprache ein Fangnetz für Xiang 象 ist und Xiang 象 eine Angel für den Gedanken. Behält man nur die Sprache, so bekommt man kein Xiang 象. Behält man nur Xiang 象, so bekommt man nicht den Gedanken. Xiang 象 stammt vom Gedanken her, aber wenn einer nur Xiang 象 behält, so ist das, was er behält, nicht das betreffende Xiang 象. Die Sprache stammt von Xiang 象 her. Aber wenn einer nur die Sprache behält, so ist das, was er behält, nicht die betreffende Sprache. Darum erhält der, welcher Xiang 象 vergißt (weglässt), den Gedanken. Der, welcher die Sprache vergißt (weglässt), erhält Xiang 象. Der Gedanke wird erfaßt durch Weglassen von Xiang, Xiang 象 wird erfaßt durch Weglassen der Sprache. Darum drücken die aufgestellten Xiang 象 den Gedanken aus, und Xiang 象 kann man weglassen. Durch die Bilder (der Xiang 象- und Gua 卦-Symbole) drückt man Ideen aus, und die Bilder kann man vergessen."[25]

Damit ist die mittlere Linie im Streit zwischen Yan Bu Jin Yi 言不盡意 und Yan Jin Yi 言盡意 markiert. Aber er ist damit nicht beendet. Heute setzt er sich im Streit zwischen Phonetikern und Ikonikern fort, die die Sprache entweder aus den Lautevokationen der Wörter oder aus den "anschaulichen" Schriftzeichen selbst verstehen wollen. Die mittlere Linie würde hier darin liegen, nicht nur die Radikale selbst und ihre Lautung, wie sie in den Lexika zur Klassifizierung der Schriftzeichen dienen, zu berücksichtigen, sondern auch Komplexe aus ihnen und deren Lautung in den Schriftzeichen, wie es die Yi Jing-Logik schon immer nahegelegt hat.

4. Ji Wang Sheng Kai Lai Xue 繼往聖開來學
Mit den Gedanken der Heiligen zu neuen Lehren.
Die Konsolidierung des Klassikerkanons

Als älteste Schriftdokumente gelten in China zunächst sechs Bücher, die man als die eigentlichen Jing 經, "heilige Schriften" nach unserer Übersetzung, ausgezeichnet hat. Es sind das Yi Jing 〈易經〉(Buch der Wandlungen), das Shu Jing 〈書經〉(oder Shang Shu 〈尚書〉Buch der "historischen" Dokumente), das Li Ji 〈禮記〉(Buch der Sitte), das Shi Jing 〈詩 經〉(Buch der Lieder), das Chun Qiu 〈春秋〉(Frühlings- und Herbstannalen bzw. Chronik des Fürstentums Lu) und das Yue Jing 〈樂經〉(Buch der Musik).

Der Rang und das Ansehen dieser Bücher war immer vorbildlich für das, was man überhaupt von Büchern und Texten erwartete. So wurde es immer auch zu einem natürlichen Bestreben späterer Schulgelehrter, die Schriften ihrer Meister in den Rang der Jing 經 zu erheben. Und so ist es geradezu ein Indiz für die Bedeutung einer Schule oder einer philosophischen Strömung, inwieweit ihnen dies gelang. Auf jeden Fall gibt es deswegen auch später mancherlei Jing 經-Schriften, die in China mehr oder weniger allgemein oder nur in gewissen Kreisen als Jing 經 anerkannt wurden. Wir schlagen indes vor, diese mehr oder weniger "profanen" Schriftwerke nicht als "heilige Schriften", sondern als Klassiker-Schriften zu bezeichnen.

Kong Zis 孔子 Aussage, daß er sich als "Überlieferer" und nicht als Schöpfer betrachtete, bezog sich auf die obengenannten "heiligen Schriften", die zunächst in seiner Rezension auf die Nachwelt gekommen sind. Seine

Tugend war in erster Linie die Bescheidenheit, mit der er bekannte: "Ich bin nicht mit der Erkenntnis der Wahrheit geboren; ich liebe nur das Alte und bin dadurch ein nach Erkenntnis strebender Mensch."[26]

Wie aber konnte es dazu kommen, daß gerade Kong Zi 孔子 selber im nachhinein zu einem Heiligen stilisiert und die Gesprächsaufzeichnungen mit seinen Schülern noch bei den meisten Chinesen als Jing 經 anerkannt wurden, und einige Teile der eigentlichen Jing 經-Schriften so lange als seine eigenen Werke galten? Worin also sahen seine Schüler und spätere Konfuzianer sein kulturheroisches Verdienst? Eine Antwort kann man schon bei Meng Zi 孟子 finden, der wohl am meisten für den Nachruhm des Kong Zi 孔子 gewirkt hat. Er sieht ihn als den vollkommenen Heiligen an, in dem sich die einseitig ausgebildeten Tugenden der früheren Heiligen zur Harmonie und Allseitigkeit vereinigten: "Bai Yi 伯夷 war der Heilige der Reinheit, Yi Yin 伊尹 war der Heilige der Verantwortung, Liu Xia Hui 柳下惠 war der Heilige der Eintracht. Kong Zi 孔子 war der Heilige der rechten Zeit. Kong Zi 孔子 war der Mann, der alle großen Gedanken in sich umfaßte. Einen solchen alle großen Gedanken in sich vereinigenden Mann kann man mit einer Symphonie vergleichen. Die Symphonie setzt an mit dem Ton der Glocke, und sie klingt aus mit dem Klang des Klingsteins. Der Ton der Glocke begleitet die durchgehenden Stimmen, der Klang des Klingsteins beendet sie. Die durchhaltenden Stimmen zu intonieren ist Weisheit, sie bis zum Ende zu begleiten ist Heiligkeit."[27]

Wie ein fernes Echo klingt noch das Lob des Zhu Xi 朱熹, des Begründers des Neukonfuzianismus in der Song-Zeit: "Obwohl unser Meister (Kong Zi 孔子) keinen

Thron bestieg, so nahm er doch die Gedanken der Heiligen auf und inaugurierte eine neue Lehre. Seine Leistung ist die große Fortführung (des Wirkens) der (guten Kaiser) Yao 堯 und Shun 舜."[28]

So wurde Kong Zi 孔子 selbst zum Heiligen und seine Schriften, insbesondere die "Gesprächsaufzeichnungen" (Lun Yu 〈 論語 〉) und andere, die man für seine Schriften hielt, wie die "Große Lehre" (Da Xue 〈 大學 〉) und der Traktat über "Mitte und Maß" (Zhong Yong 〈 中庸 〉), die aber nur Teile des Buches der Sitte (Li Ji 〈 禮記 〉) sind, wurden dann in den Kanon der "heiligen Schriften" eingestellt. Später sind dann auch noch die Werke einiger seiner Schüler, vor allem das Meng Zi 〈 孟子 〉 -Werk, in diesen Kanon aufgenommen worden.

Dieser Zuwendung zu den Jing 經 und zu Kong Zi 孔子 liegt die hermeneutische Maxime zugrunde, daß in ihnen "wenig Worte aber große Gedanken" - Wei Yan Da Yi 微言大意 - angetroffen würden. Darum sollte jede Zeit in ihrer geistigen Arbeit allein darauf gerichtet sein, "mit den Gedanken der Heiligen zu neuen Lehren" zu gelangen - Ji Wang Sheng Kai Lai Xue 繼往聖開來學. Eine dritte Maxime lehrt, wie dies zu geschehen habe: "Durch Anwendung (der Gedanken) in der Welt den Nutzen unter Beweis stellen" - Jing Shi Zhi Yong 經世致用 - oder "(die heiligen Schriften) praktisch fruchtbar machen" - Tong Jing Zhi Yong 通經致用. Es handelt sich um das, was man in der abendländischen Hermeneutik als "applikative Hermeneutik" (dogmatischer Texte etwa in der Theologie und Jurisprudenz) kennt.

Diese noch heute jedem echten Gelehrten vertrauten Maximen sind in mannigfaltigen Variationen propagiert und operabel gemacht worden. Huang Zong-xi 黃宗羲

(1610-1695 n. Chr.), einer der gelehrtesten Neukonfuziazianer, etwa sagt: "Der Lernende muß zuerst die Jing 經 ausschöpfen. Wenn die Jing-Lehren dann ihren Nutzen bezüglich der (Bewältigung der) gegenwärtigen Wirklichkeit bewiesen haben, dann sind sie keine überholten Lehren."[29] Gu Yan-wu 顧炎武 (1613-1682 n. Chr.), einer der Begründer der neueren Quellenkritik, sagte es so: "Wenn unsere Schriften nicht die Sinngehalte der sechs Jing mit den Gegenwartsaufgaben in Verbindung bringen können, so können sie nicht als neue Lehren gelten."[30] Man müsse "die alten Schriften anführen, um die heutige Welt zu planen" - Yin Gu Chou Jin 引古籌今 - und "die Jing müssen für die Welt benutzt werden" - Jing Shi Zhi Yong 經世致用. Dafür forderte er, wie es einem typischen Schriftgelehrten ansteht, "ausgebreitete Gelehrsamkeit in den Geisteswissenschaften - Bo Xue Yu Wen 博學于文! Daß dies keine Sprüche aus dem gelehrten Elfenbeinturm waren, zeigt beider Biographie. Sie waren in jungen Jahren konservative Revolutionäre der Fu She 復社-(Restaurations-)Bewegung und in Aufständen gegen die Regierung gerade noch mit dem Leben davongekommen. Und so wurden sie selber auch Vorbilder späterer Revolutionäre und Gesellschaftsreformer wie etwa Kang You-wei 康有爲 (1858-1927 n. Chr.), der mit großem Nachhall "Systemreform auf der Grundlage einer Neuinterpretation des Althergebrachten" - Tuo Gu Gai Zhi 托古改制 - forderte.

Alle solche Äußerungen sind Nachwirkungen Kong Zis 孔子, und sie zeigen konfuzianische Geisteshaltung an. Daß diese Geisteshaltung in der Konkurrenz der "hundert Schulen" (Bai Jia 百家) in der Periode der Streitenden Reiche (475-221 v. Chr.) sich durchsetzen und so dominant werden konnte, hat sicher viele Gründe gehabt, unter denen in feudalen Herrschaften der kontinuitätssichernde und konservative Effekt nicht der geringste war, so daß sie sich auch meist der Gunst der Herrschenden erfreute. Aber man sollte nicht übersehen, daß im Konfuzianismus die Methode des Zhu Jing 注經 - der interpretierenden Klassikervermittlung - am deutlichsten formuliert und am reinsten propagiert wurde und daß er damit etwas in den Vordergrund brachte, was die anderen Denker und ihre Schulen ebenfalls betrieben, nur eben nicht mit solcher Ausschließlichkeit. Von daher mußte die Ru Jia 儒家 (Konfuzianerschule) gleichsam als eine Quersumme der Bai Jia 百家 erscheinen, zu denen man als die prominentesten noch die Dao Jia 道家 (Schule des Lao Zi 老子), die Mo Jia 墨家 (Schule des Mo Zi 墨子), die Ming Jia 名家 (Logiker), die Fa Jia 法家 (Legisten und Politiker), die Yin Yang Jia 陰陽家 (Naturphilosophen), die Zong Heng Jia 縱橫家 (Diplomaten), die Nong Jia 農家 (Landwirte) und die Za Jia 雜家 (Eklektiker) rechnete. Die Ru Jia 儒家 konnte mit Recht als die große Synthese aller bedeutenderen Richtungen auftreten - ähnlich wie in der abendländischen Spätantike der Neuplatonismus.

Kaiser Wu 武 aus der westlichen Han-Dynastie machte den Geist der Ru Jia 儒家 zur Staatsideologie. Er verbot die Bai Jia 百家 und richtete Staatsämter für die Pflege der einzelnen Jing 經 ein. Damals waren es noch fünf, denn das Musik-Jing (Yue Jing 〈樂經〉) galt damals schon als verloren, oder man hielt es für einen Teil des Li Ji 〈禮記〉. Für jedes Jing wurde ein Spezialist berufen, der für seine Pflege und Interpretation zuständig war. Damit wurde zugleich ein Jing-Kanon für die Qualifizierung und Auswahl aller höheren Staatsbeamten festgelegt. Ihr Studium bestand fortan in der sorgfältigen Memorierung und in der aneignenden Interpretation der Jing 經. Das blieb so bis zum Ende der ersten Republik in unserem Jahrhundert. Unterstreichen wir dies: Daß man die Staatselite für mehr als zwei Jahrtausende in China durch die Verpflichtung auf die "Lektüre" und das Studium der Jing und dann auch der Klassiker für gewappnet hielt, in allen öffentlichen Ämtern mit allen Problemen, die sich in ihnen stellen konnten, fertig zu werden, das wurde zur institutionellen Kehrseite des Yin Gu Chou Jin 引古籌今. Und daß China bei allem historischen Auf und Ab damit als einheitliches Staatsgebilde und als große Kultureinheit bestehen konnte, das erweist die Weisheit der konfuzianischen Option in diesem Lande.

Bis zur Han-Zeit (206 v. Chr. - 220 n. Chr.) waren die Jing 經 und weitere Klassikerschriften in der damals üblichen Siegelschrift fortgeschrieben worden, die man Jin Wen 今文 (Neue Literaturschrift) nannte. Dong Zhong-shu 董仲舒 (179-104 v. Chr.) war der führende Kopf der damaligen "Neue Schrift-Klassikerlehre" - Jin Wen Jing Xue 今文經學 -, ein Spezialist für die Interpretation der Frühlings- und Herbstannalen in der Kommentierung des Gong Yang 公羊. Als hoher Würdenträger wirkte er auf die Gründung von Hochschulen (Tai Xue 太學) und Landschulen (Xiang Xu 庠序) hin, und er war es auch, der Kaiser Wu 武 bei seinen Reformen im Bildungsbereich beriet und insbesondere das Jing 經-Studium und das Studium Kong Zis 孔子 als Kurrikulum für diese Schulen empfahl: "Wenn die Leute (die Prüfungskandidaten für Staatsämter) die sechs wissen-

schaftlichen Disziplinen (des Jing 經-Studiums) und die
Lehre des Kong Zi 孔子 nicht beherrschen, muß man ihre
Laufbahn abbrechen und sie nicht weiterkommen lassen."[31] Nach ihm war He Xiu 何休 (129-182 n. Chr.),
ebenfalls Spezialist für die Frühlings- und Herbstannalen, einer der Hauptvertreter der Neue-Schrift-Klassiker-
lehre. Er hob vor allem die Maxime des Gu Wei Jin Yong
古爲今用 hervor: "Die alten Gedanken für die Gegenwart nutzbar machen" und berief sich dafür auf das Vorbild des Kong Zi 孔子.

Das Interesse an den Jing 經-Texten wurde noch erheblich verstärkt, als man einige Kodizes derselben in
der alten Schrift wiederfand und - wie die Sage geht -
ausgerechnet hinter einer Mauer im alten Haus des Kong
Zi 孔子 in Qu Fu 曲阜, wo sie seine Familie vor der
Bücherverbrennung des berüchtigten Qin-Kaisers Shi
Huang Di 秦始皇帝 (gest. 210 v. Chr.) versteckt haben
sollte. Das betreffende Edikt zur Ablieferung und Vernichtung privater Bücherbestände von 213 v. Chr. scheint
aber niemals rigoros exekutiert worden zu sein, so daß
Texte in der alten Schrift wohl genügend vorhanden, aber
nicht mehr leicht zu lesen waren. So viel steht jedenfalls
fest, sie wurden ebenfalls noch in der Han-Zeit als Origi-
nalquellen wieder interessant, und ein besonderes Studium wurde auf sie verwendet.

Daraus entstand eine im engeren Sinne "philologische"
Jing 經- und Klassikerlehre, die sog. Alte Schrift-Klassikerlehre - Gu Wen Jing Xue 古文經學. Ihre Vertreter
verschafften ihr im allgemeinen mit der These Gewicht,
daß die Texte in neuer Schrift mangelhaft überliefert
seien, und daß nur die Rückkehr zu den Quellen die
wahre Einsicht in die großen Gedanken der heiligen

Stifter verbürge. Es war eine "Renaissance", die wie die abendländische Renaissance gegenüber den scholastischen Fortschreibungen der antiken Klassikerlehren direkt "in fontibus" die reine Wahrheit zu entdecken versprach. Und wie bei uns die "klassische Philologie" verlegte sich die Alte Schrift-Klassikerlehre im wesentlichen auf die historisch-kritische Textexegese, privilegierte Xun Gu 訓古 - die Literalinterpretation - und polemisierte gegen Yi Li 義理 - die applikative Auslegung für die Gegenwartsfragen - der Neue Schrift-Klassikerlehre zugunsten einer "zetetischen" Erforschung des ursprünglichen Sinnes der Texte. Lu Jiu-yuan 陸九淵 (1139-1193 n. Chr.) brachte später den Gegensatz der Richtungen auf die schönen Formeln: Die Gu Wen-Gelehrten vertraten das Prinzip "Ich lege die sechs Jing aus" - Wo Zhu Liu Jing 我注六經. Die Xin Wen-Gelehrten stellten dagegen: "Die sechs Jing interpretieren mich" - Liu Jing Zhu Wo 六經注我! Er selbst bekannte sich zu letzterem. Wie er dies in seinem idealistischen Denksystem explizierte, markiert einen Gipfelpunkt der späteren chinesischen Hermeneutik.

Verweilen wir kurz bei ihm, um einen Blick in seine Hermeneutik zu werfen. Seine idealistische Position gründet er auf die Prinzipien: "Der Kosmos ist unser Bewußtsein; unser Bewußtsein ist Kosmos" Yu Zhou Bian Shi Wo Xin, Wo Xin Bian Shi Yu Zhou 宇宙便是我心，我心便是宇宙, und "Bewußtsein ist Idee" Xin Ji Li 心即理. Dieses aber insgesamt ist ewig und unveränderlich, und das gilt es nun auch im Verhältnis der Denker und des Gedachten über alle Zeiten hinweg ernst zu nehmen. Insbesondere klären sich dadurch die Dunkelheiten der alten Texte von selbst. Er sagt: "Im Lun Yu

〈論語〉(Gespräche des Kong Zi 孔子) gibt es viele
Sätze, von denen man nicht weiß, worauf sie
hinauslaufen, z. B. 'Durch Wissen (Zhi 知) erreichen,
aber durch Menschlichkeit (Ren 仁) nicht bewahren
können'. Man weiß nicht, was erreicht werden soll und
was das zu Bewahrende ist. Oder z. B. 'Lernen und
fortwährend üben'. Hier weiß man nicht, was zu lernen
und fortwährend zu üben ist. Wenn man nicht lernfähig
ist, kann man nicht leicht verstehen. Wenn man aber lernfähig ist, dann kann man auch wissen, was zu erreichen
ist: Man muß etwas Bestimmtes erreichen. Was durch
Menschlichkeit zu bewahren ist, ist ebenfalls ein bestimmtes zu Bewahrendes. Was fortwährend zu üben ist,
ist auch ein bestimmtes zu Übendes. Wer redet, redet über
etwas Bestimmtes, wer fröhlich ist, freut sich über etwas
Bestimmtes. Das ist wie mit dem Wasser aus dem
Reservoir auf dem Hausdach (es fließt an jede Stelle im
Haus, wo es gebraucht wird). Das Lernen muß das Wesentliche erkennen, die 'sechs Jing' sind sämtlich meine
Kommentare (er meint: sie erklären, was er damit sagen
will und kann!)."[32] Das, worauf es ankommt und das
verstanden werden soll, dieses "Bestimmte" oder wörtlich
das "Dieses" (Ci 此), ist aus dem Wust der unendlich
vielfältigen Ideen herauszuheben und zu bewahren: "Die
Ideen unter dem Himmel kann man nicht erschöpfen. Wie
ich es in meinem Leben erfahren habe, verhält es sich
damit wie mit den Bambusbäumen der südlichen Berge:
Sie können unmöglich (alle einzeln) von mir beschrieben
werden. Aber worauf es bei ihnen allen gemeinsam
ankommt, das liegt nur in einem bestimmten Dieses."[33]
Wer erinnerte sich nicht bei diesem Sprachgebrauch an
Hegels Mahnung in der Phänomenologie des Geistes, die

"Arbeit des Begriffs" auf sich zu nehmen, die wesentlich darin besteht, das "Dieses" des einen und das "Dieses" des anderen zum Allgemeinen zu erheben und es als Dasselbe im Vielfältigen festzuhalten und zu denken? Das haben die Heiligen schon geleistet, und so kann der Spätere auch nicht mehr Wesentliches sagen als sie. Und so wird über Lu Jiu-yuan 陸九淵 berichtet: "Als man den Meister fragte, warum er kein Buch geschrieben habe, entgegnete er: Die 'sechs Jing' kommentieren mich, wie sollte ich die 'sechs Jing' kommentieren?"[34] (so erläutert ein neuerer chinesischer Kommentar den berühmten Satz).

Das war vielleicht etwas kokett. Wenn es nicht so gemeint war, erlaubt der Text der obigen Stelle auch die Übersetzung: "Die sechs Jing kommentieren mich, und ich kommentiere die sechs Jing." Denn wie man sieht, hat er doch deutlich interpretiert. Aber seine idealistische Hermeneutik ist eben nicht eine, die einen Zeitenabstand überbrücken, die Altes vom Neuen her besser verstehen will als es den Alten selber möglich war, die zwei verschiedene Sinnhorizonte zu verschmelzen oder auch nur einander anzunähern trachtete. Es handelt sich vielmehr um die konsequente - und im Abendland genuin platonisch zu nennende - These, daß die Ideen, das Wesentliche, als die Substanz des Kosmos und des Bewußtseins überall und zu allen Zeiten unwandelbar dieselben seien. Um diese Ideen geht es hier, sie sind das grundsätzliche "Nicht Andere" im heiligen Text und im Kommentar, und die Andersheit von Textsinn und Interpretation demonstrieren zu wollen, liefe darauf hinaus, die Interpretation als eine falsche zu erweisen.

Lassen wir ihn das selbst noch durch eine Interpreta-
tionspassage verdeutlichen. Sie lautet: "Man sagt, 'der
Edle muß durch Selbstaufklärung klarmachen, was Tugend ist'. Diejenigen im Altertum, die der Welt klarmachen wollten, was die reine Tugend ist - Ming Ming
De 明明德 -, die taten dies durch ihr Streben nach
Wissen, und sie erreichten ihr Wissen durch das Erfassen
der Dinge. Die Gelehrten des Altertums taten es für sich
selbst, und so machten sie durch Selbstaufklärung klar,
was reine Tugend ist. Indem aber an ihnen selbst klar
wurde, was Tugend ist, verbreiteten sie diese Klarheit in
die Welt hinaus. Wenn man die Glocke im Turm an-
schlägt, so hört man ihren Klang draußen; wenn der
Kranich in den entlegenen Bergen schreit, so hört man
seinen Ruf weit unter dem Himmel. Wessen mein Inneres
voll ist, das kann ich nicht bei mir behalten. Die heutigen
Gelehrten richten ihre Aufmerksamkeit nur auf Quis-
quilien, sie suchen nicht nach dem Wesentlichen. Meng
Zi 孟子 sagt: 'Wer sein Herz (Xin 心, Bewußtsein)
ausschöpft, der erkennt sein Wesen, und wer sein Wesen
erkennt, der erkennt den Himmel.' Dieses Herz (Bewußtsein) ist nur ein Herz, sei es auch das Herz eines
anderen, das Herz meines Freundes oder das Herz von
denen, die vor tausend oder hundert Generationen Heilige
und Weise waren, oder das Herz von demjenigen, der
nach tausend oder hundert Generationen ein Heiliger oder
Weiser sein wird. Auch ihr Herz ist nur wie Dieses. Die
Fülle des Herzens ist gewaltig, und wenn ich mein Herz
ausschöpfen kann, so wird es dem Himmel gleich. Zum
Lernen braucht man nur dies zu verstehen: 'Wer
wahrhaftig ist, der hat sich selbst vollendet, so wie der
Weg sich aus sich selber bahnt' (Zitat aus dem Zhong

Yong 〈 中庸 〉 - Mitte und Maß - aus dem Li Ji 〈 禮記 〉)
Habe ich nicht recht?"[35]

Wie man sieht, ist der Richtungsstreit zwischen den
Alte-Schrift- und Neue-Schrift-Anhängern eine chinesische "Querelle des Anciens et des Modernes". Und wie
die westliche Version zieht sie sich auch durch die ganze
Geschichte der chinesischen Kultur. Aber anders als die
westlichen "Antikenfreunde" und die "Modernen" waren
in China beide Parteien an denselben Texten interessiert
und arbeiteten gemeinsam an der Konsolidierung eines
Bewußtseins, das die ältesten Kulturdokumente sakra-
lisierte und ihre perenne Kulturbedeutung sanktionierte.

An Vermittlungsbestrebungen hat es dabei natürlich nie
gefehlt. Aber auch diese konnten nur darauf hinauslaufen, den Jing-Kanon und die Lehren des Kong Zi 孔子
um so mehr zu befestigen und die "neuen Ideen", sei es
unorthodoxer Konfuzianer oder anderer Schulen, mit
diesem Fundament der Bildung in Zusammenhang zu
bringen. In der Han-Zeit war das berühmteste Ereignis
die Einberufung eines Gelehrtenkongresses beider Richtungen durch Kaiser Zhang etwa im Jahre 80 n. Chr. Der
Kongreß tagte mehrere Monate in der Bai Hu 白虎
(Weißer Tiger)-Halle und brachte ein bemerkenswertes
Dokument als Tagungsbericht hervor. Es wurde von Ban
Gu 班固 (32-92 n. Chr.) unter dem Titel "Gemeinsame
Meinung aus Bai Hu" (Bai Hu Tong Yi 〈 白虎通義 〉)
veröffentlicht.[36] Ban Gu 班固 hatte sich für diese Arbeit
als Bearbeiter der "Geschichte der Han-Dynastie" (Han
Shu 〈 漢書 〉[37] dem Kaiserhaus empfohlen. Die Bai Hu-
Versammlung verständigte sich zwar auf einen Textus
receptus von fünf Jing 經, aber Ban Gu 班固 versäumte
nicht die Gelegenheit einer Gesamtdarstellung einer

"offiziellen" Philosophie, in der sich neben den Interpretationen der Neue-Schrift-Klassiker-Anhänger kräftige Einschüsse des Daoismus besonders in den kosmogonischen Partien fanden. In der späteren Han-Zeit wurde der Jing-Kanon noch um zwei Schriften auf die Zahl sieben erweitert. Die "Gesprächsaufzeichnungen" Kong Zis 孔子 (Lun Yu 《論語》) und das "Buch der kindlichen Ehrfurcht" (Xiao Jing 《孝經》), das ebenfalls Kong Zi 孔子 bzw. seinem Schülerkreis zugeschrieben wurde, besiegeln die Aufnahme Kong Zis 孔子 unter die Heiligen.

Zheng Xuan 鄭玄 (127-200 n. Chr.) hatte beide Studienrichtungen durchlaufen und brachte sie dann in seinen Kommentaren zu den Frühlings- und Herbstannalen, zum Buch der Sitten und zur Alten Geschichte in der Renzension des Zuo (Zuo Zhuan 《左傳》) zu einem gewissen Ausgleich. Man nannte diese Kompromißrichtung nach ihm geradezu Zheng-Lehre (Zheng Xue 鄭學). Aber der Gegensatz brach in der folgenden Wei-Jin-Zeit und in der Zeit der Südlichen und Nördlichen Dynastien, d. h. bis ins 6. Jahrhundert wieder auf und bestimmte die Grundorientierungen der sogenannten Süd-Schule (Nan Xue 南學) und der Nordschule (Bei Xue 北學). Im allgemeinen kann man sagen: Die Nordschule führte die Alte-Schrift-Klassikerlehre mit streng philologisch-historischer Orthodoxie fort, die Südschule öffnete sich mehr und mehr dem Daoismus und Buddhismus und brachte deren Ideen in die applikative Auslegung der Jing und der konfuzianischen Klassikerschriften für die Gegenwartsfragen ein.

Es kann nicht verwundern, daß bei dieser gelehrten Auseinandersetzung um das Klassikererbe die ältesten

Kommentatoren zu den Jing mit aufgewertet und teilweise selbst in den Rang der Heiligen gehoben wurden. Ähnliches kennt man im Abendland bezüglich der Stellung der patristischen Interpreten zur "Heiligen Schrift" und zu den Verlautbarungen der Apostel. Die Tang-Zeit (618-907 n. Chr.) erweiterte den Kanon der Jing zunächst auf neun und schließlich auf zwölf Schriften. Das neunteilige Jing-Korpus umfaßte als eigene Gruppe die "Drei Sittenbücher" (San Li 三禮), nämlich das alte Li Ji 《禮記》 und daneben das "Sittenbuch der Zhou-Dynastie" (Zhou Li 《周禮》) und das "Ritualbuch" (Yi Li 《儀禮》) aus der Frühlings- und Herbstzeit sowie der Zeit der Streitenden Reiche. Natürlich behielten das "Buch der Wandlungen" (Yi Jing 《易經》) und das "Buch der Gedichte" (Shi Jing 《詩經》) ihre Stellung, und das gilt auch für das älteste Geschichtswerk, das Shu Jing 《書經》 (oder Shang Shu 《尚書》). Aber die früher als ein Jing behandelten "Frühlings- und Herbstannalen" über die philosophisch so ergiebige Zeit von 770-476 v. Chr, in die ja die Lebenszeit des Kong Zi 孔子 und der meisten älteren Schüler hineinfiel, wurde nun in drei Rezensionen kanonisiert. Es handelt sich um die Ausgabe und den Kommentar des Zuo Shi 左氏 (Zuo Zhuan 《左傳》), um die des Gong Yang 公羊 (Gong Yang Zhuan 《公羊傳》) und um die des Gu Liang 穀梁 (Gu Liang Zhuan 《穀梁傳》). Wenn im Titel nur "Kommentar" (Zhuan 傳) gesagt wird, so sei daran erinnert, daß in China bei Kommentaren stets der zu kommentierende Text im Großdruck mitgeteilt wird und der eigentliche Kommentar fortlaufend im Kleindruck (oft zweispaltig) dazwischengedruckt wird. Die Kommentierung betrifft dabei naturgemäss auch die

"Emendation", also die Feststellung des angeblich originalen Textes. Und so haben wir es hierbei mit drei Fassungen der Frühlings- und Herbstannalen zu tun, die nebeneinander als Jing 經 anerkannt wurden. Die ausführlicheren Titel der Schriften lauten deshalb auch Chun Qiu Zuo Shi Zhuan《 春秋左氏傳》, Chun Qiu Gong Yang Zhuan《 春秋公羊傳》sowie Chun Qiu Gu Liang Zhuan 《 春秋穀梁傳》.

Kaiser Wen Zhong aus der Tang-Dynastie ließ alle diese Jing 經 - nach einem auch vorher schon geübten Brauch - in Steintafeln gravieren, gleichsam offizielle Druckstöcke für alle künftigen "Abreibungen". Er fügte allerdings noch das "Buch der kindlichen Ehrfurcht" (Xiao Jing《 孝經》), die "Gespräche des Kong Zi 孔子" (Lun Yu《 論語》) und ein weiteres Buch hinzu, dessen Titel man mit "Korrekturleitfaden" (Er Ya《 爾雅》) übersetzen kann, eine Art Grammatik und Lexikon für die Festlegung der offiziellen Sprache aus der Han-Zeit, die nachmals zum Schulbuch der Primarklassen wurden. Damit war ein Kanon der zwölf Jing-Schriften festgelegt.

Die Song-Dynastie (960-1279 n. Chr.), die ja mit dem Wirken des Zhu Xi 朱熹 und vieler anderer Konfuzianer einen "Neukonfuzianismus" heraufbrachte, fügte diesem Kanon schließlich das ganze Werk des Meng Zi 孟子 (372-289 v. Chr.) hinzu und befestigte damit den seither abschließenden dreizehnteiligen Jing-Kanon. In dieser Form ist der Kanon zu einer Art "Bibel des Konfuzianismus" geworden. Aber er hat sich naturgemäss weit über die Kreise der konfuzianischen Gelehrten hinaus als die Summe des alten Erbes Chinas bewährt, und dies auch über die Republik bis in die Gegenwart. Eine Ausgabe der "Dreizehn kommentierten Jing" (Shi San

Jing Zhu Shu 〈 十三經注疏 〉) nach der Fassung der Song-Zeit ist in zwei Bänden 1979 (Neudruck 1980-1983) im Zhong Hua-Verlag in Beijing erschienen. Eine weitere Ausgabe der "Dreizehn Jing mit eigener Hand redigiert" (Shou Pi Bai Wen Shi San Jing 〈 手批白文十三經 〉) von Huang Kan 黄侃 erschien 1983 im Gu Ji-Verlag in Shanghai in einem stattlichen Band.

In dieser dreizehnteiligen Gestalt ist dieses Erbe auch den westlichen Sinologen begegnet. James Legge, der Doyen der neueren Sinologie, hat sich daran orientiert. Seine bahnbrechende Ausgabe mit Übersetzung der "Chinesischen Klassikerwerke"[38] zeigt die Spuren. Es enthält im 1. Band die Gespräche des Kong Zi 孔子, die Große Lehre sowie Mitte und Maß, im 2. Band das Werk des Meng Zi 孟子, im 3. Band das Buch der Dokumente, im 4. Band das Buch der Lieder und im 5. Band die Frühlings- und Herbstannalen mit dem Kommentar des Zuo 左. Und durch ihn sind dadurch auch im Westen die chinesischen Textvorlagen verbreitet worden. In den Übersetzungen seines zweiten großen Werkes "Die heiligen Schriften von China" in sechs Bänden[39], hat er noch fehlende Jing 經 nachgeliefert, nämlich das Buch der kindlichen Ehrerbietung (Xiao Jing 〈 孝經 〉), das Buch der Wandlungen (Yi Jing 〈 易經 〉) und das Buch der Sitten (Li Ji 〈 禮記 〉).

Was aber nun gleichsam unter der Federführung Kong Zis 孔子 und der Konfuzianer als Kanon der "heiligen Bücher" Chinas sakralisiert wurde, das erschöpft naturgemäss bei weitem nicht alles das, was nachmals Grundlage für eine klassische gelehrte Bildung wurde. Obwohl der Konfuzianismus in mehreren und langen Perioden die herrschende Philosophie und bei vielen Anhängern eine

Staatstheologie wurde, so stand er doch immer in der
Konkurrenz zu anderen Schulen, die sich ebenfalls über
einige Perioden der chinesischen Geschichte als herrschende Ideologie und als Staatstheologien profilieren
konnten. Die Hauptkonkurrenten sind der Daoismus im
Anschluß an Lao Zi 老子 und der chinesische Buddhismus. Schon Legge hat wenigstens den Daoismus dadurch
geehrt, daß er die "Texte des Daoismus", nämlich das
Dao De Jing 《道德經》 und das Werk des Zhuang Zi
莊子, in die Übersetzungen der "Sacred Books" aufnahm.
Der geradezu ungeheuer zu nennenden Literatur des
chinesischen Buddhismus hat man sich bis heute viel
weniger gewidmet, wenn auch seit den achtziger Jahren
ein gewisser Aufschwung in diesen Studien in China zu
bemerken ist.[40]

Aber neben der Dao 道-Lehre und dem Buddhismus
gab es das große Reservoir an konkurrierenden Gedanken
und Schulen, die man schon vor Kong Zi 孔子 die Bai Jia
百家, die "hundert Schulen" nannte (was damals wohl
etwas übertrieben, für spätere Zeiten aber eher unter-
trieben ist). Von diesen ist im Laufe der Zeit manches
verloren gegangen, vielerlei wurde immer wieder umge-
schrieben - was dann als "Fälschung" aufgedeckt oder
auch als wirksam im Geist einer Schule bewahrt und
weiter überliefert wurde. Einer von Beginn an so sehr auf
die Bücher und Texte gestellten Kultur wie der chinesischen konnte auch dieses Erbe niemals gleichgültig
werden. Und so wurde und war dieses Reservoir an
Schriften eine Profanliteratur neben den "heiligen Schriften", die - nicht zuletzt auch durch die Konfuzianer
selbst - ständig gehütet und gepflegt und philologisch
durchforscht wurde.

Auch diese Pflege wurde als Aufgabe staatlicher Kulturpolitik wahrgenommen. Aus den recht trivialen Bedürfnissen der Sammlung, Katalogisierung und bibliothekarischen Aufstellung und Anordnung des Textmaterials erwuchs in der Han-Zeit ein "vierteiliges System" der Bücherordnung, das sich in dieser Aufgabe bis auf unsere Tage bewährt hat. Auch ihm liegt noch die Auszeichnung der Sonderstellung der Jing 經-Schriften zugrunde. Aber es erweitert diesen Kernbereich um weitere drei Bereiche, die formal genug definiert waren, um die gesamte Literaturproduktion zu umfassen. Dieses "vierteilige System" gliedert alles Schrifttum auf in folgende Klassen: 1. Jing 經, die "heiligen Schriften", wie sie durch die Konfuzianer kanonisiert waren, nebst der zugehörigen Interpretationsliteratur. 2. Shi 史, die Geschichtsliteratur mit Einschluß der einschlägigen geographischen, politischen und Rechtsliteratur. 3. Zi 子 (oder Zhu Zi 諸子), die Literatur der "Meister" oder "Meisterdenker", nämlich die gesamte philosophische und einzelwissenschaftliche Literatur. 4. Ji 集, die "Sammlungen" vor allem der "schönen Literatur" in Poesie und Prosa nebst der zugehörigen Interpretationsliteratur.

Neben den Jing 經-Schriften war die dritte Klasse stets von grösstem Interesse für die Philosophie. In ihr wurde das Erbe der Bai Jia 百家, "der hundert Schulen" verwaltet, und man kann an der weiteren Klassifizierung derselben sehen, was nachmals als offizielle Schule und im Gefolge der Schultätigkeiten als Einzelwissenschaft aufgefaßt und gepflegt wurde. Dieses Verständnis findet bis in die modernen Philosophie- und Wissenschaftsgeschichtswerke seinen Niederschlag. In der Han-Zeit waren es wiederum neun Schulen (wir erinnern an das

Renommé der Zahl Neun, wie es sich schon im Yi Jing 《 易經》 gezeigt hatte), die dadurch gleichsam kanonisiert wurden. Diese sind die folgenden:

1. Ru Jia 儒家, die Konfuzianer im Anschluß an Kong Zi 孔子, Meng Zi 孟子 (und später Xun Zi 荀子).
2. Dao Jia 道家 bzw. Daoisten im Anschluß an Lao Zi 老子 und Zhuang Zi 莊子.
3. Mo Jia 墨家 bzw. Moisten (auch Mohisten oder Mehisten) im Anschluß an Mo Zi 墨子.
4. Ming Jia 名家 bzw. Logiker ("Namen"-Schule) im Anschluß an Hui Shi 惠施 und Gong-sun Long 公孫龍.
5. Yin Yang Jia 陰陽家 bzw. Naturphilosophen im Anschluß an Zou Yan 鄒衍.
6. Fa Jia 法家 bzw. Legisten ("Rechtsphilosophen") im Anschluß an Han Fei 韓非.
7. Zong Heng Jia 縱橫家 bzw. Politikphilosophen im Anschluß an Su Qin 蘇秦 und Zhang Yi 張儀.
8. Za Jia 雜家 bzw. Eklektiker im Anschluß an Lü Buwei 呂不韋 bzw. an das sogenannte Huai Nan Zi-Werk 淮南子.
9. Nong Jia 農家 bzw. Landwirtschaftsphilosophen im Anschluß an Xu Hang 許行.

An diesem Kanon ist bemerkenswert, daß Kong Zi 孔子 und Meng Zi 孟子 noch als Denker unter anderen Denkern, wenn auch an erster Stelle, vorkommen, ebenso, daß Lao Zi 老子 und seine Schüler den zweiten Rang einnehmen. Von den Buddhisten ist noch nicht die Rede, obwohl sie damals schon in China präsent waren. Im übrigen liegt in der Zuweisung der Denker schon so etwas wie eine Wissenschaftsarchitektonik begründet, die sich später noch ausweitet. Die "Logik" der Namenschule Ming Jia 名家 hatte viel Aufsehen erregt, wenn sie auch über vielversprechende Anfänge später nicht hinauskam, und wie man sieht, wurde dasjenige, was aus der Yi Jing 易經-Formalistik an Logischem gewonnen wurde, einer eigenen Richtung, eben der Yin Yang 陰陽-Schule zugeordnet, die sich im Wissenschaftssystem als Naturwissenschaft etablierte. Politik wurde, wie der Name der sie vertretenden Schule, der Zong Heng Jia 縱橫家, ausdrückt, als die Kunst der "senkrechten und waagerechten" Allianzen und Gegnerschaften verstanden und hatte, ebenso wie das Recht der Fa-Schule 法家, nichts mit Ethik und Moral zu tun, die als die Domäne der Ru Jia 儒家 und allenfalls der Mo Jia 墨家 galten. Die Eklektikerschule Za Jia 雜家 war auch damals schon der Sammelname für sonst nicht einzuordnende Denker. Daß die Landwirtschaftslehre der Nong Jia 農家 eine beachtliche kanonische Stellung erhielt, kann bei der Bedeutung der Sache in China nicht verwundern, wohl aber mag es den Abendländer beschämen, daß dergleichen unter dem akademischen Verdikt des Banausischen so viele Jahrhunderte warten mußte, bis ihm wissenschaftliche Beachtung zuteil wurde.

Das vierteilige Büchersystem der Han-Zeit hat sich über die Zeiten als stabil erwiesen. Darin gleicht es der institutionellen Leistungsfähigkeit des Platonischen "enzyklopädischen Systems", nach dessen Ordnung die Spätantike in den "Enzyklopädien" antikes Wissen ordnete und tradierte, und das dann auch die Grundlage für das mittelalterliche Fakultätssystem, speziell aber für die sieben "freien Künste" bzw. die Disziplinen der Philosophi-

schen Fakultät der Universitäten abgab. Erinnern wir
uns, daß auch das mittelalterliche Fakultätssystem der
Universitäten ein vierteiliges System gewesen ist, das nur
etwas andere Akzente setzte als das chinesische Büchersystem. Auch an seiner Spitze stand die theologische
Fakultät, die die Heilige Schrift und die (patristischen)
Kommentare verwaltete. Und auch sie war zunächst die
Domäne einer philosophischen Schule, nämlich der Neu-
platoniker, ehe sie sich in der Hochscholastik den
Aristotelikern öffnete. Daneben standen freilich von Anfang an die Rechtsfakultät und die Medizinische Fakultät, erstere getragen vom stoischen Geist und letztere vom
Geist empedokleischer und epikureischer Naturfor-
schung. Die philosophische Fakultät mit ihren trivialen
(Grammatik, Rhetorik, Logik) und quadrivialen (Arith-
metik, Geometrie, musikalische Harmonielehre und
Astronomie bzw. Naturwissenschaft) Kurrikularbestän-
den aber lässt sich am ehesten mit der chinesischen
dritten Klasse der Zhu Zi 諸子 vergleichen. Und wie
diese wurde sie im Abendland zur Bildungsinstitution der
"profanen" Klassiker-Tradition und -exegese und zum
Diskussionsforum der "Meisterdenker" und ihrer Schulen. Wer sich einen Sinn dafür bewahrt hat, der wird auch
in westlichen Bibliotheks- und Katalogsystemen dieses
vierteilige Fakultätsschema abgebildet finden - und für
die neueren Zeiten seine Erweiterung im Anschluß an die
neueren Fakultätsbildungen, die aus den alten Fakultäten
hervorwuchsen.
  In China ist es bis in die jüngste Zeit beim vierteiligen
System geblieben. Allerdings hat man im Laufe der Zeit
in der Klasse der Zhu Zi 諸子 den Veränderungen mit
aller Vorsicht Rechnung getragen. Was bei uns neues

Fakultätswissen wurde, das wurde in den Schulenkanon aufgenommen. Bis zum 18. Jahrhundert wurde deren Zahl auf dreizehn erweitert. Die moderne Liste sieht nunmehr so aus:

1. Ru Jia 儒家, Konfuzianer.
2. Bing Jia 兵家, Militärwissenschaftler.
3. Fa Jia 法家, Rechtswissenschaftler.
4. Nong Jia 農家, Landwirtschaftler.
5. Yi Jia 醫家, Mediziner und Pharmazeuten.
6. Tian Wen 天文, (wörtlich: Himmelsprobleme) Astronomie.
7. Shu Shu 術數, Mathematik und Methodik.
8. Yi Shu 藝術, bildende Kunst und Kalligraphie.
9. Pu Lu 譜錄, Musik und allgemeine Ästhetik.
10. Za Jia 雜家, Eklektiker.
11. Lei Shu 類書, Sammel- und Gesamtausgaben verschiedener Gattungen.
12. Shi Jia 釋家, Buddhisten.
13. Dao Jia 道家, Daoisten.

Welche Literaturmassen in der Neuzeit im vierteiligen System geordnet und bewältigt werden mußten, zeigt ein Unternehmen, das Kaiser Qian Long 乾隆 der Qing-Dynastie im Jahre 1766 inaugurierte. Er veranstaltete einen Gesamtdruck der überkommenen Klassikerliteratur von 79339 Einzelschriften in 3460 Bänden, das seither berühmte Si Ku Quan Shu 《 四庫全書》 bzw. die "vier Bibliotheken aller Bücher", die damals als Grundstock für alle grösseren Bibliotheken des Landes verteilt wurden. Die obengenannte Liste bezieht sich auf die Klassifikation der "dritten Bibliothek", nämlich der Zhu

Zi 諸子. Man sieht, daß hier die Buddhisten und ihre Literatur aufgenommen und damit zum festen Bestand des Klassikererbes gemacht worden sind. Mit der Dao Jia 道家, unter deren Patronat sie in der Han-Zeit in China eingedrungen sind, sind sie ans Ende der Liste gerückt und damit gewissermaßen als Gegenpol der Ru Jia 儒家 aufgefaßt worden.

Das Unternehmen des 18. Jahrhunderts wurde auch in unserem Jahrhundert weitergeführt. Im Jahre 1919 brachte der Han Fen Lou 涵芬楼-Verlag in Shanghai (jetzt Commercial Press) eine Auswahlausgabe von 8548 Einzelschriften in 323 Bänden unter dem Titel Si Bu Cong Kan 《 四部叢刊 》 bzw. "Vierteiliger Gesamt-druck" (engl. als "Four Libraries Series" bekannt) heraus. Diese Ausgabe erlebte 1929 eine zweite und 1936 eine dritte Auflage. Als Ergänzung brachte derselbe Verlag 1934 die Serie Si Bu Cong Kan Xu Bian 《 四部叢刊 續編 》 bzw. die "Fortsetzung des vierteiligen Gesamt-druckes" mit 6970 Einzelschriften in 213 Bänden heraus, welche dann in einer Ausgabe 1935-1936 als Si Bu Cong Kan, San Bian 《 四部叢刊, 三編 》 bzw. "3. ergänzte Auflage des vierteiligen Gesamtdruckes" mit jener ver-einigt wurde. Der Zhong Hua-Verlag in Shanghai veröf-fentlichte ebenfalls noch 1936 eine Auswahlausgabe daraus, das nicht minder berühmte Si Bu Bei Yao 《 四部備要 》 oder "Zurverfügungstellung des Wich-tigsten aus der vierteiligen Bibliothek" (engl. als "Essen-tials of the Four Libraries" bekannt) mit 11305 Einzel-schriften in 351 Bänden (Nachdruck Beijing, Zhonghua Verlag, 1989). Diese Ausgabe bildete und bildet noch im-mer den unentbehrlichen Grundstock einer anständigen chinesischen Gelehrtenbibliothek - und nicht minder einer wohlausgestatteten westlichen Sinologenbibliothek. Auch im vorliegenden Buch wurden die chinesischen Texte nach den Ausgaben dieser Sammlung zitiert.

Erwähnen wir der Vollständigkeit halber, daß die Stadtbibliothek Shanghai im Jahre 1986 im Shanghai Verlag für Alte Ausgaben einen dreibändigen "Gesamtkatalog der Chinesischen Gesamteditionen" - Zhong Guo Cong Shu Zong Lu 〈 中国丛书综录 〉 - veröffentlicht hat, der die Einzelschriften der obengenannten vierteiligen Editionen erschließt.

Wer sich in China heute auf dieses Schriftgut einlassen will, der hat es immer noch und wieder mit einer Version des Alte-Schrift-Klassikertums zu tun. Alle diese Texte stehen noch in der seit der Han-Zeit ausgebildeten - damals neuen - Schrift. Die Schriftreform in der Volksrepublik in den fünfziger Jahren hat sie für die seither nachwachsenden Generationen weitgehend unlesbar gemacht. Die neuen "Kurzzeichen" sind Vereinfachungen der traditionellen "Langzeichen" (s. als Beispiel den o. a. Katalogtitel), und sie sind für einen Chinesen der alten Schule nichts grundsätzlich Neues, da solche Vereinfachungen der alten Schriftzeichen in der sogenannten Grasschrift - der dem schnellen Schreiben dienenden, komplizierte Radikale verschleifenden Kursive - immer üblich waren. An diese Schreibweisen hat sich die Schriftreform gehalten und für viele alte Zeichen obligatorische Kurzzeichen eingeführt. Oftmals stehen nun die alten Radikale für komplexe alte Zeichen. Aber eben nicht für alle alten Zeichen, für die leicht handhabbare Listen für gesetzliche Änderungen gar nicht aufzustellen gewesen wären. Wer die alten Langzeichen gelernt hat,

für den ist die Lesung und das Verständnis der neuen
Kurzzeichen in der Regel kein Problem. Wohl aber
umgekehrt: Es gibt keinen (einfachen) Weg von den
neuen Kurzzeichen zu den alten Langzeichen zurück. Wer
in Schule und Studium nur mit den Neuschrifttexten zu
tun hatte, der muß die alten Zeichen wie eine fremde
Schrift lernen, oder sie bleiben ihm verschlossen. Es verhält sich nicht unähnlich wie bei unseren neusprachlich
und naturwissenschaftlich ausgebildeten Schülern: Sie
können das Latein alter Inschriften zwar buchstabieren,
aber nicht verstehen. Und so ist ihnen eine Wurzel der
eigenen Kultur abgeschnitten worden, was man wohl mit
Recht eine Kulturrevolution nennen kann.

Nun steht man in der Volksrepublik vor dem Problem,
den neuen Generationen wenigstens ein ausgewähltes
Schrifttum aus dem alten Erbe wieder zugänglich zu machen. Die geisteswissenschaftlichen Gelehrten sind zu
einem beachtlichen Teil damit beschäftigt, die Klassikerwerke in neuer Schrift herauszubringen und die stehenge-
bliebenen alten Schriftzeichen und Wörter (die ja meist
aus der Umgangssprache verschwunden sind), in den Anmerkungen zu erläutern. Wie man sich gemäss dem
Obengesagten denken kann, ist das ein Arbeitsprogramm
für viele Generationen, falls man auf der Schriftreform zu
beharren gedenkt. Aber dies dürfte gegenwärtig noch
nicht abzusehen sein. Das Ausland - außer Japan, das
eine ähnliche Schriftreform für seine chinesischen
Schriftzeichen, die Kanji, durchgeführt hat - hat diese
Reform nicht mitgemacht. Das gilt auch für die Auslands-
chinesen und ihre Druckerpressen in Taiwan, Singapur
und in den USA und vielleicht auch noch weiterhin in
Hongkong. Mittlerweile werden auch Veröffentlichungen

aus der Volksrepublik dort in der alten Langschrift nachgedruckt.

Hat nun das Ji Wang Sheng Kai Lai Xue 繼往聖開來 學, unter das wir dieses Kapitel stellten, auch in der Moderne noch eine Bedeutung? Viele Chinesen würden es bestreiten. Das "Lernen vom Westen" hat im modernen Kulturhaushalt längst das Übergewicht gegenüber dem "Bewahren des Alten" erhalten. China hat sich durch Übersetzungen in weit grösserem Umfang Kenntnisse und Ideen aus dem Westen verschafft, als dies umgekehrt der Fall war, und es fährt damit ungestüm fort. Und schickte es früher junge Gelehrte mit gediegener einheimischer Bildung ins Ausland, um das Beste und Wertvollste aus-zuwählen, sich anzueignen und nach Hause zu bringen, so entsendet es jetzt seine Jugend in Scharen zum Stu-dium in die Welt. Sie kehrt mit dem Bewußtsein zurück - wenn sie überhaupt zurückkehrt -, an einer Weltkultur und Weltzivilisation zu partizipieren, die auf anderem Boden erwachsen ist, und zu der die einheimischen Wurzeln wenig oder keine Sprossen geliefert haben. Sie liest sogar die chinesischen Klassiker lieber in westlichen Übersetzungen als in alten Langschriftzeichen, wenn sie überhaupt noch liest. Die "Querelle des Anciens et des Modernes" scheint - ebenso wie im Westen - längst zugunsten der Modernen entschieden zu sein. Neue Hochschulen und Forschungseinrichtungen orientieren sich an internationalen Standards der Lehrpläne und Forschungsprogramme. Die "klassische Bildung" ist auch in China zur Domäne weniger Spezialisten geworden und führt an den Fakultäten der alten Hochschulen mehr oder weniger ein Schattendasein, nicht anders als es die "klassische Philologie" im Westen als "Orchideenfach" an

den noch hier und da verbliebenen Seminaren der
einstigen "Philosophischen Fakultäten" tut.

China hat gewiß in den letzten zwei- oder dreihundert
Jahren in der Begegnung mit der westlichen Welt einen
Kulturschock erlitten, an dem es noch laboriert. Aber was
sind zwei oder drei Jahrhunderte in einer mehr-
tausendjährigen Kultur? Schon einmal hat China einen
solchen Schock erlitten, als das indische Denken mit dem
Buddhismus nach China eindrang. Anders als das antike
Abendland hat sich China dem Buddhismus nicht verschlossen, sondern geöffnet. Aber diese Öffnung und die
Absorption des buddhistischen Kultureinflusses in der
Han-Zeit geschah selber nach den hermeneutischen Prinzipien, die wir hier aufgezeigt haben, und es ist abzusehen, daß der westliche Kultureinfluß nach eben denselben Prinzipien aufgenommen und verarbeitet wurde
und wird. Denn nur das hat überhaupt Chancen, wahrgenommen und aufgenommen zu werden, was auf ein
einheimisches Äquivalent stösst, von dem her es verstanden werden kann. Das war im Falle des Buddhismus
die Dao 道-Philosophie des Lao Zi 老子 und seiner
Schule. Der Buddhismus führte sich als die wahre Dao-
Lehre ein, und er hatte in Kumarajiva (chinesisch: Jiu Mo
Luo Shi 鳩摩羅什 344-413 n. Chr.) einen Missionar, der
mit vielen Schülern und chinesischen Helfern die
buddhistische Sanskritliteratur geradezu in industriellem
Stil ins Chinesische übersetzte.[41] Später verzweigte er
sich in viele Richtungen und ging dabei Allianzen und
Verschmelzungen sogar mit einzelnen Schulen der Kon-
fuzianer ein. Heute rechnet man ihm zusammen mit dem
Daoismus gewisse spiritualistische und idealistische
Restbestände der bürgerlichen Ideologie zu, die freilich

in unseren Tagen wieder auf lebhaftes Interesse breiter Kreise stoßen.

Nun war es aber gerade dieser Idealismus des Daoismus und seiner Li 理 (Ideen)-Lehre, der auch den Neukonfuzianismus der Song-Zeit durchdrang, welcher in China das Interesse auf den westlichen Idealismus und insbesondere auf den Deutschen Idealismus gelenkt hat. Kants Lehre vom "transzendentalen Bewußtsein überhaupt" erschien als eine höchst lehr- und anregungsreiche Ausarbeitung der buddhistisch-daoistischen und song-konfuzianischen Bewußtseinslehren. Seine Lehre vom Apriori und zumal von den apriori gegebenen sittlichen Ideen erinnerte jeden gebildeten Chinesen an das "eingewurzelte Wissen" - Liang Zhi 良知 - aus dem Meng Zi 孟子-Werk, das als Himmelsgabe jedem Menschen als moralischer Kompaß gegeben sein sollte; eine Theorie, die in der Ming-Zeit von Wang Shou-ren 王守仁 (Wang Yang-ming 王陽明 1472-1529) zu einer großartigen Lehre vom Zhi Liang Zhi 致良知, dem "Nach-außen-Wenden der eingewurzelten Ideen" im Erkenntnisprozeß und in den sittlichen Handlungen, ausgebaut worden war. Bei Fichte interessierte der Pragmatismus der "Urtathandlung", der überhaupt mit der "praktischen" Grundausrichtung der chinesischen Philosophie übereinstimmte. In seinem Gefolge wurde dann auch jede Spielart des westlichen Pragmatismus rezipiert: von der angelsächsischen Version eines F. C. S. Schiller, Carles S. Peirce, William James und John Dewey bis zum Linkshegelianismus von Karl Marx und Friedrich Engels. Was Schelling betrifft, so wurde seine polare und dialektische Naturspekulation auf der Basis der Yin Yang 陰陽-Naturphilosophie und insbesondere in den Kategorien des

Zhou Dun-yi 周敦頤 (1017-1073 n. Chr.) rezipiert und
interpretiert. Hegels dialektische Logik aber wurde auf
dem Hintergrund der Yin Yang 陰陽- bzw. der 易經-
Logik besser verstanden, als er sich wohl selbst verstand
und die traditionelle und mathematische Logik im
Westen ihn verstehen konnten. Er lieferte die Gewähr,
daß man in der späteren Rezeption des dialektischen
Marxismus auf dem richtigen Wege war, das beste aus
dem westlichen Ideenarsenal mit den ältesten und besten
Traditionen des philosophischen Denkens hermeneutisch
zu vermitteln.

In gleicher Weise könnte man für die Rezeption
westlicher Denker in China: Descartes, Leibniz, Spinoza,
bis Nietzsche, Husserl, Heidegger, Gadamer noch viele
einheimische Anknüpfungspunkte namhaft machen. Es
bietet sich hier noch ein weites Feld von transkulturellen
Forschungen, bei dem eben dies zu beachten ist, daß eine
alte und reiche Kultur nicht alles Beliebige aufnimmt und
sich aneignet, sondern nur das, was verwandte Saiten des
einheimischen Geistes zum Schwingen bringt.[42] Die
Probe aufs Exempel wäre die Geschichte der Nicht-
rezeption und das sonst erstaunliche Nichtbeachten von
so vielen im Westen berühmten und einflußreichen Denkern - und dies in eins mit dem oftmals überraschenden
Interesse an bei uns vergessenen Denkern der Schule.

Man sollte übrigens nicht in den verbreiteten Fehler
verfallen anzunehmen, daß sich in Übersetzungen gewissermaßen der genaue Stand von Kenntnisnahmen über
Kulturgrenzen hinweg darstelle. Übersetzungen dokumen-
tieren nur einen gleichsam öffentlichen Stand der Dinge.
Der versierte und sprachkundige Gelehrte liest auch ohne
Übersetzungen, was ihn im Bereich anderer Kulturen

interessiert, und Übersetzungen sind in der Regel erst das Resultat von mehr oder weniger langen Vorläufen privater Interessenahmen und Diskussionen. Das gilt wie im allgemeinen im westlichen Ideenkommerz wenigstens auch im Verhältnis der chinesischen Gelehrten zum Westen. Im umgekehrten Verhältnis hat sich die Sprachbarriere ersichtlich solider erhalten als die berühmte chinesische Mauer, und daher ist man im Westen auf Übersetzungen angewiesen. Das zeigt aber nur, daß es mit der im Westen erfundenen "Weltoffenheit" nicht allzuweit her ist.

Schaut man sich an, was der Westen von chinesischer Geistigkeit weiß, so ist es immer noch sehr wenig, und das meiste von diesem Wenigen ist ein esoterischer Besitz von Spezialisten. Dies ein bißchen zu bessern, ist nicht zuletzt die Absicht dieser Studie. Schaut man sich an, was China vom Westen und von der Welt weiß, so ist es beträchtlich mehr und wohl auch genügend, vor allem wenn in Rechnung gestellt wird, wie schnell Modethemen und Zeitgeistprofile sich ändern. Erst wenn sich das vielstimmige Geräusch der Diskurse gelegt und anderem zugewendet hat, ist die Zeit der Nachlese des Substantiellen und seiner Übersetzungen. Dies aber wird überall und auch in China mit den Maßstäben der Klassiker gemessen.

Anmerkungen

1. Kapitel

1 " 唯天下至誠，爲能盡其性；能盡其性，則能盡人之性； 能盡人之性，則能盡物之性； 能盡物之性； 則可以贊天地之化育，可以贊天地之化育，則可以與天地參矣。"（《 禮記 中庸》），見《 四部備要》第一册《 禮記》，第197頁。Vgl. *Si Bu Bei Yao (Zurverfügungstellung des Wichtigsten aus der vierteiligen Bibliothek)* Beijing (Zhong Hua-Verlag) 1989, Band 1, Li Ji, S. 197.

2 " 唯天下至誠，爲能經綸天下之大經，立天下之大本，知天地之化育……苟不固聰明聖知達天德者，其孰能知之?（《 禮記 中庸》），見《 四部備要》，第一册，（《 禮記》），第 199頁。Vgl. *Si Bu Bei Yao*, Band 1, Li Ji, S. 199.

3 " 樊遲請學稼。子曰: ' 吾不如老農。' 請學爲圃 ,曰: ' 吾不如老圃。' 樊遲出。子曰: ' 小人哉，樊須也!上好禮，則民莫敢不敬； 上好義，則民莫敢不服；上好信， 則民莫敢不用情。夫如是，則四方之民.襁負其子而至矣，焉用稼? ' "（《 論語・子路》），見 《 四部備要》，第二册，《 論語》第 57頁. Vgl. *Si Bu Bei Yao*, Band 2, Lun Yu, S. 57.

4 " 聖希天，賢希聖，士希賢。"（《 周子通書・志學第十》）見《 四部備要》，第五十六册，《 周子通書》，第1頁。Vgl. *Si Bu Bei Yao*, Band 56, Zhou Zi Tong Shu, S. 1.

5 " 古之學者爲己，今之學者爲人。"（《 論語・憲問》），見《 四部備要》，第二册，《 論語》第64頁。Vgl. *Si Bu Bei Yao*, Band 2, Lun Yu, S. 64.

6" 子路問君子，子曰：' 修己以敬'。曰：如斯而已乎？曰：
' 修己以安人'。曰：如斯而已乎？曰：' 修己以安百姓'。"
（《 論語·憲問》），見《 四部備要》第二冊，《 論語》，第
66頁。Vgl. *Si Bu Bei Yao*, Band 2, Lun Yu, S. 66.

7" 夫仁者，己欲立而立人，己欲達而達人，能近取譬，可謂仁
之方也已。"（《 論語·雍也》），見《 四部備要》，第二冊，
《 論語》，第30頁。Vgl. *Si Bu Bei Yao*, Band 2, Lun Yu, S. 30.

8" 顏淵問仁。子曰：' 克己復禮爲仁。一日克己復禮，天下
歸仁焉。爲仁由己，而由人乎哉？'。"（《 論語·顏淵》），
見《 四部備要》，第二冊，《 論語》，第53頁. Vgl. *Si Bu Bei
Yao*, Band 2, Lun Yu, S. 53.

9" 夫子之道，忠恕而已矣。"（《 論語·里仁》），見《 四部
備要》，第二冊，《 論語》，第 20頁。Vgl. *Si Bu Bei Yao*, Band
2, Lun Yu, S. 20.

10" 盡己之謂忠，推己之謂恕，而已矣者，竭盡而無余之辭
也。"（《 論語集注》），見《 四部備要》第二冊，《 四書集
注》，第35頁。Vgl. *Si Bu Bei Yao*, Band 2, Si Shu Ji Zhu, S. 35.

11" 吾日三省吾身。爲人謀而不忠乎？與朋友交而不信乎？傳
不習乎？"（《 論語·學而》），見《 四部備要》，第二冊，
《 論語》，第7頁。Vgl. *Si Bu Bei Yao*, Band 2, Lun Yu, S. 7.

12" 古之欲明明德於天下者，先治其國。欲治其國者，先齊其
家。欲齊其家者，先修其身。 欲修其身者，先正其心。欲正其心
者，先誠其意。欲誠其意者，先致其知，致知在格物。"
（《 禮記·大學》），見《 四部備要》，第一冊，《 禮記》，第
223頁。Vgl. *Si Bu Bei Yao*, Band 1, Li Ji, S. 223.

13" 誠者，非自成己而已也，所以成物也。成己，仁也；成物，
知也，性之德也。合外内之道也。"（《 禮記·中庸》），見

《 四部備要》，第一册，《 禮記》，第198頁。   Vgl. *Si Bu Bei Yao*, Band 1, Li Ji, S. 198.

14 " 人皆有不忍人之心。先王有不忍人之心，斯有不忍人之政矣。以不忍人之心，行不忍人之政,治天下可運之掌上。"
（《 孟子·公孫丑上》），見《 四部備要》，第二册，《 孟子》。第32頁。   Vgl. *Si Bu Bei Yao*, Band 2, Meng Zi, S. 32.

15 Vgl. A. Forke, *Geschichte der alten chinesischen Philosophie*, 2. Aufl. Hamburg 1964, S. 214.

16 " 君子無爵而貴，無祿而富，不言而信，不怒而威。窮處而榮，獨居而樂。"（《 荀子·儒效》），見《 四部備要》，第五十二册，《 荀子》，第33頁。   Vgl. *Si Bu Bei Yao*, Band 52, Xun Zi, S. 33.

17 " 故非聖人莫之能王。聖人備道全美者也，是懸天下之權稱也"（《 荀子·正論》），見《 四部備要》第五十二册，《 荀子》，第86頁。 Vgl. *Si Bu Bei Yao*, Band 52, Xun Zi, S. 86.

18 " 天者理也。"（《 二程遺書》十一），見《 四部備要》，第五十六册，《 二程全書》，第 60 頁。 Vgl. *Si Bu Bei Yao*, Band 56, Er Cheng Quan Shu, S. 60.

19 " 當處便認取，更不可外求。"（《 二程遺書》卷二上），見《 四部備要》，第五十六 册，《 二程全書》，第11頁。 Vgl. *Si Bu Bei Yao*, Band 56, Er Cheng Quan Shu, S. 11.

20 " 古之聖人致誠以順天理而天下自服，王者之道也."。《 朱子四書或問·孟子或問卷一》. Vgl. *Zhu Zi, Si Shu Huo Wen. Meng Zi Huo Wen*, Kapitel 1.

21 " 然吾以爲不可，既不知尊德行，焉有所謂道問學? "
（《 陸象山先生全集·三十四卷語錄》），見《 四部備要》，第五十九册，《 象山全集》，第176-177頁。Vgl. *Si Bu Bei Yao*, Band 59, Xiang Shan Quan Ji, S. 176-177.

22 Vgl. L. Geldsetzer und H.-d. Hong, *Chinesisch-deutsches Lexikon der Klassiker und Schulen der chinesischen Philosophie*, Aalen 1991, S. 125-127, Art. Wang Shu-ren.

23 " 必使其趣向鼓舞，中心喜悦 "，以達到 " 自然日長日化 "。（《傳習錄・卷二 》）Vgl. L. Geldsetzer und H.-d. Hong, *Chinesisch-deutsches Lexikon der Klassiker und Schulen der chinesischen Philosophie*, Aalen 1991, S. 126.

24 " 通天人之際，達古今之變，明內聖外王之道者，豈不可盡所欲言，以爲我國家致太平,我億兆安身立命之用乎？ "（《 新原人 》），見《 馮友蘭全集 》，河南人民出版社，1992，第四卷第511頁。Vgl. Feng You-lan, *Sämtliche Werke*, Henan (Henan-Volksverlag) 1992, Band 4, S. 511.

25 " 苟有用我者，期月而已可也，三年有成。"（《 論語・子路 》），見《 四部備要 》，第 二册，《 論語 》，第58頁。Vgl. *Si Bu Bei Yao*, Band 2, Lun Yu, S. 58.

26 " 所謂大臣者，以道事君，不可則止。"《 論語・先進 》，見《 四部備要 》，第二册，《 論語 》，第49頁。Vgl. *Si Bu Bei Yao*, Band 2, Lun Yu, S. 49.

27 " 微子去之，箕子爲之奴，比干諫而死。孔子曰：' 殷有三仁焉 '。"（《 論語・微子 》），見《 四部備要 》，第二册，《 論語 》，第81頁。Vgl. *Si Bu Bei Yao*, Band 2, Lun Yu, S. 81.

28 " 儒有可親而不可劫也；可近而不可迫也；可殺而不可辱也。"（《 禮記・儒行 》），見《 四部備要 》，第一册,《 禮記 》第221頁。Vgl. *Si Bu Bei Yao*, Band 1, Li Ji, S. 221.

29 " 逸民：伯夷、叔齊、虞仲、夷逸、朱張、柳下惠、少連。子曰：' 不降其志，不辱其身,伯夷、叔齊歟。' 謂：' 柳下惠、少連，降志辱身矣，言中倫行中慮，其斯而已矣。' 謂：' 虞仲、夷逸，隱居放言，身中清，廢中權。' "（《 論語・微子》），見《四部備要》，第二冊，《論語》，第82-83頁。Vgl. *Si Bu Bei Yao*, Band 2, Lun Yu, S. 82-83.

30 " 鳳兮鳳兮，何德之衰，往者不可諫，來者猶可追，已而已而，今之從政者殆而。"（《論語·微子》），見《四部備要》，第二冊，《論語》，第81頁。Vgl. *Si Bu Bei Yao*, Band 2, Lun Yu, S. 81.

31 " 是知其不可而爲之者與？ "（《論語·憲問》），見《四部備要》，第二冊，《論語》，第65頁。Vgl. *Si Bu Bei Yao*, Band 2, Lun Yu, S. 65.

32 " 民爲貴……君爲輕。"（《孟子·盡心下》），見《四部備要》，第二冊，《孟子》，第122頁。Vgl. *Si Bu Bei Yao*, Band 2, Meng Zi, S. 122.

33 " 勞心者治人，勞力者治于人，治于人者食人，治人者食于人。"（《孟子·滕文公》），見《四部備要》，第二冊，《孟子》，第50頁。Vgl. *Si Bu Bei Yao*, Band 2, Meng Zi, S. 50.

34 " 古之人，得志，澤加于民；不得志，修身見于世。窮則獨善其身，達則兼善天下。"（《孟子·盡心上》），見《四部備要》，第二冊，《孟子》，第112頁。Vgl. *Si Bu Bei Yao*, Band 2, Meng Zi, S. 112.

35 " 居天下之廣者，立天下之正位，行天下之大道。得志，與民由之，不得志，獨行其道。富貴不能淫，貧賤不能移，威武不能屈，此之謂大丈夫。"（《孟子·滕文公》），見《四部備要》，第二冊，《孟子》，第56頁。Vgl. *Si Bu Bei Yao*, Band 2, Meng Zi, S. 56.

2. Kapitel

1 "究天人之際，通古今之變。"（《報任少卿書》），見嚴可均《全上古三代秦漢三國六朝文》，中華書局，1985年，第1冊，第272頁。Vgl. Yan Ke-jun, *Quan Shang Gu San Dai Qin Han San Guo Liu Chao Wen*, Beijing (Zhong Hua-Verlag) 1985, Bd. 1, S. 272.

2 Xu Shen, Shuo Wen Jie Zi (説文解字), Hongkong 1975, S. 7.

3 "天降下民，作之君，作之師，惟曰其助上帝，寵之四方。有罪無罪，惟我在。天下曷敢有越厥志"（《孟子·梁惠王下》引《尚書》逸文），見《四部備要》，第二冊，《孟子》，第17頁。Vgl. *Si Bu Bei Yao*, 1989, Band 2, Meng Zi, S. 17.

4 "皇天無親，惟德是輔。"（《左傳·僖公五年》），見《四部備要》，第五冊，《左傳注疏》，第135頁。Vgl. *Si Bu Bei Yao*, Band 5, Zuo Chuan Zhu Shu, S. 135.

5 "夫大人者與天地合其德，與日月合其明，與四時合其序，與鬼神合其凶吉。先天而天弗違，后天而奉天時。"（《易經·乾》），見《四部備要》，第一冊，《周易》，第3頁。Vgl. *Si Bu Bei Yao*, Band 1, Zhou Yi, S. 3.

6 "惻隱之心，仁之端也；羞惡之心，義之端也；辭讓之心，禮之端也；是非之心，智之端也。人之有是四端也，猶其有四體也。"（《孟子·公孫丑上》），見《四部備要》，第二冊，《孟子》，第32頁。Vgl. *Si Bu Bei Yao*, Band 2, Meng Zi, S. 32.

7 "盡其心者，知其性也；知其性，則知天矣。存其心，養其性，所以事天也。"（《孟子·盡心上》），見《四部備要》，第二冊，《孟子》，第111頁。Vgl. *Si Bu Bei Yao*, Band 2, Meng Zi, S. 111.

8" 萬物皆備于我矣。"（《 孟子·盡心上》）, 見 《 四部備要》, 第二冊,《 孟子》, 第111 頁。 Vgl. *Si Bu Bei Yao*, Band 2, Meng Zi, S. 111.

9" 唯天下至誠, 爲能盡其性; 能盡其性, 則能盡人之性; 能盡人之心性, 則能盡物之性; 能盡物之性, 則可以贊天地之化育, 則可以贊天地之化育, 則可以與天地參矣。"（《 禮記·中庸》）, 見《 四部備要》, 第一冊,《 禮記》, 第197頁。 Vgl. *Si Bu Bei Yao*, Band 1, Li Ji, S. 197.

10" 天地與我并生, 而萬物與我爲一。"（《 莊子·齊物》）, 見《 四部備要》, 第五十三冊, 《 莊子》, 第11頁。 Vgl. *Si Bu Bei Yao*, Band 53, Zhuang Zi, S. 11.

11" 聖人未始有天, 未始有人, 未始有始, 未始有物, 與世偕行而不替。"（《 莊子·則陽》）, 見《 四部備要》第五十三冊, 《 莊子》, 第103頁。 Vgl. *Si Bu Bei Yao*, Band 53, Zhuang Zi, S. 103.

12" 以類合一, 天人一也。"（《 春秋繁露·陰陽義》）, 見《 四部備要》, 第五十四冊,《 春秋繁露》, 第71頁。 Vgl. *Si Bu Bei Yao*, Band 54, Chun Qiu Fan Lou, S. 71.

13" 人之（爲）人, 本于天; 天也, 人之曾祖父也, 此人之所以乃上類天也。人之形體, 化天數而成; 人之血氣, 化天志而仁; 人之德行, 化天理而義; 人之好惡, 化天之暖暒; 人之喜怒, 化天之寒暑; 人之受命, 化天之四時; 人生有喜怒哀樂之答, 春夏秋冬之類也。"（《 春秋繁露·爲人者天》）, 見《 四部備要》, 第五十四冊,《 春秋繁露》, 第65頁。 Vgl. *Si Bu Bei Yao*, Band 54, Chun Qiu Fan Lou, S. 65.

14" 天亦有喜怒之氣、哀樂之心, 與人相副。"（《 春秋繁露·陰陽義》）, 見《 四部備要》第五十四冊,《 春秋繁露》, 第71頁。 Vgl. *Si Bu Bei Yao*, Band 54, Chun Qiu Fan Lou, S. 71.

15 " 天地之陰氣起，而人之陰氣應之而起；人之陰氣起，而天地之陰氣亦宜應之而起，其道一也。"（《 春秋繁露·同類相動 》），見《 四部備要 》，第五十四冊，《 春秋繁露 》，第76頁。 Vgl. *Si Bu Bei Yao*, Band 54, Chun Qiu Fan Lou, S. 76.

16 " 天性在人，正猶水性之在冰，凝釋雖異，爲物一也，受光有大小、昏明，其照納不二也。"（《 正蒙·誠明 》），見《 四部備要 》，第五十六冊，《 張子全書 》，第19頁。 Vgl. *Si Bu Bei Yao*, Band 56, Zhang Zi Quan Shu, S. 19.

17 " 天道即性也，故思知人不可不知天，能知天，斯知人矣。"（《 易説·説卦 》），見《 四部備要 》，第五十六冊，《 張子全書 》，第113頁。 Vgl. *Si Bu Bei Yao*, Band 56, Zhang Zi Quan Shu, S. 113.

18 " 儒者則因明至誠，因誠至明，故天人合一，致學而可以成聖，得天而未始遺人。（《 正蒙·乾稱 》），見《 四部備要 》，第 五十六冊，《 張子全書 》，第35-36頁。 Vgl. *Si Bu Bei Yao*, Band 56, Zhang Zi Quan Shu, S. 35-36.

19 " 天人异用，不足以言誠；天人异知，不足以盡明。所謂誠明者，性與天道不見乎大小之别也。"（《 正蒙·誠明 》），見《 四部備要 》，第五十六冊，《 張子全書 》，第19頁。 Vgl. *Si Bu Bei Yao*, Band 56, Zhang Zi Quan Shu, S. 19.

20 " 天良能本吾良能，顧爲有我所喪爾。"（《 正蒙·誠明 》），見《 四部備要 》，第五十六 冊，《 張子全書 》，第19頁。 Vgl. *Si Bu Bei Yao*, Band 56, Zhang Zi Quan Shu, S. 19.

21 " 大其心，則能體天下之物。"（《 正蒙·大心 》），見《 四部備要 》，第五十六冊，《 張子全書 》，第21頁。 Vgl. *Si Bu Bei Yao*, Band 56, Zhang Zi Quan Shu, S. 21.

22 " 天者，理也。"（《 二程遺書 》十一），見《 四部備要 》，第 五十六冊，《 二程全書 》，第60頁。 Vgl. *Si Bu Bei Yao*, Band 56, Er Cheng Quan Shu, S. 60.

23" 人之所以爲人者，以有天理也。"（《 粹言 · 人物篇 》），見《 四部備要 》，第五十六冊，《 二程全書 》，第514頁。 Vgl. *Si Bu Bei Yao*, Band 56, Er Cheng Quan Shu, S. 514.

24" 人乃五行之秀氣，此是天地清明純粹氣所生也。"（《 二程遺書 》十八），見《 四部備要 》，第五十六冊，《 二程全書 》，第93頁。 Vgl. *Si Bu Bei Yao*, Band 56, Er Cheng Quan Shu, S. 93.

25" 安有知人道而不知天道者乎? 道一也, 豈人道自是人道,天道自是天道。《 中庸 》言: ' 盡己之性，則能盡人之性; 能盡人之性，則能盡物之性，盡物之性，則可以贊天地之化育。' 此言可見矣。"（《 二程遺書 》十八），見《 四部備要 》，第五十六，《 二程全書 》，第87頁。 Vgl. *Si Bu Bei Yao*, Band 56, Er Cheng Quan Shu, S. 87.

26" 道未始有天人之別，但在天則爲天道，在人則爲人道。"（《 二程遺書 》十一），見《 四部備要 》，第五十六冊，《 二程全書 》，第128頁。 Vgl. *Si Bu Bei Yao*, Band 56, Er Cheng Quan Shu, S. 128.

27" 天人本只一理。……天即人，人即天。"《 朱子語類卷十七 》，見《 朱子語類 》，中华书局，1986，第2册，第387页。 Vgl. *Zhu Zi Yu Lei (Gespräche von Zhu Zi)*, Beijing (Zhong Hua-Verlag) 1986, Band 2, S. 387.

28" 人的良知，就是草木瓦石的良知。若草木瓦石無人的良知，不可以爲草木瓦石矣，豈惟草木瓦石爲然。天地無人的良知,亦不可爲天地矣。蓋天地萬物與人原是一體，其發竅之最精處，是人心一點靈明。風、雨、露、雷、日月星辰、禽獸草木、山川土石，與人原只一體。"（《 傳習錄下 》),見《 四部備要 》，第五十九冊，《 陽明全書 》，第79頁。 Vgl. *Si Bu Bei Yao*, Band 59, Yang Ming Quan Shu, S. 79.

29" 大人者，以天地萬物爲一體者也。其視天下猶一家，中國猶一人焉。若夫間形骸而分爾我者，小人矣。大人之能以天地

萬物爲一體也，非意之也，其心之仁，本若是其與天地萬物而
爲一也。豈惟大人，雖小人之心，亦莫不然。彼顧自小之耳。
是故見孺子之入井，而必有怵惕惻隱之心焉。是其仁與孺子而
爲一體也。孺子猶同類者也。見鳥獸之哀鳴觳觫而必有不忍之
心焉，是其仁之與鳥獸而爲一體也。……是其一體之仁也，雖
小人之心，亦必有之。是乃根于天命之性……是故苟無私欲之蔽，
則雖小人之心，而其一體之仁，猶大人欲之也。一有私欲之蔽，
則雖大人之心，而其分隔隘陋，猶小人矣。故夫爲大人之學者，
亦惟去其私欲之蔽，以自明其明德，復其天地萬物一體之本然
而已耳，非能與本體之外而有所謂增益之也。（《大學問》）
見《四部備要》，第五十九冊，《陽明全書》，第373頁。
Vgl. *Si Bu Bei Yao*, Band 59, Yang Ming Quan Shu, S. 373.

30 " 立其天地萬物一體之體，達其天地萬物一體之用。"
（《大學問》）見《四部備要》，第五十九冊，《陽明全書》，
第373頁。 Vgl. *Si Bu Bei Yao*, Band 59, Yang Ming Quan Shu, S.
373.

31 " 非知之艱，行之惟艱。"（《尚書·說命中》），見《四部
備要》，第一冊，《尚書》，第31頁。 Vgl. *Si Bu Bei Yao*,
Band 1, Shang Shu, S. 31.

32 " 非知之實難，將在行之。"（《左傳·昭公十年》）， 見
《四部備要》，第五冊，《左傳注疏》，第494頁。 Vgl. *Si
Bu Bei Yao*, Band 5, Zuo Chuan Zhu Shu, S. 494.

33 " 生而知之者，上也；學而知之者，次也；困而學之，又其
次也；困而不學，民斯爲下矣。"（《論語·季氏》），見《四
部備要》，第二冊，《論語》，第73頁。 Vgl. *Si Bu Bei Yao*,
Band 2, Lun Yu, S. 73.

34 " 子曰：'誦詩三百，授之以政，不達；使之四方，不能專
對，雖多，亦奚以爲？'"（《論語·子路》），見《四部備要》，
第二冊，《論語》，第57-58頁。 Vgl. *Si Bu Bei Yao*, Band 2,
Lun Yu, S. 57-58.

35 " 始吾於人也，聽其言而信其行；今吾於人也，聽其言而觀其行。"（《論語‧公冶長》），見《四部備要》，第二冊，《論語》，第24頁。 Vgl. *Si Bu Bei Yao*, Band 2, Lun Yu, S. 24.

36 " 君子耻其言而過其行。"（《論語‧憲問》），見《四部備要》，第二冊，《論語》，第 64 頁。 Vgl. *Si Bu Bei Yao*, Band 2, Lun Yu, S. 64.

37 " 君子不以言舉人，不以人廢言。"（《論語‧衛靈公》），見《四部備要》，第二冊，《論語》，第69頁。 Vgl. *Si Bu Bei Yao*, Band 2, Lun Yu, S. 69.

38 " 知之不若行之，學至于行而止矣。行之，明也。明之爲聖人。……知之而不行，雖敦必困。"（《荀子‧儒教》），見《四部備要》，第五十二冊，《荀子》，第36頁。 Vgl. *Si Bu Bei Yao*, Band 52, Xun Zi, S. 36.

39 " 聖人不行而知，不見而名，不爲而成。"（《老子》47章) 見《四部備要》，第五十三冊，《老子道德經》，第18頁。 Vgl. *Si Bu Bei Yao*, Band 53, Lao Zi Dao De Jing, S. 18.

40 " 不出户，知天下；不窺牖，見天道。其出彌遠，其知彌少。"（《老子》47章)，見《四部備要》，第五十三冊，《老子道德經》，第18頁。 Vgl. *Si Bu Bei Yao*, Band 53, Lao Zi Dao De Jing, S. 18.

41 Vgl.（《老子道德經》37章） Lao Zi, Dao De Jing, Kap. 37.

42 Dieter Birnbacher, *Tun und Unterlassen*, Stuttgart 1995.

43 " 天之道，損有余而補不足，人之道則不然，損不足以奉有余。"（《老子》77章)，見《四部備要》，第五十三冊，《老子道德經》，第25頁。 Vgl. *Si Bu Bei Yao*, Band 53, Lao Zi Dao De Jing, S. 25.

44" 絕聖弃智，民利百倍。絕仁弃義，民復孝慈，絕巧弃利，
盜賊無有。此三者以爲文不足。故令有所屬，見素抱樸，少私
寡欲。"（《老子》19章），見《四部備要》，第五十三冊，
《老子道德經》，第7頁。Vgl. *Si Bu Bei Yao*, Band 53, Lao Zi
Dao De Jing, S. 7.

45" 是以聖人之治，虛其心，實其腹，弱其志，强其骨，常使
民無知無欲。使夫智者，不敢爲也。爲無爲，則無不治。"
（《老子》3章），見《四部備要》，第五十三冊，《老子
道德經》，第3頁。Vgl. *Si Bu Bei Yao*, Band 53, Lao Zi Dao De
Jing, S. 3.

46" 故聖人云：我無爲而民自化；我好靜而民自正；我無事而
民自富；我無欲而民自樸。"（《老子》57章），見《四部備
要》，第五十三冊，《老子道德經》，第21頁。Vgl. *Si Bu Bei
Yao*, Band 53, Lao Zi Dao De Jing, S. 21.Vgl. dazu die Übersetzung
A. Forkes in seiner *Geschichte der alten chinesischen Philosophie*,
S. 278.

47" 未致知，怎生得行？"（《宋元學案》卷十五），見《四部
備要》，第六十一冊，《宋元學案》，第221頁。Vgl. *Si Bu
Bei Yao*, Band 61, Song Yuan Xue An (Florilegium der Song- und
Yuan-Lehren), S. 221.

48" 如ённ前諸人要特立獨行，煞不難得，只是要一個知見難。
人只被知見不通透。"（《宋元學案》卷十五），見《四部備
要》，第六十一冊，《宋元學案》，第211頁。Vgl. *Si Bu Bei
Yao*, Band 61, Song Yuan Xue An, S. 211.

49" 致知力行，用功不可偏，偏過一邊，則邊受病。"（《朱
子語類》卷九），見《朱子語類》，中華書局，1986年，第一冊，
第148頁。Vgl. *Zhu Zi Yu Lei*, (Gespräche von Zhu Zi) Beijing
(Zhong Hua-Verlag) 1986, Band 1, S. 148.

50" 義理不明，如何踐履？"（《朱子語類》卷九），見《朱子
語類》，中華書局，1986年，第一冊，第152頁。Vgl. *Zhu Zi*

Yu Lei, (Gespräche von Zhu Zi) Beijing (Zhong Hua-Verlag) 1986, Band 1, S. 152.

51 " 論先后，知爲先；論輕重，行爲重。"（《 朱子語類 》卷九），見《 朱子語類 》，中華書局，1986年，第一册，第148頁. Vgl. *Zhu Zi Yu Lei,* (Gespräche von Zhu Zi) Beijing (Zhong Hua-Verlag) 1986, Band 1, S. 148.

52 " 方其知之而行未及之，則知尚淺。既親歷其域，則知之益明，非前日之意味。"（《 朱子語類 》卷九），見《 朱子語類 》，中華書局，1986年，第一册，第148頁。Vgl. *Zhu Zi Yu Lei* (Gespräche von Zhu Zi), Beijing (Zhong Hua-Verlag) 1986, Band 1, S. 148.

53 " 知是行的主意，行是知的功夫；知是行之始，行是知之成。若會得時，只説一個知，已自有行在，只説一個行，已自有知在。"（《 傳習錄上 》），見《 四部備要 》，第五十九册，《 陽明全書 》，第38頁。Vgl. *Si Bu Bei Yao,* Band 59, Yang Ming Quan Shu, S. 38.

54 " 若行而不能明覺精察便是冥行，便是學而不思則罔，所以必須説個知。知而不能真切篤實，便是妄想，便是思而不學則殆，所以必須説個行。原來只是一個功夫。凡古人説行知，皆是就一個功夫上補偏救蔽説，不似今人截然分作兩件事做。如今説知行合一，雖亦是就今時 補偏救蔽説，然知行體段亦本是如是。"（《 陽明全書 》卷六，答友人問），見《 四部備要 》，第五十九册，《 陽明全書 》，第115頁。Vgl. *Si Bu Bei Yao,* Band 59, Yang Ming Quan Shu, S. 115.

55 Vgl. L. Geldsetzer und H.-d. Hong, *Chinesisch-deutsches Lexikon der chinesischen Philosophie,* Aalen 1986, S. 30: Art. 14 "Erkennen und Handeln als Einheit".

56 " 世之學老子者，則絀儒學，儒學亦絀老子。道不同不相爲謀。"（《 史記·老莊申韓列傳 》），見《 四部備要 》，第十五册，《 史記》，第750頁。 Vgl. *Si Bu Bei Yao*, Band 15, Shi Ji *(Geschichtsaufzeichnungen des Si-ma Qian)*, S. 750.

57" 天下有道，則禮樂征伐自天子出。天下無道，則理樂征伐 自諸侯出。自諸侯出，蓋十世希不失矣。自大夫出，五世希不 失矣。陪臣執國命，三世不失矣。"（《 論語・季氏》），見 《 四部備要》，第二册，《 論語》，第72頁。 Vgl. *Si Bu Bei Yao*, Band 2, Lun Yu, S. 72.

58" 道之將行也與，命也；道之將廢也與，命也。"（《 論語・ 憲問》），見《 四部備要》，第二册，《 論語》，第65頁。 Vgl. *Si Bu Bei Yao*, Band 2, Lun Yu, S. 65.

59" 天下有道，丘不與易也。"（《 論語・微子》），見《 四部 備要》，第二册，《 論語》，第82頁。 Vgl. *Si Bu Bei Yao*, Band 2, Lun Yu, S. 82.

60" 子路曰：' 衛君待子而爲政，子將奚先？' 子曰：' 必也 正名乎。' 子路曰：' 有是哉,子之迂也，奚其正？' 子曰: `野哉由也，君子於所不知，蓋闕如也。名不正則言不順，言不 順則事不成，事不成則禮樂不興，禮樂不興則刑罰不中，刑罰 不中則民無所措手足，故君子名之必可言，言之必可行也。君 子于其言無所苟而已矣。' "（《 論語・子路》），見《 四部 備要》，第二册，《 論語》，第57頁。 Vgl. *Si Bu Bei Yao*, Band 2, Lun Yu, S. 57.

61" 君君臣臣父父子子。"（《 論語・顏淵》），見《 四部備 要》，第二册，《 論語》，第 54頁。 Vgl. *Si Bu Bei Yao*, Band 2, Lun Yu, S. 54.

62" 人之所教，我亦教之，强梁者不得其死，吾將以爲教父。" （《 老子》42章），見《 四部備要》，第五十三册，《 老子道德 經》，第17頁。 Vgl. *Si Bu Bei Yao*, Band 53, Lao Zi Dao De Jing, S. 17.

63 " 民之輕死，以其上求生之厚，是以輕死。夫唯無以生爲者，是賢於貴生。"（《 老子》75章），見《 四部備要》，第五十三冊，《 老子道德經》，第25頁。 Vgl. *Si Bu Bei Yao*, Band 53, Lao Zi Dao De Jing, S. 25.

64 " 民不畏死，奈何以死懼之。"（《 老子》74章），見《 四部備要》，第五十三冊，《 老子 道德經》，第25頁。 Vgl. *Si Bu Bei Yao*, Band 53, Lao Zi Dao De Jing, S. 25.

65 " 出生入死，生之徒十有三，死之徒十有三。人之生，動之死地亦十有三。夫何故？以其生生之厚。蓋聞善攝生者，陸行不遇兇虎，入軍不被甲兵，兇無所投其角，虎無所措其爪，兵無所容其刃。夫何故？！以其無死地。"（《 老子》50章），見《 四部備要》，第 五十三冊，《 老子道德經》，第19頁。 Vgl. *Si Bu Bei Yao*, Band 53, Lao Zi Dao De Jing, S. 19.

66 Vgl. dazu die Übersetzung von Wing-Tsit Chan, *A Source Book in Chinese Philosophy*, 4. Aufl., Princeton 1973, S. 163.

67 Demokrit, Fragment 205, in: H. Diels, *Die Fragmente der Vorsokratiker*, Hamburg 1957, S. 111.

68 " 死而不亡者，壽。"（《 老子》33章），見《 四部備要》，第五十三冊，《 老子道德經》，第12頁。 Vgl. *Si Bu Bei Yao*, Band 53, Lao Zi Dao De Jing, S. 12.

69 " 天之道，損有余而補不足，人之道則不然，損不足以奉有余。"（《 老子》77章），見《 四部備要》，第五十三冊，《 老子道德經》，第25頁。 Vgl. *Si Bu Bei Yao*, Band 53, Lao Zi Dao De Jing, S. 25.

70 " 故失道而后德，失德而后仁，失仁而后義，失義而后禮。夫禮者，忠信之薄而亂之首。"（《 老子》38章），見《 四部備要》，第五十三冊，《 老子道德經》，第15頁。 Vgl. *Si Bu Bei Yao*, Band 53, Lao Zi Dao De Jing, S. 15.

71 " 大道廢，有仁義：慧智出，有大偽。"（《 老子》18章），
見《 四部備要》，第五十三冊，《 老子道德經》，第7頁。 Vgl.
Si Bu Bei Yao, Band 53, Lao Zi Dao De Jing, S. 15.

72 " 故以身觀身，以家觀家，以鄉觀鄉，以國觀國，以天下觀
天下。吾何以知天下然哉？以此。"（《 老子》54章），見《 四
部備要》，第五十三冊，《 老子道德經》，第20頁。 Vgl. *Si
Bu Bei Yao*, Band 53, Lao Zi Dao De Jing, S. 20.

73 " 知其雄，守其雌，爲天下谷。爲天下谷，常德不離，復歸
于嬰兒。"（《 老子》28章），見《 四部備要》，第五十三冊，
《 老子道德經》，第10頁。 Vgl. *Si Bu Bei Yao*, Band 53, Lao Zi
Dao De Jing, S. 10.

74 " 天下莫柔弱于水，而攻堅强者，莫之能勝。"（《 老子》
78章），見《 四部備要》，第五十三冊，《 老子道德經》，第26
頁。 Vgl. *Si Bu Bei Yao*, Band 53, Lao Zi Dao De Jing, S. 26.

75 " 上善若水，水善利萬物而不爭，處衆人之所惡，故幾于
道。"（《 老子》8章），見《 四部備要》，第五十三冊，《 老
子道德經》，第4頁。 Vgl. *Si Bu Bei Yao*, Band 53, Lao Zi Dao
De Jing, S. 4.

76 " 將欲歙之，必固張之；將欲弱之，必固强之；將欲廢之，
必固與之；將欲奪之，必固與之，是謂微明。"（《 老子》36
章），見《 四部備要》第五十三冊，《 老子道德經》，第12
頁 。 Vgl. *Si Bu Bei Yao*, Band 53, Lao Zi Dao De Jing, S. 12.

77 " 其安易持，其未兆易，其脆易泮，其微易散。爲之于未
有，治之于未亂，合抱之木，生于毫末，九層之臺，起于累
土，千里之行，始于足下。爲者敗之，執者失之。是以聖人無
爲故無敗，無執故無失。民之從事，常于幾成而敗之，慎終如
始，則無敗事。是以聖人欲不欲，不貴難得之貨，學不學，復

衆人之過，以輔萬物之自然而不敢爲。"（《老子》64章），見《四部備要》，第五十三冊，《老子道德經》，第23頁。Vgl. *Si Bu Bei Yao*, Band 53, Lao Zi Dao De Jing, S. 23.

78 "致虛極守靜篤，萬物并作，吾以觀復。夫物蕓蕓，各復歸其根，歸根曰靜，是謂復命,復命曰常,知常曰明。"（《老子》16章），見《四部備要》，第五十三冊，《老子道德經》，第6-7頁。Vgl. *Si Bu Bei Yao*, Band 53, Lao Zi Dao De Jing, S. 6-7.

79（《老子道德經》34, 63章）Lao Zi, Dao De Jing, Kap. 34, auch Kap. 63.

80 "軍旅之事，未之學也。"（《論語·衛靈公》），見《四部備要》，第二冊，《論語》，第67頁。Vgl. *Si Bu Bei Yao*, Band 2, Lun Yu, S. 67.

81 "兵者不祥之器，非君子之器，不得已而用之，恬淡爲上，勝而不美，而美之者是樂殺人,夫樂殺人者，則不可以得志于天下矣。"（《老子》31章），見《四部備要》，第五十三冊，《老子道德經》，第11頁。Vgl. *Si Bu Bei Yao*, Band 53, Lao Zi Dao De Jing, S. 11.

82 "强魚不可脫于淵，國之利器不可以示人。"（《老子》36章），見《四部備要》，第五十三冊，《老子道德經》，第12頁。Vgl. *Si Bu Bei Yao*, Band 53, Lao Zi Dao De Jing, S. 12.

83 "民多利器，國家滋昏。"（《老子》57章），見《四部備要》，第五十三冊，《老子道德經》，第21頁。Vgl. *Si Bu Bei Yao*, Band 53, Lao Zi Dao De Jing, S. 21.

84 "大國者下流，天下之交，天下之牝，牝常以靜勝牡，以靜爲下。故大國以下小國，則取小國，故或下以取，或下而取。大國不過，欲兼畜人，小國不過，欲入事人。夫兩者各得其所欲，大者宜爲下。"（《老子》61章），見《四部備要》，第五十三冊，《老子道德經》，第22頁。Vgl. *Si Bu Bei Yao*, Band 53, Lao Zi Dao De Jing, S. 22.

85 " 用兵有言，吾不敢爲主而爲客，不敢進寸而退尺，是謂行無行。攘無臂，扔無敵，執無兵，禍莫大于輕敵，輕敵幾喪吾實。故抗兵相加，哀者勝矣。"（《老子》69章），見《四部備要》，第五十三冊，《老子道德經》，第24頁。Vgl. *Si Bu Bei Yao*, Band 53, Lao Zi Dao De Jing, S. 24.

86 " 兵者國之大事也，死生之地，存亡之道，不可不察也。"（《孫子·卷一》），見《四部備要》，第五十二冊，《孫子》，第15頁。Vgl. *Si Bu Bei Yao*, Band 52, Sun Zi, S. 15.

87 " 道者，令民與上同意也，故可與之死，可與之生，而民不畏危。"（《孫子·卷一》），見《四部備要》，第五十二冊，《孫子》，第16頁。Vgl. *Si Bu Bei Yao*, Band 52, Sun Zi, S. 16.

88 " 陰陽寒暑時制也。"（《孫子·卷一》），見《四部備要》，第五十二冊，《孫子》，第16頁。Vgl. *Si Bu Bei Yao*, Band 52, Sun Zi, S. 16.

89 " 遠近險易廣狹死生也。"（《孫子·卷一》），見《四部備要》，第五十二冊，《孫子》，第18頁。Vgl. *Si Bu Bei Yao*, Band 52, Sun Zi, S. 18.

90 " 故能而示之不能，用而示之不用，近而示之遠，遠而示之近。"（《孫子·卷一》），見《四部備要》，第五十二冊，《孫子》，第22頁。Vgl. *Si Bu Bei Yao*, Band 52, Sun Zi, S. 22.

91 " 是故百戰百勝，非善之善者也。不戰而屈人之兵，善之善者也。"（《孫子·卷三》），見《四部備要》，第五十二冊，《孫子》，第37頁。Vgl. *Si Bu Bei Yao*, Band 52, Sun Zi, S. 37.

92 " 故善用兵者，屈人之兵而非戰也；拔人之城而非攻也；毀人之國而非久也。"（《孫子·卷三》），見《四部備要》，第五十二冊，《孫子》，第41頁。Vgl. *Si Bu Bei Yao*, Band 52, Sun Zi, S. 41.

93 " 必以全爭于天下，故兵不頓而利可全，此謀攻之法也。"
（《 孫子·卷三》），見《 四部備要》，第五十二册，《 孫子》，
第42頁。 Vgl. *Si Bu Bei Yao*, Band 52, Sun Zi, S. 42.

94 " 古之所謂善戰者勝，勝易勝者也。"（《 孫子·卷四》），
見《 四部備要》，第五十二册，《 孫子》，第54頁。 Vgl. *Si
Bu Bei Yao*, Band 52, Sun Zi, S. 54.

95 " 故善戰者之勝也，無智名無勇功。"（《 孫子·卷四》），
見《 四部備要》，第五十二册，《 孫子》，第54頁。 Vgl. *Si
Bu Bei Yao*, Band 52, Sun Zi, S. 54.

96 " 戰勝而天下曰善，非善之善者也。"（《 孫子·卷四》），
見《 四部備要》，第五十二册，《 孫子》，第53頁。 Vgl. *Si
Bu Bei Yao*, Band 52, Sun Zi, S. 53.

97 " 知天之所爲，知人之所爲者，至矣。知天之所爲者，天而
生也；知人之所爲者，以其知之所知，以養其知之所不知，終
其天年而不中道夭者，是知之盛也。"（《 莊子·大宗師》），
見《 四部備要》，第五十三册，《 莊子》，第29頁。 Vgl. *Si Bu
Bei Yao*, Band 53, Zhuang Zi, S. 29. Die Übersetzung nach R. Wilhelm, *Zhuang Zi: Der große Ahn und Meister, Der wahre Mensch
und Dao*, in: Dschuang Dsi, *Das wahre Buch vom südlichen Blütenland*, 8. Aufl., München 1994, S. 83.

98 " 是故鳧脛雖短，續之則憂；鶴脛雖長，斷之則悲。故性長
非所斷，性短非所續，無所去憂也。"（《 莊子·駢拇》），見
《 四部備要》，第五十三册，《 莊子》，第39-40頁。 Vgl. *Si
Bu Bei Yao*, Band 53, Zhuang Zi, S. 39-40.

99 " 馬蹄可以踐霜雪，毛可以御風寒，齕草飲水，翹足而陸，
此馬之真性。雖有義臺路寢,無所用之。及至伯樂曰：我善治
馬，燒之、剔之、刻之、雒之、連之以羈馽，編之以皁棧，馬
之死者十二三矣。饑之、渴之、馳之、驟之、整之、齊之、前
有橛飾之患，而后有鞭筴之威，而馬之死已過半矣。……夫馬
陸居則食草飲水，喜則交頸相靡，怒則分背相踶，馬知已此矣.

夫加之以衡扼，齊之以月題，而馬知介倪，闉扼，鷙曼，詭銜
竊轡，故馬之知而能至盜者，伯樂之罪也。"（《莊子·馬
蹄》），見《四部備要》，第五十三冊，《莊子》，第41-
42頁。Vgl. *Si Bu Bei Yao*, Band 53, Zhuang Zi, S. 41-42.

100 " 夫赫胥氏之時，民居不知所爲，行不知所之。含哺而熙，
鼓腹而游，民能已此矣。及至聖人屈折禮樂，以匡天下之形，
縣跂仁義，以慰天下之心，而民乃始踶跂好知，爭歸於利，不
可止也。此亦聖人之過也。"（《莊子·馬蹄》），見《四部
備要》，第五十三冊，《莊子》，第42頁。Vgl. *Si Bu Bei Yao*,
Band 53, Zhuang Zi, S. 42.

101 " 夫水行莫如用舟，而陸行莫如用車。以舟之可行于水也，
而求推之于陸，則沒世不行尋常。古今非水陸與，周魯非舟車
與。今蘄行周于魯，是猶推車于陸也。勞而無功，身必有殃。
彼未知夫，無方之傳應物而不窮者也。"（《莊子·天運》），
見《四部備要》，第五十三冊，《莊子》，第61頁。Vgl. *Si
Bu Bei Yao*, Band 53, Zhuang Zi, S. 61.

102 " 子貢南游于楚，反于晉，過漢陰，見一丈人方將爲圃畦鑿
隧而入井，抱甕而出灌，搰搰然用力甚多而見功寡。子貢曰：
'有械于此，一日浸百畦，用力甚寡而見功多，夫子不欲乎？'
爲圃者仰而視之曰：'奈何？'曰：'鑿木爲機，後重前輕，
挈水若抽，數如溢湯，其名爲橰。'爲圃者忿然作色而笑曰：
'吾聞之吾師，有機械者必有機事，有機事者必有機心。機
心存于胸中則純白不備。純白不備，則神生不定，神生不定者，
道之所不載也。吾非不知，羞而不爲也。'"（《莊子·天
地》），見《四部備要》，第五十三冊，《莊子》，第53-
54頁。Vgl. *Si Bu Bei Yao*, Band 53, Zhuang Zi, S. 53-54.

103 " 泰氏其臥徐徐，其覺于于，一以己爲馬，一以己爲牛，其
知情性，其德甚真，而未始入于非人。"（《莊子·應帝王》），
見《四部備要》，第五十三冊，《莊子》，第36頁。Vgl. *Si Bu
Bei Yao*, Band 53, Zhuang Zi, S. 36.

104 " 小國寡民，使有什伯之器而不用，使民重死而不遠徒，雖
有舟輿，無所乘之，雖有甲兵，無所陳之，使人復結繩而用之，
甘其食，美其服，安其居，樂其俗，鄰國相望，雞犬之聲相聞，
民至老死不相往來。"（《 老子》80章），見《 四部備要》，第
五十三冊，《 老子 道德經》，第26頁。 Vgl. *Si Bu Bei Yao*,
Band 53, Lao Zi Dao De Jing, S. 26.

105 K. Marx und F. Engels, *Die deutsche Ideologie*, in: K. Marx,
Die Frühschriften, hg. von S. Landshut, Stuttgart 1955, S. 561.

3. Kapitel

1 " 物生有兩。……體有左右，各有配耦，王有公，諸侯有卿，皆有貳也。"（《左傳·昭公三十二年》），見《四部備要》，第五冊，《左傳注疏》，第589頁。 Vgl. *Si Bu Bei Yao*, Band 5, Zuo Zhuan Zhu Shu, S. 589.

2 " 清濁，大小，短長，疾徐，哀樂，剛柔，遲速，高下，出入，周疏，以相濟也。"（《左傳·昭公二十年》），見《四部備要》，第五冊，《左傳注疏》，第543頁。 Vgl. *Si Bu Bei Yao*, Band 5, Zuo Zhuan Zhu Shu, S. 543.

3 " 泰，小往大來，吉亨……無平不陂，無往不復。"（《周易·泰卦象辭·爻辭》），見《四部備要》，第一冊，《周易》，第11頁。 Vgl. *Si Bu Bei Yao*, Band 1, Zhou Yi, S. 11.

4 " 乾坤其易之門邪。乾，陽物也，坤，陰物也。陰陽合德而剛柔有體，以體天地之撰。（《周易·繫辭下》），見《四部備要》，第一冊，《周易》，第57頁。 Vgl. *Si Bu Bei Yao*, Band 1, Zhou Yi, S. 57.

5 " 剛柔相推而生變化。"（《周易·繫辭上》），見《四部備要》，第一冊，《周易》，第49頁。 Vgl. *Si Bu Bei Yao*, Band 1, Zhou Yi, S. 49.

6 " 日往則月來，月往則日來，日月相推而明生焉。寒往則暑來，暑往則寒來，寒暑相推而歲成焉。往者屈也，來者信也。屈信相感而利生焉。"（《周易·繫辭下》），見《四部備要》，第一冊，《周易》，第56頁。 Vgl. *Si Bu Bei Yao*, Band 1, Zhou Yi, S. 56.

7 " 危者安其位也，亡者保其存也，亂者有其治者也。是故君子安而不忘危，存而不忘亡，治而不忘亂，是以身安而國家可保也。"（《周易·繫辭下》），見《四部備要》，第一冊，《周易》，第57頁。 Vgl. *Si Bu Bei Yao*, Band 1, Zhou Yi, S. 57.

8" 天下皆知美之爲美，斯惡矣；皆知善之爲善，斯不善矣。"
（《 老子》2章），見《 四部備要》,第五十三冊,《 老子道德經》，
第3頁。Vgl. *Si Bu Bei Yao*, Band 53, Lao Zi Dao De Jing, S. 3.

9" 禍兮福之所依, 福之禍之所伏。"（《 老子》58章），見《 四
部備要》，第五十三冊，《 老子道德經》第21頁。 Vgl. *Si Bu
Bei Yao*, Band 53, Lao Zi Dao De Jing, S. 21.

10" 曲則全，枉則直，窪則盈，敝則新，少則得，多則惑。"
（《 老子》22章），見《 四部備要》，第五十三冊，《 老子道德
經》，第8頁。 Vgl. *Si Bu Bei Yao*, Band 53, Lao Zi Dao De
Jing, S. 8.

11" 有無相生，難易相成，長短相形，高下相傾，聲音相和，
前后相隨。"（《 老子》2章），見《 四部備要》，第五十三冊，
《 老子道德經》，第3頁。Vgl. *Si Bu Bei Yao*, Band 53, Lao Zi
Dao De Jing, S. 3.

12" 物極則反，命爲環流。"（《 鶡冠子·環流》),見《 四部
備要》，第五十三冊，《 鶡冠子》，第10頁。 Vgl. *Si Bu Bei
Yao*, Band 53, He Guan Zi, S. 10.

13　Vgl. L. Geldsetzer und H.-d. Hong, *Chinesisch-deutsches
Lexikon der chinesischen Philosophie*, Art. 93: Wechsel vom
Schlechten zum Guten, Aalen 1986, S. 93.

14" 天得一以清，地得一以寧，神得一以靈，谷得一以盈，萬
物得一以生，侯王得一以爲天下貞其致之。"（《 老子》39章),
見《 四部備要》，第五十三冊，《 老子.道德經》，第16頁。
Vgl. *Si Bu Bei Yao*, Band 53, Lao Zi Dao De Jing, S. 16.

15" 一者，萬物之所從始也。"（《 董仲舒·舉賢良對策一》),
見《 四部備要》，第十六冊,《 前漢書》，第829頁。Vgl. *Si Bu
Bei Yao*, Band 16, Qian Han Shu, S. 829.

16" 一者，形變之始也。"（《 列子・天瑞 》），見《 四部備
要 》，第五十三冊，《 列子 》，第 4頁。 Vgl. *Si Bu Bei Yao*,
Band 53, Lie Zi, S. 4.

17" 凡天下之事，一不能化，惟兩而后能化。"（《 朱子語
類・卷98 》），見《 朱子語類 》，卷98，中華書局，1986年，第
七 冊，第2515頁。Vgl. *Zhu Zi Yu Lei* (Gespräche von Zhu Zi),
Beijing (Zhong Hua-Verlag) 1986, Band 7, S. 2515.

18" 兩不立則一不可見，一不可見則兩之用息。兩體者，虛實
也，動靜也，聚散也，清濁也,其究一而已。"（《 正蒙・太
和 》），見《 四部備要 》，第五十六冊，《 張子全書 》，第12頁.
Vgl. *Si Bu Bei Yao*, Band 56, Zhang Zi Quan Shu, S. 12.

19" 物無孤立之理，非同异屈伸終始以發明之，則雖物非物
也。事有始卒乃成。非同异有無相感則不見其成。"（《 正
蒙・動物 》），見《 四部備要 》，第五十六冊，《 張子全書 》，
第 18頁。 Vgl. *Si Bu Bei Yao*, Band 56, Zhang Zi Quan Shu,　S.
18.

20" 非一則不能成兩，非兩則不能致一。"（ 蔡沈（ 九峰）：
《 洪範皇極・內篇 》）。 Vgl. Cai Chen (Jiu-feng), *Hong Fan
Huang Ji, Nei Pian* (Kommentar zum Hong Fan, 1723), 引自
《 哲學大辭典 》，上海辭書出版社，1992，第1701頁。Vgl.
Großes Lexikon der Philosophie, Shanghai Dictionary Press,
1992, S. 1701.

21" 虛實也，動靜也，陰陽也，形氣也，道器也，晝夜也，幽
明也，生死也，盡天地古今皆二也。兩間無不交，無不二而一
者，相反相因，因二以濟，而實無二無一也。"（《 東西均・
三徵 》），見 方以智:《 東西均 》，中華書局，1962，第17頁。
Vgl. Fang Yi-zhi, *Dong Xi Jun* (Ost-West-Gleichgewicht) Beijing
(Zhong Hua-Verlag) 1962, S. 17.

22" 天地間之至理，凡相因者皆極相反。……靜沉動浮，理自
冰炭，而靜中有動，動中有靜,動極必動，動極必靜，有一必有
二,二本于一。豈非天地間之至相反者，本同處于一原乎哉？"

《 東西均・反因 》),見方以智:《 東西均 》，中華書局，1962，
第38-39頁. Vgl. Fang Yi-zhi, *Dong Xi Jun* (Ost-West-Gleichgewicht), Beijing (Zhong Hua-Verlag) 1962, S. 38-39.

23 Vgl. L. Geldsetzer, *Logik*, Aalen 1987, S. 133 ff.

24 " 夫和實生物，同則不繼。以他平他謂之和，故能豐長而物
歸之。若以同裨同，盡乃弃矣.故先王以土與金、木、水、火雜
以成百物。故以和五味以調口，剛四肢以衛體，和六律以聰
耳。……聲一無聽，物一無文，味一無果、物一不講。"
(《 國語・鄭桓公時史伯之言 》)，見《 四部備要 》，第四十四
冊，《 國語 》，第102頁. Vgl. *Si Bu Bei Yao*, Band 44, Guo Yu,
S. 102.

25 " 公曰：和與同异乎？對曰：异。和如羹焉，水火醯醢鹽
梅，以烹魚肉，燀之以薪，宰夫和之，齊之以味。……君子食
之，以平其心……若以水濟水，誰能食之？若琴瑟之專壹，誰
能聽之？同之不可也如是。"(《 左傳・昭公二十年 》)，見
《 四部 備要 》，第五冊，(左傳注疏)・第542-543頁. Vgl. *Si Bu
Bei Yao*, Band 5, Zuo Zhuan Zhu Shu, S. 542-543.

26 " 子曰：君子和而不同，小人同而不和。"(《 論語・子
路 》)，見《 四部備要 》，第二冊，《 論語 》，第60頁。Vgl. *Si
Bu Bei Yao*, Band 2, Lun Yu, S. 60.

27 " 物有本末，事有終始，知所先后則近道矣。……其本亂而
末治者，否矣。其所厚者薄而其所薄者厚，未之有也。此謂知
本，此謂知之至也。"(《 禮記・大學 》)，見《 四部備要 》，
第一冊，《 禮記 》，第223頁。Vgl. *Si Bu Bei Yao*, Band 1, Li
Ji, S. 223.

28 " 一也者，萬物之本也。"(《 淮南子・詮言 》)，見《 四部
備 要 》，第五十四冊，《 淮南子 》，第125頁。Vgl. *Si Bu Bei
Yao*, Band 54, Huai-nan Zi, S. 125.

29 " 謂一元者，大始也。"（董仲舒：《春秋繁露‧玉英》），見《四部備要》，第五十四冊，《春秋繁露》，第17頁。Vgl. *Si Bu Bei Yao*, Band 54, Chun Qiu Fan Lu, S. 17.

30 " 萬物猶各得其德……雖貴以無爲用，不能舍無以爲體也。"（王弼：《老子注‧三十八章》），見《四部備要》，第五十三冊，《老子道德经》，第15頁. Vgl. Wang Bi, *Kommentar zum Lao Zi Dao De Jing*, Kap. 38, in: *Si Bu Bei Yao*, Band 53, S. 15.

31 " 母，本也，子，末也。"（王弼：《老子注‧三十八章》)，見《四部備要》，第五十三冊，《老子道德经》，第19頁。Vgl. Wang Bi, *Kommentar zum Lao Zi Dao De Jing*, Kap. 38, in: *Si Bu Bei Yao*, Band 53, S. 19.

32 " 以無爲用，德（得）其母。"（王弼：《老子注‧三十八章》），見《四部備要》，第五十三冊，《老子道德经》，第15頁。Vgl. Wang Bi, *Kommentar zum Lao Zi Dao De Jing*, Kap. 38, in: *Si Bu Bei Yao*, Band 53, S. 15.

33 " 守母以存其子，崇本以舉其末。"（王弼：《老子注‧三十八章)，見《四部備要》，第五十三冊，《老子道德经》，第16頁。Vgl. Wang Bi, *Kommentar zum Lao Zi Dao De Jing*, Kap. 38, in: *Si Bu Bei Yao*, Band 53, S. 16.

34 " 氣之本體。"（張載：《張子全書‧正蒙‧太和》），見《四部備要》，第五十六冊，《张子全书》，第11頁。Vgl. Zhang Zai, *Zheng Meng* (Klarstellung von Dunkelheiten), in: *Si Bu Bei Yao*, Band 56, Zhang Zi Quan Shu, S. 11.

35 " 至微者，理也；至著者，象也。體用一源，顯微無間。"（程頤：《周易傳序》），見《四部備要》，第五十六冊，《二程全书》，第300頁。Vgl. Cheng Yi, *Zhou Yi Chuan Xu* (Einführender Kommentar zum Zhou Yi), in: *Si Bu Bei Yao*, Band 56, Er Chen Quan Shu, S. 300.

36" 知是心之本體。"（ 王陽明：《 傳習錄·上》），見《 四部備要》，第五十九册，《 陽明全書》，第39頁。 Vgl. *Si Bu Bei Yao*, Band 59, Yang Ming Quan Shu, S. 39.

37" 心之本體，即是天理。"（ 王陽明：《 傳習錄·中》），見《 四部備要》，第五十九册，（ 陽明全書），第59頁。 Vgl. *Si Bu Bei Yao*, Band 59, Yang Ming Quan Shu, S. 59.

38" 天下之用，皆其有者也。吾從其用而知其體之有。"（ 王夫之：《 周易外傳·卷二》），見 《 周易外傳》，中華書局，1962，第31頁。 Vgl. Wang Fu-zhi, *Zhou Yi Wai Zhuan* (Exoterische Erklärung zum Zhou Yi, Kap. 2), Beijing (Zhong Hua-Verlag), 1962, S. 26.

39" 道，用也，器，體也。體立而用行，器存而道不亡。"
（ 譚嗣同：《 思緯氤氳臺短書 報貝元徵》），見 《 譚嗣同文選注》，中華書局 1981，第26頁。Vgl. Tan Si-tong, *Ausgewählte Werke*, Beijing (Zhong Hua-Verlag), 1981, S. 26.

40 Vgl. L. Geldsetzer und H.-d. Hong, *Chinesisch-deutsches Lexikon der Klassiker und Schulen der chinesischen Philosophie*, Art. Tan Si-tong, Aalen 1991, S. 114.

41" 舜其大知也與！舜好問而好察邇言。隱惡而揚善。執其兩端,用其中于民，其斯以爲舜乎！"（《 禮記·中庸》），見《 四部備要》，第一册，《 禮記》，第193頁。Vgl. *Si Bu Bei Yao*, Band 1, Li Ji, S. 193.

42" 吾有知乎哉？無知也。有鄙夫問于我，空空如也。我叩其兩端而竭焉。"（《 論語·子罕》），見《 四部備要》，第二册，《 論語》，第40頁。 Vgl. *Si Bu Bei Yao*, Band 2, Lun Yu, S. 40.

43" 師也過商也不及。曰：然則師愈與。子曰：過猶不及。"
（《 論語·先進》），見《 四部備要》，第二册，《 論語》,第48頁。 Vgl. *Si Bu Bei Yao*, Band 2, Lun Yu, S. 48.

44" 君子中庸，小人反中庸。君子之中庸也，君子而時中。小人之（ 反）中庸也，小人而無忌憚也。"（《 禮記·中庸》），見《 四部備要 》，第一册，《 禮記 》，第193頁。Vgl. *Si Bu Bei Yao*, Band 1, Li Ji, S. 193.

45" 喜怒哀樂之未發謂之中；發而皆中節謂之和。中也者，天下之大本也；和也者，天下之達道也。致中和，天地位焉，萬物育焉。"(《 禮記・中庸 》)，見《 四部備要 》，第一册《 禮記 》，第193頁。Vgl. *Si Bu Bei Yao*, Band 1, Li Ji, S. 193.

46 Vgl. Christian Wolff, *Rede über die praktische Philosophie der Chinesen*, lat.-deutsch hg. von M. Albrecht, Hamburg 1985.

47" 程子曰：不偏之謂中，不易之謂庸。中者天下之正道,庸者天下之定理。"(《 中庸朱熹章句 》)，見《 四部備要 》,第二册《 四書集注 》，第11頁。Vgl. *Si Bu Bei Yao*, Band 2, Si Shu Ji Zhu, S. 11.

48" 禮之用，和爲貴。先王之道斯爲美，小大由之。有所不行,知和而和，不以禮節之，亦不可行也。"(《 論語・學而 》，見《 四部備要 》，第二册，《 論語 》，第8頁。Vgl. *Si Bu Bei Yao*, Band 2, Lun Yu, S. 8.

49" 楊子取爲我，拔一毛而利天下，不爲也。墨子兼愛，摩頂放踵利天下爲之。子莫執中,執中爲近之，執中無權，猶執一也。所惡執一者，爲其賊道也。舉一而廢百也。"(《 孟子・盡心 》)，見 《 四部備要 》，第二册，《 孟子 》，第115頁。Vgl. *Si Bu Bei Yao*, Band 2, Meng Zi, S. 115.

50" 惰性表現的形式不一，而最普遍的，第一就是聽天任命，第二就是中庸。"(《 華蓋集,通訊 》)見《 魯迅全集。人民文學出版社，1973年，第三卷，第28頁。 *Lu Xun Quan Ji* (Sämtliche Werke von Lu Xun), Beijing (Volksliteratur-Verlag) 1973, Band 3, S. 28. - Vgl. dazu L. Geldsetzer und H.-d. Hong, *Chinesisch-deutsches Lexikon der chinesischen Philosophie*, Art. Mitte und Maß, Aalen 1986, S. 67.

51 " 彼是莫得其偶，謂之道樞。樞始得其環中，以應無窮。是
亦一無窮，非亦一無窮。"（《 莊子·齊物 》），見 《 四部備
要 》，第 五十三冊，《 莊子 》，第10頁。Vgl. *Si Bu Bei Yao*,
Band 53, Zhuang Zi, S. 10.

52 " 是以聖人和之以是非而休乎天均，是之謂兩行。"（《 莊
子·齊物 》），見《 四部備要 》，第五十三冊，《 莊子 》，第10
頁。Vgl. *Si Bu Bei Yao*, Band 53, Zhuang Zi, S. 10.

53 " 莊子行于山中。見大木枝葉盛茂，伐木者止其旁而不取
也。問其故，曰' 無所可用'。莊子曰：' 此木以不材得終其
天年。' 夫子出于山，舍于故人之家。故人喜，命竪子殺雁而
烹之。竪子請曰：' 其一能鳴，其一不能鳴，請奚殺？' 主人
曰：' 殺不能鳴者。' 明日弟子問於莊子曰：' 昨日山中之木，
以不材得終其天年，今主人之雁以不材死。先生將何處？' 莊
子笑曰：' 周將處夫材與不材之間。材與不材之間，似之而非
也，故未免乎累。……物物而不物于物，則胡可得而累邪!!"
（《 莊子·山木 》），見《 四部備要 》，第五十三冊，《 莊子 》，
第78-79頁。Vgl. *Si Bu Bei Yao*, Band 53: Zhuang Zi (Shan Mu
Der Baum im Gebirge), S. 78-79.

54 " 即使我與若辯矣，若勝我，我不若勝，若果是也，我果非
也邪？我勝若，若不吾勝，我果是也，而若果非也邪？其或者
也，其或非也邪？其俱是也，其俱非也邪？我與若不能相知也
則人固受其黮闇，吾誰使正之？使同乎若者正之，既同乎若矣，
惡能正之？使同乎我者正之，既同乎我矣，惡能正之？使異乎
我與若者正之，既異乎我與若矣，惡能正之？使同乎我與若者
正之，既同乎我與若矣，惡能正之？然則我與若與人俱不能相
知也，而待彼也邪？……和之以天倪，因之以曼衍，所以窮年
也。何謂和之以天倪？曰：' 是不是，然不然，是若果是也，
則是之異乎不是也，亦無辯。然若果然也，則然之異乎不然也，
亦無辯。忘年忘義，振于無竟。故寓諸無竟。' "（《 莊
子·齊物 》），見《 四部備要 》，第五十三冊，《 莊子 》，第
14頁。Vgl. *Si Bu Bei Yao*, Band 53, Zhuang Zi (Qi Wu
Gleichgewicht der Dinge), S. 14.

4. Kapitel

1 " 爲天地立心，爲生民立命，爲往聖繼絕學，爲萬世開太平." （《 張載・正蒙 》），见《 四部備要 》，第 五十六册，《 張子全書 》第1頁。Zhang Zai, *Zheng-Meng, (Klarstellung von Dunkelheiten)*. Vgl. *Si Bu Bei Yao*, Band 56, Zhang Zi Quan Shu, S. 1.

2 见（ 孔子《 論語・述而 》），见《 四部備要 》，第二册，第31頁。 Kong Zi, *Lun Yu, Zhu Er*. Vgl. *Si Bu Bei Yao*, Band 2, Lun Yu, S. 31.

3 " 作者之謂聖，述者之謂明。"（《 禮記・樂記 》），見《 四部備要 》，《 禮記 》，第113頁。Vgl. *Si Bu Bei Yao*, Band 1, Li Ji, S. 113.

4 " 述，傳舊而已。作，則創始也。故作非聖人不能，而述則賢者可及。"（《 論語集注・述而 》），見《 四書集注 》，第二册，第45頁。Vgl. *Si Bu Bei Yao*, Band 2, Si Shu Ji Zhu, S. 45.

5 Vgl. R. Widmaier, *Die Rolle der chinesischen Schrift in Leibniz' Zeichentheorie*, Wiesbaden 1983.

6 Vgl. Feng Yu-lan, *Zhong Guo Zhe Xue Shi Xin Bian* 中国哲学史新编 (*Geschichte der chinesischen Philosophie, Neue Ausgabe*), Band 2, Beijing 1983, S. 329.

7 Anschauungsmaterial dazu liefert R. Wilhelm, *I Ging. Text und Materialien*, 19. Aufl., München 1994, S. 328-338.

8 Vgl. dazu L. Geldsetzer, *Logik*, Aalen 1987, S. 86-98.

9 Carolus Bovillus, *De Sapiente*, Paris 1512.

10　Zur logischen Struktur mathematisch-physikalischer Begriffe vgl. L. Geldsetzer, *Logik*, S. 108 ff.

11　Vgl. R. Wilhelm, *I Ging*, S. 28, sowie D. Hertzer, *Das Mawangdui Yijing*, München 1996, S. 34.

12　Vgl. Zhou Dun-yi, *Tai Ji Tu Shuo* 太極圖説 (*Kommentar zum Tai Ji Tu-Diagramm*. Übersetzung in: Wing Tsit-Chan, *A Source Book in Chinese Philosophy*, 4. Aufl., Princeton 1973, S. 463-465.

13　Vgl. L. Geldsetzer, *Dao als metaphysisches Prinzip bei Lao Zi*, in: Deutsche Philosophie / 德国哲学论文集, Band 15, Beijing 1996, S. 101-127.

14　Übersetzung von R. Wilhelm, *I Ging*, S. 27 und S. 32.

15" 子曰：書不盡言，言不盡意。然則聖人之意，其不可見乎？子曰：聖人立象以盡意，設卦以盡情偽，系辭焉以盡其言。"（《 周易・系辭上 》），見《 四部備要 》，第一册，《 周易 》，第53頁。Vgl. *Si Bu Bei Yao*, Band 1, Zhou Yi, S. 53.

16　《 三國志・魏志・荀彧傳注 》引何劭《 荀彧傳 》曰：" 粲諸兄并以儒術論議，而粲獨好言道，常以爲子貢稱夫子之言性與天道，不可得聞，然則六籍雖存，固聖人之糠秕。粲兄俣難曰：易亦云聖人立象以盡意，系辭以盡言，則微言胡爲不可得而聞見哉？"（《 三國志・魏志・荀彧傳 》），見《 四部備要 》，第十八册，《 三國志 》，第133頁。Vgl. *Si Bu Bei Yao*, Band 18, San Guo Zhi, S. 133.

17" 蓋理之微者，非物象之所舉也。今稱立象以盡意，此非通于意外者也，系辭焉以盡言，此非言乎系表者也。斯則象外之意，系表之言，固蘊而不出矣。"（《 三國志・魏志・荀彧傳 》）見《 四部備要 》，第十八册，《 三國志 》，第133頁。Vgl. *Si Bu Bei Yao*, Band 18, San Guo Zhi, S. 133.

18 " 六籍雖存，固聖人之糠秕。"（《 三國志・魏志・荀彧傳 》），見《 四部備要 》，第十八 冊，《 三國志 》，第133頁。
Vgl. *Si Bu Bei Yao*, Band 18, San Guo Zhi, S. 133.

19 " 形不待名，而方圓已著；色不俟稱，而黑白以彰。" 見 嚴可均《 全上古三代秦漢三國六朝文 》，中華書局，1985年，第2冊，第2084頁。Vgl. Yan Ke-jun, *Quan Shang Gu San Dai Qin Han San Guo Liu Chao Wen (Schriften der Vorzeit, der Drei Dynastien, der Qin, Han und der Drei Reiche sowie der Sechs Dynastien)*, Beijing (Zhong Hua-Verlag) 1985, Band 2, S. 2084.

20 " 以理得于心，非言不暢；物定于彼，非名不辯。" 見 嚴可均 《 全上古三代秦漢三國六朝文 》，中華書局，1985年，第2 冊，第2084頁。Vgl. Yan Ke-jun, *Quan Shang Gu San Dai Qin Han San Guo Liu Chao Wen*, Beijing (Zhong Hua-Verlag) 1985, Band 2, S. 2084.

21 " 名逐物而遷，言因理而變，此猶聲發響應，形存影附，不得相與爲二。苟其不二，則言無不盡矣。" 見 嚴可均《 全上古三代秦漢三國六朝文 》，中華書局，1985年，第2冊，第 2084頁。Vgl. Yan Ke-jun, *Quan Shang Gu San Dai Qin Han San Guo Liu Chao Wen*, Beijing (Zhong Hua-Verlag) 1985, Band 2, S. 2084.

22 " 道可道，非常道；名可名，非常名。"（《 老子 》1章），見《 四部備要 》，第五十三冊，《 老子・道德經 》，第3頁。
Vgl. *Si Bu Bei Yao*, Band 53, Lao Zi, Dao De Jing, S. 3.

23 " 吾不知其名，字之曰道。"（《 老子 》25章），見 《 四部備要 》，第五十三冊，《 老子・道德經 》，第9頁。 Vgl. *Si Bu Bei Yao*, Band 53, Lao Zi, Dao De Jing, S. 9.

24 Siehe oben Anmerkung 13.

25 " 夫象者，出意者也。言者，明象者也。盡意莫若象，盡象莫若言。言生于象，故可尋言以觀象。象生于意，故可尋象以観意。意以象盡，象以言著。故言者所以明象，得象而忘言。
象者所以存意，得意而忘象。猶蹄者所以在兔，得兔而忘蹄；
筌者所以在魚，得魚而忘筌也。然則言者象之蹄也，象者意之
筌也。是故存言者，非得象者也。存象者，非得意者也。象生
于意而存象焉，則所存者乃非其象也。言生于象而存言焉，則
所存者乃非其言也。然則忘象者乃得意者也，忘言者乃得象者
也。得意在忘象，得象在忘言。故立象以盡意，而象可忘也。
重畫以盡情，而畫可忘也。"（《周易略例》），見《四部備
要》，第一冊，《周易》，第71頁。Vgl. *Si Bu Bei Yao*, Band
1, Zhou Yi, S. 71. - Auch in: *Ausgewählte Materialien zur
chinesischen Philosophiegeschichte* (chines.), Beijing 1982,
Band 1, S. 383.

26 " 我非生而知之者，好古敏以求之者也。"（《論語·述
而》），見《四部備要》，第二冊，《論語》，第32頁。Vgl.
Si Bu Bei Yao, Band 2, Lun Yu, S. 32.

27 " 伯夷，聖之清者也；伊尹，聖之任者也；柳下惠，聖之和
者也。孔子，聖之時者也。孔子之謂集大成，集大成也者，金
聲而玉振之也。金聲也者，始條理也；玉振之也者，終條理
也。始條理者，智之事也；終條理者，聖之事也。"（《孟子
萬章下》），見《四部備要》，第二冊，《孟子》，第87頁。
Vgl. *Si Bu Bei Yao*, Band 2, Meng Zi, S. 87.

28 " 若吾夫子則雖不得其位，而所以繼往聖開來學，其功反有
賢于堯舜者。"（《四書集注·中庸序》），見《四部備要》，
第二冊，《四書集注》，第9頁。Vgl. *Si Bu Bei Yao*, Band 2, Si
Shu Ji Zhu, S. 9.

29 " 受業者必先空經，經術所以經世，方不爲迂儒之學。" 見
全祖望："黎洲先生神道碑文"，引自《哲學大辭典》，上海
辭書出版社，1992，第1129頁。Vgl. *Großes Lexikon der Philosophie*, Shanghai Dictionary Press, 1992, S. 1129.

30 " 凡文之不關于六經之旨、當世之務者，一切不爲。"
《顧亭林詩文集·與人書三》，中華書局，1983年，第91頁。

Vgl. *Gu Ting Lin, Shi Wen Ji (Gedichte und Aufsätze von Gu Ting Lin)*, Beijing (Zhong Hua-Verlag) 1983, S. 91.

31" 諸不在六藝之科、孔子之術者，皆絕其道，勿使并進。"
（《 董仲舒・天人三策 》），見《 四部備要 》，第十六册，《 前漢書 》，第835頁。 Vgl. *Si Bu Bei Yao*, Band 16, Qian Han Shu (Schriften der Vor-Hanzeit), S. 835.

32" 論語中多有無頭柄的説話，如知之仁不能守之之類，不知所及所守者何事，如學而時習之，不知時習者何事。非學有本領未易讀也，苟學有本領，則知之所及者及此也，仁之所守者守此也，時習之習此也，説者説此，樂者樂此，如高屋之上建瓴水矣。學苟知本，六經皆我注腳。"（《 語錄上 》），見《 四部備要 》，第五十九册，《 象山全集 》，第 175頁。 Vgl. *Si Bu Bei Yao*, Band 59, Xiang Shan Quan Ji (Sämtliche Schriften von Xiang Shan), S. 175.

33" 天下之理無窮，若以吾平生所經歷者言之，真所謂伐南山之竹不足以受我辭，然其會歸總在于此。"（《 語錄上 》），見《 四部備要 》，第五十九册，《 象山全集 》，第175頁。 Vgl. *Si Bu Bei Yao*, Band 59, Xiang Shan Quan Ji (Sämtliche Schriften von Xiang Shan), S. 175.

34" 或問先生何不著書，對曰：' 六經注我，我注六經 '。"
（《 語錄上 》），見《 四部備要 》，第五十九册，《 象山全集 》，第176頁。 Vgl. *Si Bu Bei Yao*, Band 59, Xiang Shan Quan Ji (Sämtliche Schriften von Xiang Shan), S. 176.

35" 故云君子以自昭明德，古之欲明明德于天下者，在致其知，致知在格物。古之學者爲己，所以自昭其明德，己之德已明，然后推其明以及天下，鼓鐘于宮，聲聞于外，鶴鳴于九皋，聲聞于天，在我者既盡亦自不能掩。今之學者只用心于枝葉，不求實處。孟子云：盡其心者知其性，知其性則知天矣。心只是一個心，某之心、吾友之心，上而千百載聖賢之心，下而千百載復有一聖賢，其心亦只如此。心之體甚大，若能盡我之心，便與天同。爲學只是理會此。誠者自成也，而道自道也，何嘗

騰口説。"（《 語錄下》）,見《 四部備要》，第五十九册，
《 象山全集》，第193 頁。 Vgl. *Si Bu Bei Yao*, Band 59, Xiang
Shan Quan Ji (Sämtliche Schriften von Xiang Shan), S. 193.

36 Vgl. dazu A. Forke, *Geschichte der mittelalterlichen chinesischen Philosophie*, 2. Aufl., Hamburg 1964, S. 137-144.

37 Ban Gu, *Han Shu* 漢書. Neue Ausgabe in 12 Bänden, Beijing
1983. Das Werk enthält auch die berühmte Gesamtbibliographie
der Han-Literatur 藝文志 *Yi Wen Zhi.*

38 J. Legge, *The Chinese Classics, with translation, critical and
exegetical notes, prolegomena, and copious indexes,* 5 Bände,
1861-1872, 2. Aufl., Oxford 1893-1895, ND Hongkong 1960 und
1985.

39 J. Legge, *The Sacred Books of China* (The Sacred Books of the
East, Bände 3, 16, 27, 28, 39 und 40), 6 Bände, Oxford 1879-
1891, ND 1966-1968.

40 Vgl. die Reihe *Zhong Hua Da Zang Jing* 中华大藏经 (Großer
Thesaurus der buddhistischen heiligen Schriften Chinas), Beijing
1984 ff. (bisher ca. 100 Bände erschienen).

41 Vgl. L. Geldsetzer und H.-d. Hong, *Chinesisch-deutsches
Lexikon der Klassiker und Schulen der chinesischen Philosophie*,
Art. Jiu Mo Luo Shi, Aalen 1991, S. 70.

42. Vgl. L. Geldsetzer, *Die Rolle der Klassiker im Verständnis
östlicher und westlicher Kulturen*, in: Chinese and Western
Philosophy and Culture 2, Beijing 1993, S. 12-24.

Zeittafel der chinesischen Dynastien

Xia	夏		21. - 16. Jh.
Shang	商		16. - 11. Jh.
Zhou	周		11. Jh. - 256
Westliche Zhou	西周	*Xi Zhou*	11. Jh. - 711
Östliche Zhou	東周	*Dong Zhou*	770-256
Frühlings- und Herbstzeit	春秋	*Chun Qiu*	770-476
Streitende Reiche	戰國	*Zhan Guo*	475-221
Qin	秦		221-207
Han	漢		206 v. Chr. - 220 n. Chr.
Westliche Han	西漢	*Xi Han*	206 v. - 24 n. Chr.
Östliche Han	東漢	*Dong Han*	25 n. Chr. - 220
Drei Reiche	三國	San Guo	221-280
Wei	魏		220-265
Shu Han	蜀漢		221-265
Wu	吳		220-280
Westliche Jin	西晉	Xi Jin	265-316
Östliche Jin	東晉	Dong Jin	317-420
Nördliche Dynastien 北朝		Südliche Dynastien 南朝	
Bei Chao 386-581		Nan Chao	420-589
Nördliche Wei 北魏 386-534		*Song* 宋	420-479
Östliche Wei 東魏 534-550		*Qi* 齊	479-502
Nördliche Qi 北齊 550-577		*Liang* 梁	502-557
Westliche Wei 西魏 535-556		*Chen* 陳	557-589
Nördliche Zhou 北周 557-581			
Sui	隋		581-618
Tang	唐		618-907

Fünf Dynastien	五代	Wu Dai	907-960
Spätere Liang	后梁	*Hou Liang*	907-923
Spätere Tang	后唐	*Hou Tang*	923-936
Spätere Jin	后晉	*Hou Jin*	936-946
Spätere Han	后漢	*Hou Han*	947-950
Spätere Zhou	后周	*Hou Zhou*	951-960
Song	宋		960-1279
Nördliche Song	北宋	*Bei Song*	960-1127
Südliche Song	南宋	*Nan Song*	1127-1279
Liao	遼		916-1125
Jin	金		1115-1234
Yuan	元		1271-1368
Ming	明		1368-1644
Qing	清		1644-1911
Republik China	中華民國	Zhong Hua Min Guo	1912-1949
Volksrepublik China	中华人民共和国	Zhong Hua Ren Min Gong He Guo	1949-

Bibliographie

1. Bibliographien

Bauer, W. (Hg.): Deutschlands Einfluß auf die moderne chinesische Geistesgeschichte (Münchner Ostasiatische Studien, 24), Wiesbaden 1982.

Brière, O.: Fifty years of Chinese philosophy 1898-1950, London / New York 1956, ND. 1979.

Chan, Wing-Tsit: An outline and annotated bibliography of Chinese philosophy (1955). Revised and enlarged edition New Haven 1969; ders.: Chinese philosophy, 1949-1963. An annotated bibliography of mainland China publications, Honolulu 1966; ders. und Charles Wei-hsun Fu: Guide to Chinese philosophy, London und Boston 1978.

Chang, Wei-song: Bibliographie des traductions chinoises d'oeuvres philosophiques soviétiques, in: Studies in Soviet thought, Dordrecht 1971-1972.

Cheng, P. u. a.: China (World Bibliographical Series, 35), Oxford 1983.

Chien, D.: Lexicography in China: Bibliography of Dictionaries and Related Literature (Exeter Linguistic Studies, 12), Exeter 1986.

Cordier, H.: Bibliotheca Sinica. Dictionnaire bibliographique des ouvrages relatifs à l'empire chinois, 3 Bände, Paris 1878-1885, Suppl. 1895, 2. Aufl. in 4 Bänden 1904-1908, Suppl. 1922-1924. Tong-li Yuan: China in Western literature. A continuation of Cordier's Bibliotheca Sinica, New Haven 1958; ders.: Russian works on China, 1918-1958. A selected bibliography, in: Monumenta Sinica, 1959, S. 388-430.

Davidson, M.: A list of published translations from Chinese into English, French, and German, Ann Arbor 1952.

Garde, P. K.: Directory of Reference Works Published in Asia (UNESCO Bibliographic Handbooks 5), Paris 1956.

Gordon, H. D., F. J. Shulman: Doctoral dissertations on China. A bibliography of studies in Western languages, 1945-1970, Seattle 1972.

Harrassowitz, O. (Buchhandlung): Far East. Religion and Philosophy. East Asia – Southeast Asia including South Asian Buddhism (Asia - Orient Katalog 681), Wiesbaden 1996.

Harrassowitz, O. (Buchhandlung): Chinesische Literatur aus drei Jahrtausenden. Philosophische, historische und belletristische Werke: Originaltexte – Übersetzungen – Kommentare (Katalog 638), Wiesbaden 1988.

Hervouet, I. (Hg.): A Song bibliography, Hongkong 1978.

Hoh, To-yuen: Guide to the Chinese reference books, Kanton 1936.

Kuhn, D., H. Stahl: Annotated bibliography to the Shike-shiliaoxinbian (Neue Ausgabe historischen Materials in Steininschriften) (Würzburger Sinologische Schriften), Heidelberg 1991.

Lecher, H. E.: Internet Guide for Chinese Studies, Internet der Universität Heidelberg: www.sun.sino.uni-heidelberg.de.

Liu, Wei-jian: Die Rezeption der westlichen Philosophie in der VR China, 1987-1992. Eine Bibliographie, Münster 1996.

Loewe, M. (Hg.): Early Chinese texts: A bibliographical guide, Berkeley, Cal. 1993.

Lust, J.: Western books on China published before 1850 in the Library of the School of Oriental and African Studies (1550-1850), University of London. A descriptive catalogue, London 1992.

McMullen, D. L.: Concordances and Indexes to Chinese Texts, Taipei 1975.

Meissner, W.: Western Philosophy in China 1993-1997. A Bibliography (Euro-Sinica 11), Bern 2001.

Nunn, G. R.: Asia. Reference works: A select annotated guide, London 1980.

Revue bibliographique de sinologie (1955 ff.), Paris 1955 ff.

Tanis, N., D. L. Perkins, J. Pinto: China in Books: A basic bibliography in western language, Greenwich, Conn. 1979.

Teng, Ssu-yü, K. Biggerstaff u. a.: An annotated bibliography of selected Chinese reference works, Cambridge, Mass.1936, 3. Aufl. 1971.

Totok, W.: Handbuch der Geschichte der Philosophie 1, Frankfurt a. M. 1964, S. 50-67.

Tsien, Tsuen-hsuin, J. K. M. Chen: China. An Annotated Bibliography of Bibliographies, Boston 1978.

Walf, **K.**: Westliche Taoismus-Bibliographie, 5. Aufl. Essen 2003.

Yuan, Tung-li: China in Western Literature. A Continuation of Cordier's Bibliotheca Sinica, New Haven 1958.

Zhong Guo Cong Shu Zong Lu 中國叢書綜錄 (Gesamtkatalog der chinesischen Gesamteditionen), hg. vom Shanghai-Verlag für Alte Ausgaben, 3 Bände, Shanghai 1986.

Zhong Hua Shu Ju Tu Shu Mu Lu 中華書局圖書目錄 (Buchhandelskatalog der chinesischen Bücher), hg. vom Zhong Hua-Verlag, Band I: 1979-1986, Beijing 1987, Band II: 1987-1991, Beijing 1992. Neue Ausgabe 1949 -1991, Beijing 1993.

Zurndorfer, H. T.: China Bibliography: A research guide to reference works about China past and present (Handbuch der Orientalistik, 4. Abt.: China, Band 10), Leiden 1995.

2. Nachschlagewerke

Ball, J. D.: Things Chinese (1900), ND. Hongkong 1982.

Ci Hai 辭海 ("Wörter-Meer", Enzyklopädie), neue Ausgabe, 3 Bände, Shanghai und Hongkong 1989. Vgl. auch A. G. Kennedy: Ci Hai guide. An introduction to sinology, revidierte Ausgabe New Haven 1981.

Ci Yuan 辭源 (Wörter-Quelle, Enzyklopädie), 1 Band 1915, neu Hongkong 1987 und Beijing 1988, 1990, auch Taipei 1995. Ausgabe in 4 Bänden, Hongkong 1984.

Couling, S.: The Encyclopaedia Sinica, Shanghai 1917, ND eingeleitet von H. J. Lethbridge, Oxford / Honkong / New York / Melburne 1983.

Cua, Antonio (Hg.): Encyclopedia of Chinese Philosophy, London 2003.

Eberhard, W.: Lexikon chinesischer Symbole: Die Bildsprache der Chinesen, 5. Aufl. München 1996.

Eitel, E. J.: Handbook of Chinese Buddhism, being a Sanskrit-Chinese dictionary of buddhist terms, words, and expressions, 2. Aufl. hg. v. K. Takakuwa, Tokio 1904, ND. San Francisco 1977.

Franke, H. (Hg.): Sung Biographies (Münchener Ostasiatische Studien 16 und 17), Wiesbaden 1976.

Gan, Shaoping: Die chinesische Philosophie. Die wichtigsten Philosophen, Werke, Schulen und Begriffe, Darmstadt 1997.

Geldsetzer, L.: Chinesisch-deutsches philosophisches Wörterbuch. Internetveröffentlichung des Philosophischen Instituts der HHU Düsseldorf, 1999.

Geldsetzer, L., Hong, H.-d.: Chinesisch-deutsches Lexikon der chinesischen Philosophie, übersetzt aus dem Ci Hai, Aalen 1986.

Geldsetzer, L., Hong, H.-d.: Chinesisch-deutsches Lexikon der Klassiker und Schulen der chinesischen Philosophie, übersetzt aus dem Ci Hai, (mit bibl. Anhang S. 165-200), Aalen 1991.

Geldsetzer, L., Hong, H-d.: Chinesisch-deutsches Lexikon der chinesischen philosophischen Klassikerwerke, Aalen 1995.

Giles, H. A.: Chinese biographical dictionary, Shanghai 1898, ND. 1975. Supplementary index von I. V. Gillis und Yü Pingyüeh, Peiping 1936, ND. 1978.

Goodrich, L. C., Fang Chao-ying (Hg.): Dictionary of Ming Biography, 1368-1644, 2 Bände, New York 1976.

Hook, Br. (Hg.): Cambridge Encyclopedia of China. Neue Ausgabe Cambridge 1991.

Hummel, W. (Hg.): Emminent Chinese of the Ch'ing Period, 1844 to 1912, Washington 1944, ND. 1975.

Karlgren, B.: Analytic Dictionary of Chinese and Sino-Japanese, Paris 1923, ND Taipei 1973.

Ma, Quan-min u. a.: Lexique de philosophie, aus dem Chinesischen übersetzt von J. B. Lassen und Cl. Jullien, Paris 1977.

Mayers, W. F.: The Chinese Reader's Manual. A Handbook of Biographical, Historical, Mythological, and General Literary Reference, Shanghai 1874, ND. Taipei 1971.

Prechtl, P., F.-P. Burkard (Hg.): Metzler Philosophie Lexikon. Begriffe und Definitionen, Stuttgart 1996 (chinesische Begriffe bearb. v. L. Geldsetzer und Hong Han-ding).

Rüdenberg, W.: Chinesisch-deutsches Wörterbuch, 3. Aufl. bearbeitet v. H. O. H. Stange, Hamburg 1965.

Schnusenberg, A., P. T. Mittler: Terminologia philosophica latino-sinica, 3. Aufl. Shandong 1935.

Staiger, B., S. Friedrich und H.-W. Schütte: Das große China-Lexikon, Darmstadt 2003.

Unger, U.: Grundbegriffe der altchinesischen Philosophie. Ein Wörterbuch für die klassische Periode, Darmstadt 2000.

Walters, D.: Chinese Mythology: An Encyclopedia of Myth and Legend, London 1992.

Wieger, L.: Chinese Characters. Their Origin, Etymology, History, Classification and Signification, aus dem Französischen übers. von L. Davrout (1915), 2. Aufl. 1927, ND. New York 1965.

Wu, Lu-xing: 100 Chinese Gods, illustrated by Lu Yan-guang, englische Übers. von Wang Xue-wen und Wang Yan-xi, Singapore 1994.

Xin Hua Zi Dian 新華字典 (Neues chinesisches Wörterbuch), gibt zu den neuen "Kurzzeichen" auch die alten "Langzeichen", Beijing 1957, 4. Aufl. 1982.

Xu Shen 許慎**, Shuo Wen Jie Zi** 說文解字 Erklärung der Siegelschrift-Zeichen (Etymologisches Schriftzeichen-Lexikon) aus der Han-Zeit, Neuausgabe Hongkong 1972, Shanghai 1981, Taipei 1983, Beijing 1990.

Zhe Xue Da Ci Dian 哲學大辭典 (Großes Lexikon der Philosophie), Shanghai 1985, neue Aufl. 1992.

Zhong Guo Da Bai Ke Quan Shu: Zhe Xue 中國大百科全書 (Chinesische Wissenschaftsenzyklopädie: Philosophie), 2 Bände, Beijing 1988.

Zhong Guo Li Dai Ming Ren Ci Dian 中國歷代名人辭典 (Lexikon der in den chinesischen Geschichtsepochen berühmten Personen), Nanjing 1982.

3. Textsammlungen

Asiatische Philosophie. Indien und China, Digitale Bibliothek 94, CD-Rom der Directmedia Publishing GmbH, Berlin 2003. Darin enthalten dt. Übersetzungen chines. Klassikerschriften.

Baskin, W.: Classics in Chinese Philosophy. From Mo-Tzu to Mao Tse-tung, New York 1972, 2. Aufl. Totowa, N. J. 1974.

Bokenkamp, St. R.: Early Daoist Scriptures, Berkeley, Cal. 1997.

Chan, Wing-tsit: A Source Book of Chinese Philosophy, Princeton 1963, 4. Aufl. 1973.

de Bary, W. Theodore, Wing-tsit Chan, Burton Watson (Hg.): Sources of Chinese Tradition, New York 1960.

Debon, G.: Chinesische Weisheit, Stuttgart 1993.

Debon, G., W. Speiser (Hg.): Chinesische Geisteswelt. Zeugnisse aus drei Jahrtausenden, Hanau 1987.

Drevnekitajskaja filosofija, sobranie tekstow (Chinesische Philosophie, Textauswahl), 2 Bände, Moskau 1972-1973.

Fu, Charles Wei-hsun und Wing-tsit Chan (Hg.): Guide to Chinese Philosophy, Boston 1978.

Han Ying Dui Zhao Zhong Guo Zhe Xue Ming Zhu Xuan Te Du 漢英對照中國哲學名著選特讀 **Chinese/English Selected Readings From Famous Chinese Philosophers** With annotations and English translations, hg. von Shi Jun, (Peoples University of China Press), 2 Bände, 2. Aufl., Beijing 1995-1996.

Hu, Fu-chen: Great Encyclopedia of Chinese Taoism (chines.), Beijing 1995.

Hughes, E. R.: Chinese Philosophy in Classical Times, London / New York 1942, neue Ausg. 1954.

Kuhn, Fr.: Altchinesische Staatsweisheit, 3. Aufl. Zürich 1954.

Legge, J.: The Chinese Classics, with translations, critical and exegetical notes, prolegomena, and copious indexes, 5 Bände, London 1861-1872, 2. Ausgabe Oxford 1893-1895, ND. (with a biographical note and concordance table by L. T. Ride), Hong-kong 1960, auch 1985.

Legge, J.: The Sacred Books of China (= The Sacred Books of the East, Bände 3, 16, 27, 28, 39, 40), 6 Bände, Oxford 1879-1891, ND. 1966-1968.

Legge, J.: The Four Books. The Great Learning, The Doctrine of the Mean, Confucian Analects, and the Works of Mencius, (Chinese text with English transl. and notes), Beijing o. J.

Loewe, M.: Early Chinese Texts, Berkeley, Cal. 1993.

Ming Ru Xue An 明儒學案 (Florilegium der Ming-Konfuzianer), hg. von Huang Zong-xi, 1735, ND. 1882, neue Aufl. 2 Bände, Beijing 1985. Englische Auswahlausgabe von J. Ching, Huang Tsung-hsi: The records of the Ming scholars, Honolulu 1987. - W. Th. de Bary: Waiting for the dawn: A plan for the prince. Huang Tsung-hsi's 'Ming Yi Tai Fang Lu', New York 1993.

Rosemont, H.: Chinese texts and philosophical contexts, La Salle 1991.

Shi San Jing Zhu Shu 十三經註疏 (Dreizehn kommentierte Klassikerschriften), aus der Song-Zeit, neue Ausgabe, 2 Bände, Beijing 1980, 3. Aufl. 1983. - Das Werk enthält: 1. Das Buch der Wandlungen aus der Zhou-Zeit, 2. Das Buch der Dokumente, 3. Das Buch der Lieder, 4. Das Sittenbuch der Zhou-Zeit, 5. Das Zere-monienbuch (Yi Li), 6. Das Buch der Sitten, 7. Frühlings- und Herbstannalen mit Kommentar des Zuo, 8. Frühlings- und Herbstannalen mit Kommentar des Gong Yang, 9. Frühlings- und Herbstannalen mit Kommentar des Gu Liang, 10. Gespräche des

Konfuzius, 11. Das Buch von der kindlichen Ehrfurcht (Xiao Jing), 12. Enzyklopädisches Onomastikon (Er Ya), 13. Meng Zi.

Schleichert, H.: Klassische chinesische Philosophie. Eine Einführung, Frankfurt a. M. 1980, 2., neu bearb. Aufl. 1990.

Schwarz, E.: Der Ruf der Phönixflöte. Klassische chinesische Prosa, 2 Bände, 3. Aufl. Berlin 1984.

Schwarz, E.: So sprach der Weise. Chinesisches Gedankengut aus drei Jahrtausenden, 3. Aufl. Berlin 1988.

Schwarz, E.: Die Weisheit des alten China: Mythos – Religion – Philosophie – Politik, München 1994.

Schwarz, E.: So sprach der Meister. Altchinesische Lebensweisheiten, München 1994.

Si Bu Bei Yao 四部備要 (Zurverfügungstellung des Wichtigsten aus der Vierteiligen Bibliothek / Essentials of the Four Libraries), 11305 Schriften in 351 Bänden, Shanghai 1936, ND. 100 Bände, Beijing 1989.

Si Bu Cong Kan 四部叢刊 (Gesamtdruck der Vierteiligen Bibliothek bzw. "Four libraries Series"), 8548 Einzelschriften in 323 Bänden, Shanghai 1919, 2. Aufl. 1929, 3. Aufl. 1936 zusammen mit Si Bu Cong Kan Xu Bian.

Si Bu Cong Kan Xu Bian 四部叢刊續編 (Fortsetzung des Gesamtdruckes der Vierteiligen Bibliothek), 6970 Einzelschriften in 213 Bänden, Shanghai 1934.

Si Shu Wu Jing 四書五經 (Die fünf heiligen Schriften in vier Büchern, mit Kommentaren aus der Song- und Yuan-Zeit), 3 Bände, 5. Aufl. Beijing 1991. - Enthält: 1. Die Große Lehre, Mitte und Maß, Lun Yu (Gespräche des Kong Zi), Meng Zi, Zhou Yi (Buch der Wandlungen aus der Zhou-Zeit), Shu Jing (Buch der Dokumente); 2. Shi Jing (Buch der Lieder), Li Ji (Buch der Sitten); 3. Chun Qiu (Frühlings- und Herbstannalen).

Su Tzu's Chinese Philosophy Page. Im Internet: www.chinesephilosophy.net

Waley, A.: Lebensweisheit des alten China, übers. von F. Meister-Weidner, 2. Aufl. Hamburg 1952, auch Frankfurt 1974.

Watson, B.: Basic Writings of Mo Tzu, Hsün Tzu, and Han Fei Tzu, New York und London 1967.

Wilhelm, R.: Die Philosophie Chinas. Die chinesischen Klassiker, übertragen und erläutert, 5 Bände, Köln 1982.

Zhu Zi Ji Cheng 諸子集成 (Sammlung von Meisterwerken), 8 Bände, neue Ausgabe Beijing 1954, 5. Aufl. 1986. - Enthalten: 1. Lun Yu (Gespräche des Konfuzius), Meng Zi; 2. Xun Zi; 3. Lao Zi, Zhuang Zi, Lie Zi; 4. Mo Zi, Yan Zi; 5. Guan Zi, Shan Jun Zhu, Shen Zi, Han Fei Zi; 6. Sun Zi, Wu Zi, Ying Wen Zi, Lu Shi Chun Qiu; 7. Xin Yu, Huai Nan Zi, Yuan Tie Lun, Yang Zi Fa Yan, Lun Heng; 8. (Wang Fu:) Qian Fu Lun, Shen Jian, Bao Pu Zi, Shi Shuo Xin Yu, Yan Shi Jia Xun.

Zhong Guo Zhe Xue Shi Jiao Xue Zi Liao Xuan Ji 中國哲學史教學資料選輯 (Ausgewählte Lehrmaterialen zur Geschichte der chinesischen Philosophie), hg. von der Beijing-Universität, 2 Bände, Beijing 1981-1982.

4. Philosophiegeschichten und Einführungen

Amerbauer, M.: Einführung in die chinesische Philosophie, Salzburg 2000.

Bauer, W. und **H. van Ess**: Geschichte der chinesischen Philosophie. Konfuzianismus, Daoismus, Buddhismus, München 2001.

Brucker, J. J.: De philosophia Sinensium, in: J. J. Brucker, Historia critica philosophiae, Band IV/2 (S. 846-906), Leipzig 1744, 2. Auflage (textidentisch) 1766. Zusätze in Band VI, (S. 978-999), Leipzig 1767.

Chang, C.: The Development of Neo-confucian Thought, New York 1957.

Cheng, Chung-yung und **N. Bunnin**: Contemporary Chinese Philosophy, Oxford 2002.

Creel, H. G.: Chinese Thought from Confucius to Mao Tse-tung, Chicago / London 1953, 9. Aufl. 1973.

Day, Cl. B.: The Philosophers of China, classical and contemporary, New York 1962.

Feifel, Eug.: Geschichte der chinesischen Literatur. Mit Berücksichtigung ihres geistesgeschichtlichen Hintergrundes dargestellt nach Nagasawa Kikuya, 4. Aufl. Hildesheim 1982.

Feng, You-lan: A history of Chinese philosophy, übers. v. D. Bodde, 2 Bände, Peiping (Beijing) 1937, 2. Aufl. Princeton 1952-1953, ND. 1983.

Feng, You-lan 馮友蘭: 中國哲學史新編 Zhong Guo Zhe Xue Shi Xin Bian (Geschichte der chinesischen Philosophie in neuer Ausgabe), 6 Bände, Beijing 1980-1989.

Forke, A.: Geschichte der alten chinesischen Philosophie (1927), 2. Aufl. Hamburg 1964.

Forke, A.: Geschichte der mittelalterlichen chinesischen Philosophie (1934), 2. Aufl. Hamburg 1964.

Forke, A.: Geschichte der neueren chinesischen Philosophie (1938), 2. Aufl. Hamburg 1964.

Forke, A.: Die Gedankenwelt des chinesischen Kulturkreises (Handbuch der Philosophie, SD), München / Berlin 1927.

Hackmann, H.: Chinesische Philosophie (Geschichte der Philosophie in Einzeldarstellungen, 5), München 1927.

Houang, F.: La Philosophie de la Chine moderne, in: Histoire de la Philosophie III: Du XIXe siècle à nos jours (Encyclopédie de la Pléiade) Paris 1974, S. 1212-1235.

Hu, Shi 胡 適: 中國古代哲學史 Zhong Guo Gu Dai Zhe Xue Shi (Geschichte der alten chinesischen Philosophie), 1918, neue Aufl. Taipei 1970, 5. Aufl. 1974.

Hu, Shi: The Development of the Logical Method in Ancient China, New York 1963.

Hugues, E. R.: Chinese Philosophy in Classical Times (1942), 2. Aufl. London 1954.

Kaltenmark, M.: La philosophie chinoise, Paris 1972.

Koo, Y. C. u.a. (Hg.): Chinese Philosophy. Band 1: Confucianism and Other Schools, Taipei 1974.

Korthold, Chr.: De philosophia Sinensium veteri, media et recentiori, in: Chr. Korthold (Hg.): Leibnitii Epistola ad diversos, 4 Bände, Leipzig 1734-1742 (Einl. zu Band 2).

Leibniz, G. W.: Novissima sinica, herausgegeben und kommentiert von H. G. Nesselrath und H. Reinbothe, Köln 1970.

Liu, Jeeloo : An Introduction to Chinese Philosophy. From the Ancient Philosophy to Buddhism, Oxford 2006.

Miribel, J. de und **L. de Vandermeersch**: Chinesische Philosophie, Bergisch-Gladbach 2001.

Naes, A. und A. Hanay: Invitation to Chinese Philosophy. Eight Studies, Oslo 1972.

Pauthier, G.: Esquisse d'une histoire de la philosophie chinoise, Paris 1864.

Reimann, J. F.: Sciagraphia philosophiae sinensis nova methodo tradita et eruditorum omnium iudicio submissa, Braunschweig 1727.

Sandvoss, E. R.: Geschichte der Philosophie I: Indien, China, Griechenland, Rom, München 1989.

Schneider, U.: Der Buddhismus. Eine Einführung, 4. Aufl. Darmstadt 1907.

Schwartz, B.: The World of Thought in Ancient China, Cambridge, Mass. 1985.

Wieger, L.: A history of the religious beliefs and philosophical opinions in China (aus dem Französischen von E. T. C. Werner), Hsienhsien 1927.

Wolff, Chr.: Rede über die praktische Philosophie der Chinesen / Oratio de Sinarum philosophia practica (1721), hg. von M. Albrecht, Hamburg 1985.

Zenker, E. V.: Geschichte der chinesischen Philosophie, 2 Bände, Reichenberg 1926-1927.

Zhang, Dai-nian 張岱年: 中國哲學大綱。中國哲學問題史 Zhong Guo Zhe Xue Da Gang: Zhong Guo Zhe Xue Wen Ti Shi (Grundriß der chinesischen Philosophie: Problemgeschichte der chinesischen Philosophie: Beijing 1982.

5. Zitierte Klassikerschriften und Sekundärliteratur

Ban Gu, 班固 **Bai Hu Tong Yi** 白虎通義 (Gemeinsame Meinung aus Bai Hu, scl. der Gelehrtenversammlung in der "Halle des weißen Tigers"). **Han Shu** 漢書(Geschichte der Han-Dynastie), neue Ausgabe 12 Bände, Beijing 1983, auch 1990. **Yi Wen Zhi** 藝文志 (Gesamtbibliographie der Han-Literatur) im Han Shu.

Cai Jiu-feng, 蔡九峰**, Hong Fan Huang Ji** 洪范皇亟 (Kommentar des Cai Jiu-feng zum "Großen Plan" aus dem Buch der Geschichte Shang Shu), Ausgabe von 1723. - M. Nylan: The shifting center. The original "Great Plan" and later readings (Monumenta Serica Monograph Series, 24), Nettetal 1992.

Chun Qiu Zuo Shi Zhuan 春秋左氏傳 (Frühlings- und Herbstannalen in der Rezension von Zuo Shi), in: Shi San Jing Zhu Shu (s. o.) Nr. 7; neue Ausgabe von Huang Kan, Chun Qiu Zuo Zhuan Zheng Yi, 2 Bände, Shanghai 1990; chines.-engl. in J. Legge, The Chinese classics (s. o.), Band 5; B. Watson: The Tso Chuan: Selections from China's oldest narrative history, New York 1988.

Chun Qiu Gong Yang Zhuan 春秋公羊傳 (Frühlings- und Herbstannalen in der Renzension von Gong Yang), in: Shi San Jing Zhu Shu (s.o.), Nr. 8; neue Ausgabe von Huang Kan, Chun Qiu Gong Yang Zhuan Zheng Yi, Shanghai 1990.

Chun Qiu Gu Liang Zhuan 春秋谷梁傳 (Frühlings- und Herbstannalen in der Renzension von Gu Liang) in: Shi San Jing Zhu Shu (s. o.), Nr. 9; neue Ausgabe von Huang Kan, Chun Qiu Gu Liang Zhuan Zheng Yi, Shanghai 1990.

Dao De Jing 道德經 (Das Buch vom Dao und seinen Kräften) von Lao Zi, s. d. In: SBBY Band 53; Tao Te King. Nach den Seidentexten von Mawangdui übers. v. H.-G. Möller, Frankfurt a.M. 1995; L. Geldsetzer L. Neue philosophische Übersetzung des Lao Zi Dao De Jing aus dem Chinesischen. In: Asiatische Philosophie. Indien und China, CD-ROM der Directmedia Publishing GmbH, Berlin 2003; Lao-Tse, Tao-Te-King. Das Heilige Buch vom Weg und von der Tugend, übers. v. G. Debon, Stuttgart 1961; L. Wieger: Wisdom of the Daoist masters. The works of Lao Zi, Lie Zi, Zhuang Zi, aus dem Französ. von D. Bryce, 1984; H. Normand: Les maitres du Tao: Lao-Tseu, Lie-Tseu, Tschouang-Tseu, Paris 1995. - L. Geldsetzer, Dao als metaphysisches Prinzip bei Lao Zi, in: Monumenta Serica, Journal of Oriental Studies 47, 1999, S. 237-254; I. Robinet: Les commentaires du 'Tao Te King jusqu'au 7ème siècle, Paris 1977, 2. Aufl. 1981; A. Hsia (Hg.): Tao, Rezeption in Ost und West, Bern 1994.

Daoismus (religiöser): Can-tong Ci, Das Dao der Unsterblichkeit, übers. v. R. Bertschinger, Frankfurt a. M. 1997; Drei Schätze des Dao, übers. v. Th. Cleary, Frankfurt a. M. 1006; Die Lehren des Tao, übers. v. E. Wong, Berlin 1998; N. Wei, Die Philosophie des Daoisten Yan Junping, Diss. Münster 1997; J. Blofeld, Der Taoismus, Köln 1986; I. Robinet, Geschichte des Taoismus, München 1995.

Dong Zhong-shu 董仲舒, **Chun Qiu Fan Lu** 春秋繁露 (Üppiger Tau von den Frühlings- und Herbstannalen), in: SBBY Band 54. Neue Ausgabe Shanghai 1989; R. H. Gassmann, Ch'un-ch'iu fan-lu = Üppiger Tau des Frühlings- und Herbstklassikers, Übersetzung und Annotation der Kapitel 1-6, Bern 1988. - O. Franke, Studien zur Geschichte des konfuzianischen Dogmas und der chinesischen Staatsreligion. Das Problem Tsch'un-ts'iu und Tung Tschung-schu's Tsch'un-tsiu fan lu, Heidelberg 1920.

Er Cheng Quan Shu 二程全書 (Sämtliche Schriften der beiden Cheng), in: SBBY Band 52. - A. C. Graham, Two Chinese Philosophers: The Metaphysics of the Brothers Ch'eng, London 1958, 2. Aufl. La Salle 1992.

Er Ya 爾雅 ("Korrekturleitfaden", d. h. enzyklopädisches Onomastikon), in: Shi San Jing Zhu Shu (s. d.), Nr. 12; neue Ausgabe von Huang Kan, Er Ya Zhu Shu, Shanghai 1990.

Fang Yi-zhi 方以智, **Dong Xi Jun** 東西均 (Ost-West-Gleichgewicht), Beijing 1962.

Feng You-lan 馮友蘭 **Quan Ji** 全集 (Feng You-lan, Sämtliche Werke) 13 Bände, Henan 1984-1992. Moeller, H. G. Die philosophischste Philosophie. Feng You-lans neue Metaphysik (Opera sinologica 6),Wiesbaden 1999.

Gong-sun Long 公孫龍, **Bai Ma Lun** 白馬論 (Theorie über "weiß" und "Pferd") und **Jian Bai Lun** 堅白論 (Theorie über "hart" und "weiß"), in: Gong-sun Long Zi, Shanghai 1990; Y. P. Mei, The Kong-sun Long Tzu, with a translation into the English, in: Harvard Journal of Asiatic Studies, 16, 1953, S. 404-437; Gong Sun-long, Ein antiker sprachphilosophischer Text aus China, in: Conceptus 13, 1979, S. 3-22; A. C. Graham, Kung-sun Lung's discourse re-read as argument about whole and part, in: ders., Studies in Chinese Philosophy and Philosophical Literature, Albany 1990.

Gu Ting-lin 顧亭林 **Shi Wen Ji** 詩文集 (Gedichte und Aufsätze), Beijing 1983.

Gu Wen Shang Shu 古文尚書 (Buch der Dokumente in alter Schrift, vgl. Shang Shu).

Guo Yu 國語 (Geschichte der Staaten), in: SBBY Band 44.

Han Fei Zi 韓非子 (Klassikerwerk des Han Fei Zi); Neue Ausgabe von Liang Qi-xiong, 2 Bände Beijing 1982, 2. Aufl. 1985; Han Fei Zi, Shanghai 1991. Engl. Übersetzung von W. K. Liao, Han Fei Tzu, The complete works. A classic of Chinese legalism, 2 Bände London 1939, ND. 1959; Han Fei, Die Kunst der Staatsführung. Die Schriften des Meisters Han Fei, übers. v. W. Mögling, Leipzig 1994. - Wang, Hsiao-po und L. S. Chang, The Philosophical Foundations of Han Fei's Political Theory, Honolulu 1986.

He Guan Zi 鶡冠子 (Klassikerwerk des He Guan Zi), in: SBBY Band 53.

Huai-nan Zi 淮南子 (Das Klassikerwerk aus Huai-nan, verfaßt von König Liu An 劉 安 von Huai-nan und seinen Gästen), in:

SBBY Band 54; neue Ausgabe Huai Nan Zi, Shanghai 1989. Huai-nan Tzu: Tao, The Great Luminant, übersetzt von E. Morgan, Shanghai 1934; übersetzt von Ch. Le Blanc, Huai-Nan-Tzu, Hongkong 1985. - H. D. Roth: The Textual History of Huai-Nan-Tzu, Ann Arbor 1992; Ch. Le Blanc, R. Mathieu (Hg.): Mythe et philosophie à l'aube de la Chine impériale. Etudes sur le Huainan Zi, Paris 1992.

Huang Kan 黃侃 **Shou Pi Bai Wen Shi San Jing** 手批 白文十三經 (Die Dreizehn Jing-Schriften mit eigener Hand redigiert), Shanghai 1983.

Hui Shi 惠施 Hui Shi. - Fragmente seiner logischen Schriften bei Zhuang Zi, Xun Zi und Han Fei Zi; Französische Übersetzung von I. Kou Pao-Koh: Deux sophistes chinois: Houei Che et Kong-Souen Long, Paris 1953. - R. Moritz, Hui Shih und die Entwicklung des philosophischen Denkens im alten China, Berlin 1973.

Kang, You-wei 康有爲, übersetzt von V. L. G. Thomson, London 1958. – Kao, Chung-ju, Le mouvement intellectuel en Chine et son rôle dans la révolution chinoise entre 1898 et 1937, Aix-en-Provence 1957.

Kong Zi 孔子(Konfuzius), s. u. Lun Yu. R. Wilhelm, Kungfutse: Schulgespräche (Gia Yu), hg. v. H. Wilhelm, Düsseldorf und Köln 1981, 2. Aufl. München 1997. – V. Zotz, Konfuzius. Mit Selbstzeugnissen und Bilddokumenten, Reinbek 2000; R. Willhelm, Kung-tse: Leben und Werk (Frommanns Klassiker der Philosophie, Band 25), 2. Aufl. Stuttgart 1950; H. Roetz, Konfuzius, München 1995, 2: Aufl. 2006; Wojciech, J. S., Die Geschichte der Aussprüche des Konfuzius, Bern 2006; R. P. Kramers, Konfuzius: Chinas entthronter Heiliger?, Bern 1979; J. Schickel (Hg.), Konfuzius. Materialien zu einer Jahrhundert-Debatte, Frankfurt a. M. 1976; H. G. Creel, Confucius and the Chinese Way, New York 1960; K. Louie, Critiques of Confucius in Contemporary China, Hongkong 1980; B. Staiger, Das Konfuzius-Bild im kommunistischen China, Wiesbaden 1969; Kong

Zi Wen Hua Da Dian 孔子文化大典 (Große Enzyklopädie des Kulturerbes Kong Zis - zu Ehren seines 2545. Geburtstages), Beijing 1994; Kong Zi 孔子 On the 2540th Anniversary of Confucius' Birth 551 B. C. (chinesisch-japanisch-englisch), Beijing und Kioto 1989; Kwong-loi Shun und D. B. Wong (Hg.), Confucian Ethics. A Comparative Study of Self, Autonomy, and Community, New York 2004; W. Lühmann, Konfuzius. Aufgeklärter Philosoph oder reaktionärer Moralapostel? Der Bruch in der Konfuzius-Rezeption der deutschen Philosophie des ausgehenden 18. und beginnenden 19. Jahrhunderts, Wiesbaden 2003; Neuere chinesische Konfuziusstudien in: www.confucius2000.com

Lao Zi 老子, Dao De Jing 道德經 (Lao Zi, Das Buch vom Dao und seinen Kräften), in: SBBY Band 53; chinesisch-englische Ausgabe von D. C. Lau, Lao-tzu: Tao Te Ching, Hongkong 1994 (nur engl. Übersetzung: New York 1963 und 1994); R. Wilhelm, Laotse: Tao te king. Das Buch vom Sinn und Leben, Düsseldorf und Köln 1976, 10. Aufl. München 1996; Laotse, Tao Te Ching, deutsch nach der Neubearbeitung von M. H. Kwok, M. Palmer und J. Ramsay, Berlin 1995; R. G. Henricks, Lao-Tzu. Te-Tao-Ching. A translation of the Ma-wang-tui Manuscripts, pre-dating other texts by five centuries, London 1989, auch New York 1993: L. Geldsetzer, Neue philosophische Übersetzung des Lao Zi Dao De Jing aus dem Chinesischen. In: Asiatische Philosophie. Indien und China, CD-ROM der Directmedia Publishing GmbH, Berlin 2003. - P. J. Opitz, Lao-tzu. Die Ordnungsspekulation im Tao-te-ching, München 1967; L. Geldsetzer, Dao als metaphysisches Prinzip bei Lao Zi in: Monumenta Serica, Journal of Oriental Studies 47, 1999, S. 237-254; A. K. L. Chan, Two Visions of the Way: A study of the Wang Pi and the Hoshang Kung commentaries on the Lao-Tzu, Albany, N.Y. 1991; R. Wilhelm, Lao Tse und der Taoismus, 2. Aufl. Stuttgart 1987; M. Kaltenmark, Lao Tzu and Taoism, aus dem Französ. von R. Greaves, Stanford 1969; F. C. Reiter, Lao-tzu zur Einführung, Hamburg 1994; P. Huang, Lao Zi: The Book and the Man, Helsinki 1996; V. Olles, Der Berg des Lao Zi in der Provinz Sichuan und die 24 Diözesen der daoistischen Religion, Wiesbaden 2005.

Li Ji 禮記 (Das Buch der Sitten), in: SBBY Band 1; Chinesisch-französisch-lateinische Ausgabe von S. Couvreur, Li Ki: Mémoires sur les bienséances et les cérémonies, 4 Bände, ND. Paris 1950; R. Wilhelm, Li Gi. Das Buch der Riten, Sitten und Gebräuche, Düsseldorf und Köln 1981, 3. Aufl. München 1997.

Lie Zi 列子 (Klassikerwerk des Lie Zi), in: SBBY Band 53; neue chines. Ausgabe Lie Zi Zhi Shi, Beijing 1979, auch Shanghai 1989; chines.-französ. Ausgabe mit Pin-yin Umschrift F. J. Tchang: Liezi, Paris 1993; R. Wilhelm: Liä Dsi. Das wahre Buch vom quellenden Urgrund. Die Lehren der Philosophen Liä Kou und Yang Dschu. aus dem chinesischen "Ch'ung hsü chen ching" übersetzt und erläutert, München 1967, Köln 1987, auch 1992; A. C. Graham: The Book of Lieh-tzu: A Classic of the Tao, neue Ausgabe London 1990.

Lu Xun 魯迅, **Quan Ji** 全集 (Gesammelte Werke von Lu Xun), Beijing 1973.

Lu Jiu-yuan 陸九淵 (= Xiang Shan 象山), Xiang Shan Quan Ji 象山全集 (Sämtliche Werke des Xiang Shan), in: SBBY Band 59, neue Ausgabe Beijing 1980.

Lun Yu 論語 (Gespräche des Kong Zi), in: SBBY Band 2; chines.-englische Ausgabe von D. C. Lau: The Analects (Lun Yu), 2. Aufl. Hongkong 1992; A. Waley, The Analects of Confucius, New York 1989; R. Wilhelm: Kungfutse, Gespräche (Lun Yü), Düsseldorf und Köln 1976, auch München 1994; Konfuzius, Gespräche, übers. V. R. Moritz, Stuttgart 1998; V. Contag, Konfuzius. Gespräche in der Morgenstille. Lehren des Meisters, ausgewählt und übertragen, 2. Aufl. Zürich 1986; Konfuzius, Von der klugen Entscheidung, übers. v. Th. Cleary, München 1996.

Meng Zi 孟子, in SBBY Band 2; Meng Zi Zheng Yi 孟子正義 (Kommentierte Ausgabe), 2 Bände, Beijing 1978; chinesisch-englische Ausgabe von J. Legge, Mencius, New York 1970; englische Übersetzung von C. D. Lau, Mencius, New York 1970, auch Hongkong 1984; W. A. Dobson, Mencius, London, Ontario 1993; R. Wilhelm, Mong Dsi: Die Lehrgespräche des Meisters Meng K'o, Düsseldorf und Köln 1982, auch München 1994. - J. Schumacher, Über den Begriff des Nützlichen bei Mengzi, Bern 1993; Xinsheng Liu und Ph. J. Ivanhoe (Hg.), Essays on the Moral Philosophy of Mengzi, Indianapolis 2002.

Mao Ze-dong 毛澤東: Five Essays on Philosophy, Beijing 1977; N. Knight (Hg.): Mao Zedong on Dialectical Materialism: Writings on Philosophy (1937), Armonk, N.Y. 1990.

Mo Zi 墨子 (Klassikerwerk des Mo Zi). Chinesische Ausgabe von Sun Yi-rang, 2 Bände, Beijing 1954, 2. Aufl. 1986, auch Shanghai 1991; engl. Übersetzung von Yi-pao Mei: Mo-tzu: The Ethical and Political Works, London 1929, ND. 1993; B. Watson, Mo Tzu, Basic Writings, New York 1963; Mo Ti: Von der Liebe des Himmels zu den Menschen, aus dem Chinesischen übersetzt von H. Schmidt-Glintzer, München 1992; G. Sjöholm, Readings in Mo Ti, Chapters 26-28 on the Will of Heaven, Lund 1982. - A. C. Graham, Later Mohist Logic, Ethics, and Science, London 1978.

Ou-yang Jian 歐陽建 **Yan Jin Yi Lun** 言盡意論 (Theorie vom vollständigen Ausdruck des Sinnes in der Sprache), in: Yan Ke-jun (s. d.), Quan Shang Gu San Dai Qin Han San Guo Liu Chao Wen), Band 2, Beijing 1985.

Qian Han Shu 前漢書 (Schriften der Vor-Hanzeit), in: SBBY Band 16.

Shang Shu 尚書 (Das Buch der Dokumente, bzw. Das Buch der Geschichte = Shu Jing), in: SBBY Band 5, s. u. Shu Jing.

Shao Yong 邵 雍 **Huang Ji Jing Shi** 皇級經世 (Die Welt des Absoluten), vgl. L. Geldsetzer, H.-d. Hong: Chinesisch-deutsches Lexikon der Klassiker und Schulen der chinesischen Philosophie, Aalen 1991, Art. 61, S. 104-105; A. D. Birdwhistell: Transition to Neo-confucianism. Shao Yong on Knowledge and Symbols of Reality, Stanford 1989.

Shi Ji 史記 (Geschichtsaufzeichnungen des Si-ma Qian, s.d.), in: SBBY Band 15.

Shi Jing 詩經 (Das Buch der Lieder), in: Shi San Jing Zhu Shu (s. o.), Nr. 3; neue kommentierte Ausgabe, Taipei 1988; chines.-engl. Ausgabe von B. Karlgren: The book of Odes, Stockholm 1950; V. v. Strauß: Shi-King. Das kanonische Liederbuch der Chinesen, Darmstadt 1969; H. Köste: Das Liederbuch der Chinesen: Guofeng, Frankfurt a.M. 1990. - C. H. Wang: The Bell and the Drum. Shih Ching as formulaic poetry in oral tradition, Berkeley 1974; H.-J. Röllicke: Die Fährte des Herzens: Die Lehre vom Herzensbestreben (zhi) im Großen Vorwort zum Shijing, Berlin 1992.

Shu Jing 書經 (Das Buch der Dokumente bzw. Das Buch der Geschichte = Shang Shu), in SBBY Band 5; Chines.-französ.-lateinische Ausgabe von E. Couvreur, ND. Paris 1950; chines.-engl. von J. Legge: The Chinese Classics, Band 3, ND. Hongkong 1960 und 1985; engl. Ausgabe von W. G. Old: The Shu King or the Chinese Historical Classic, being an authentic record of the religion, philosophy, customs, and government of the Chinese from the earliest times, 1904, ND. 1991.

Shuo Wen Jie Zi 說文解字 Erklärung der Siegelschrift-Zeichen (Etymologisches Schriftzeichen-Lexikon) von Xu Shen 許慎 aus der Han-Zeit, Neuausgabe Hongkong 1972, Shanghai 1981, Taipei 1983, Beijing 1990.

Si-ma Qian 司馬遷**, Shi Ji** 史記 (Si-ma Qian, Geschichtsaufzeichnungen), in: SBBY Band 15; neue Ausgabe Si-ma Tan und Si-ma Qian: Shi Ji, 10 Bände, Beijing 1989; chinesisch-englische Ausgabe Shi Ji Xuan, Records of the Historian, 2 Bände, Taipei o. J; englische Ausgabe von B. Watson: Records of the Grand Historian of China, 2 Bände, New York und London 1961. - St. W. Durrant: The Claudy Mirror: Tension and Conflict in the Writings of Sima Qian, Albany, N.Y. 1995.

Si Shu Ji Zhu 四書集註 (Gesammelte Kommentare zu den Vier Büchern, scl. zu den frühen konfuzianischen Jing-Schriften), in: SBBY Band 2.

Song Yuan Xue An 宋元學案 (Florilegium der Song- und Yuan-Lehren), in: SBBY Band 61.

Sun Zi 孫子 (Klassikerwerk des Sun Zi), in: SBBY Band 52; chinesisch-englische Ausgabe von L. Giles: Sun Zi Bing Fa 孫子兵法. Sun Tzu on the Art of War. The oldest military treatise in the world, Shanghai 1910, ND. Taipei 1971; deutsche Ausgabe. von Kl. Leibnitz: Sun Tzu: Über die Kriegs-Kunst, Karlsruhe 1989; Sun Tsu, Wahrhaft siegt, wer nicht kämpft, übers. v. Th. Cleary, 3. Aufl. Freiburg i. Br. 1993; Sun Zi, Die Kunst des Krieges, übers. v. J. Clavell, München 1999; - D. G. Krause: Die Kunst des Krieges für Führungskräfte. Sun Tzu's alte Weisheiten - aufbereitet für die heutige Geschäftswelt, Wien 1996.

Tan Si-tong 譚嗣同, **Wen Xuan Zhu** 文選注 (Ausgewählte Kommentare), Beijing 1981.

Tai Ji Tu Shuo 太極圖說 (Kommentar zum Ur-Ideen-Diagramm), in: Zhong Guo Zhe Xue Shi Jiao Xue Ci Liao Xuan Ji (s.o.), Band 2, S. 3-5; Thai-Kih-Thu: Des Tscheu-tsi Tafel des Urprinzips mit Tschuhis Commentaren nach dem Hoh-pih-sing-li übersetzt von G. von der Gabelentz, 1876; E. Schwarz, Dschou Dun-i: Erläuterungen zur graphischen Darstellung des Ur-Endlichen, in: E. Schwarz, Der Ruf der Phönixflöte, Band 1, S. 347-349; engl. übersetzt in: Chan, Wing-tsit: A Source Book in Chinese Philosophy, 4. Aufl. 1973, S. 463-465. Vgl. L. Geldsetzer, H.-d. Hong, Chinesisch-deutsches Lexikon der chinesischen philosophischen Klassikerwerke, Aalen 1995, Art. 67, S. 97.

Wang Bi 王弼 **Lao Zi Zhu** 老子注 (Kommentar zu Lao Zi); engl. Übersetzung von A. Rump: Wang Pi. Commentary on the Lao Tzu, Honolulu 1979; P. J. Lin: A Translation of Lao Tzu's „Tao Te Ching" and Wang Pi's „Commentary", Ann Arbor 1977, auch 1992; Wang Bi Ji Jiao Shi (Korrekturen und Erklärungen zum Werk des Wang Bi), 2 Bände, Beijing 1980; Tang, Yong-tong: Wang Bi's New Interpretation of the I Ching and Lun Yü, engl. von W. Liebenthal, in: Harvard Journal of Asian Studies, Band 10 (S. 124-161), 1947. - R. G. Wagner: Philologie, Philosophie und Politik in der Zhengshi Ära. (240-249). Die Laozi-Schriften des Philosophen Wang Bi (Habil.-Schr.) 3. Bde, Berlin 1977; H. L. Goodman: Exegetes and exegesis of the Book of Changes in the third century AD: Historical and Scholastical Contexts for Wang Bi (Diss. Princeton 1985), Ann Arbor 1987; M. I. Bergeron: Wang Bi. Philosophe du non-avoir, Taipei 1986.

Wang Fu-zhi 王夫之 **Zhou Yi Wai Zhuan** 周易外傳 (Exoterische Erklärungen zum Buch der Wandlungen aus der Zhou-Zeit), Beijing 1962. - A. H. Black: Man and Nature in the Philosophical Thought of Wang Fu-chih, Seattle 1989; I. P. Kamenarowic: Propos d'un ermite (Qianfu Lun), eingeleitet und übersetzt, Paris 1992; R. Holzer: Das Ch'ien-fu lun des Wang Fu. Aufsätze und Betrachtungen eines Weltflüchtigen, Heidelberg 1992.

Wang Yang-ming 王陽明 (= **Wang Shou-ren** 王守仁) s. u. Yang Ming.

Xiang Shan Quan Ji 象山全集 (Sämtliche Werke von Xiang Shan = Lu Jiu-yuan 陸九淵), in: SBBY Band 59, neue Ausgabe Beijing 1980.

Xiao Jing 孝經 (Das Buch der kindlichen Ehrfurcht), in: Shi San Jing Zhu Shu (s. o.), Nr. 11.

Xun Can 荀粲 (über das Thema: Yan Bu Jin Yi "Die Sprache kann den Sinn nicht vollkommen ausdrücken"), in: **San Guo Shi** 三國史 (Geschichte der Drei Reiche), in: SBBY Band 18.

Xun Zi 荀子, in: SBBY Band 52; deutsche Übersetzung von H. Köster: Hsün-tzu, Kaldenkirchen 1967; H. H. Dubs: Hsün-tzu. The works, translated from the Chinese, London 1928, ND. 1977; J. Knoblock: Xunzi: A Translation and Study of the Complete Works, 3 Bände, Stanford 1988-1994; B. Watson, Hsün-tzu. Basic Writings, New York 1963. - H. H. Dubs, Hsuntze, the Moulder of Ancient Confucianism, London 1927, ND. 1966; A. S. Cua, Ethical Argumentation: A Study in Hsün Tzu's Moral Epistemology, Honolulu 1985; Edw. J. Machle, Nature and Heaven in the Xunzi. A Study of the 'Tian Lun' (天倫), Albany, N.Y.

1993; P. R. Goldin, Rituals of the Way. The Philosophy of Xunzi, La Salle 2004.

Yan Ke-jun 嚴可均**, Quan Shang Gu San Dai Qin Han San Guo Liu Chao Wen** 全上古三代秦漢三國六朝文 Schriften der Vorzeit, der Drei Dynastien, der Qin, Han und der Drei Reiche sowie der Sechs Dynastien), Beijing 1985.

Yang Ming Quan Shu 陽明全書 (Sämtliche Schriften von Wang Yang-ming bzw. Wang Shou-ren s. d.), in: SBBY Band 59. The Philosophy of Wang Yang-ming, übers. von F. G. Henke, London / Chicago 1916; Instructions for Practical Living and other Neo-confucian Writings of Wang Yang-ming, übers. von Wing-tsit Chan, New York 1963. - C. Chang, Wang Yang-ming. The Idealist Philosopher of the sixteenth century China, New York 1962; A. S. Cua, The Unity of Knowledge and Action. A study in Wang Yang-ming's moral psychology, Honolulu 1982; Ph. J. Ivanhoe: Ethics in the Confucian Tradition: the Thought of Mencius and Wang Yang-ming, Atlanta 1990; D. S. Nivison (Hg.), A Concordance to Wang Yang-ming: 'Chu'an Hsi Lu' and 'Ta Hsüeh Wen', Taipei 1979.

Yi Jing 易經 (Das Buch der Wandlungen, vgl. auch Zhou Yi). R. Wilhelm: I Ging, Text und Materialien, 19. Aufl. München 1994; The taoist I Ching, translated by Th. Cleary, Boston 1986; D. Hertzer, Das Mawangdui-Yijing. Text und Deutung, München 1996; D. Hertzer, Das alte und das neue Yijing, München 1996; Yi Ying, übers. v. Gia-fu Feng, München 1991; Yi Ying, übers. V. Th. Cleary, Zürich 1995; Yi Ying, übers. v. F. Fiedeler, München 1996. Lateinisch von J. Mohl, Y King, 2 Bände, Stuttgart und Tübingen 1839. - H. Wilhelm, Die Wandlung. Acht Essays zum I Ging, Frankfurt a. M. 1985; R. L. Wing, Das Arbeitsbuch zu I-ging, 7. Aufl. München 1990.

Zhang Zai 長載**, Zhang Zi Quan Shu** 張子全書(Sämtliche Schriften des Zhang Zi), in: SBBY Band 56; neu hg. von Shen Zi-shang, ND. Beijing 1985; Zhang Zai, Zheng Meng 正蒙 (Klarstellung von Dunkelheiten), in: SBBY Band 56; Chang Tsai:

Rechtes Auflichten. Berichtigung falscher Vorstellungen der Jugend oder Richtiges Verständnis unklarer Stellen in den Klassikern, übers. mit Einführung, Kommentar, Literaturhinweisen und Indices von M. Friedrich, M. Lackner und F. Reimann, Hamburg 1989, 2. Aufl. 1996.

Zhong Hua Da Zang Jing 中華大藏經 (Große chinesische Klassikerwerke des Buddhismus), bisher 100 Bände (von ca. 200 vorgesehenen), Beijing 1984 ff.

Zhong Yong 中庸 (Mitte und Maß, aus dem Buch der Sitten), in: SBBY Band 1, chines.-engl. Ausgabe in J. Legge, The Chinese Classics Band 1; lateinisch von P. Intorcetta, Goa 1676; französisch von A. Rémusat, Paris 1817; deutsch von R. von Plaenckner, Confucius, Tchong-yong, Leipzig 1878; auch in R. Wilhelm, Li Gi. Das Buch der Sitten (s. o. Li Ji).

Zhou Dun-yi 周敦頤, **Tong Shu** 通書 ("Buch zum Eindringen" scl. in das Buch der Wandlungen), in SBBY Band 56.

Zhou Yi 周易 (Das Buch der Wandlungen aus der Zhou-Zeit), in: SBBY Band 1; neue Ausgabe von Huang Kan, Zhou Yi Zhu Shu, Shanghai 1990; Gao Heng, Zhou Yi Gu Jing Jin Zhu (Neuer Kommentar zum alten Zhou Yi, Beijing 1987 (s. auch Yi Jing); französisch von L. F. Philastre, Tsheou Yi, 2 Bände, Paris 1885-1893, ND. 1975. - Edw. L. Shaughnessy: The Composition of the 'Zhouyi', Diss. Stanford 1983, Ann Arbor 1989.

Zhu Zi 朱子 **(= Zhu Xi** 朱熹**), Si Shu Zhang Ju Ji Zhu** 四書章句集註 (Gesammelte Kommentare zu den Sätzen der Vier Klassiker, scl. der frühen konfuzianischen Jing-Schriften); **Zhu Wen Gong Wen Ji** 朱文公文集 (Des gelehrten Herrn Zhu Schriften), 8 Bände, Beijing 1986; **Zhu Zi Yu Lei** 朱子語類 (Gespräche von Zhu Xi), 2 Bände Beijing 1986; engl. Auswahlübersetzung von D. K. Gardner, Chu Hsi: Learning to be a Sage, Berkeley 1990; Reflections on Things at Hand. The Neo-Confucian Anthology, compiled by Chu Hsi and Lü Tsu ch'ien. Translated by Wing Tsit-chan, New York 1967. - J. P. Bruce: Chu Hsi and his Masters. An Introduction to Chu Hsi and the Song School of

Chinese Philosophy, London 1923, ND. 1973; W. Ommerborn: Geistesgeschichtliche Forschung in der VR. China. Die gegenwärtige Bewertung des Zhu Xi (1130-1200) und seiner Konzeption von Li und Qi (Sozialwiss. Studien, 39), Bochum 1987; Shimada, Kenji: Die neo-konfuzianische Philosophie. Die Schulrichtungen Chu Hsis und Wang Yang-mings. Aus dem Japan. übers. von M. Übelhör (Marburger Studien zur Afrika- und Asienkunde, 9), 2. Aufl. Berlin 1987; Chan, Wing-tsit (Hg.): Chu Hsi and neo-confucianism, Honolulu 1986; D. K. Gardner: Chu Hsi and the Ta-hsueh: Neo-confucian reflection on the confucian canon, Cambridge, Mass. 1986; W. Ommerborn, Zhu Xis Rezeption der renzheng-Theorie (Politik der Menschlichkeit) des Menzius und ihre phil. Grundlagen, in: Arch. f. Begriffsgeschichte 48, 2006.

Zhuang Zi 莊子 , in: SBBY Band 53; Dschuang Dsi: Das wahre Buch vom südlichen Blütenland. Aus dem chinesischen "Nanhua cheng-jing" übersetzt und erläutert von R. Wilhelm, eingel. v. S. Schumacher, neue Aufl. Düsseldorf 1977; Wandering on the Way: Early Taoist Tales and Parables of Chuang Tzu, übers. von V. Mair, New York 1994; Chuang-tzu, The Complete Works, übers. von B. Watson, New York 1968, 2. Augl. 1971; Chuang-tzu, Taoist Philosopher and Chinese Mystic, übers. von H. A. Giles, 2. Aufl. London 1926, ND. 1980; Chuang Tzu, The Inner Chapters, translated by A. C. Graham, London 1981; Zhuang Zi, Die Welt, hgg. v. K. Albert und Hua Xue, Dettelsbach 1996. - Chang, Tsung-tung, Metaphysik, Erkenntnis und praktische Philosophie im Chuang-Tzu: Zur Neuinterpretation und systematischen Darstellung der klassischen chinesischen Philosophie, Frankfurt a. M. 1982; Wu, Kuan-ming, Chuang Tzu: World Philosopher at Play, Atlanta 1989; A. C. Graham, Disputers of the Tao: Philosophical Argument in Ancient China, La Salle 1989; Chad Hansen, A Daoist Theory of Chinese Thought: A Philosophical Interpretation, New York 1992; P. Kjellberg, Ph. J. Ivanhoe (Hg.), Essays on Skepticism, Relativism, and Ethics in the Zhuangzi, Albany 1996.

Zuo Zhuan Zhu Shu 左專註疏 (Kommentar des Zuo, scl. zu den Frühlings- und Herbstannalen), in: SBBY Band 5. - E. D. H. Fraser, Index to the Tso Chuan, London 1930, ND. 1966.

6. Weiterführende Literatur

Adelmann, F. J. (Hg.): Contemporary Chinese Philosophy, Den Haag 1982.

Ames, R. T.: The Art of Rulership. A Study in Ancient Chinese Political Thought, Honolulu 1983.

Angle, St. C.: Human Rights in Chinese Thought. A Cross-Cultural Inquiry, New York 2002.

Allinson, R. E. (Hg.): Understanding the Chinese Mind. The Philosophical Roots, Oxford 1989, neue Ausgabe 1991.

Assmann, J.: Das kulturelle Gedächtnis. Schrift, Erinnerung und politische Identität in frühen Hochkulturen, München 1992.

Bauer, W.: Das Antlitz Chinas. Die autobiographische Selbstdarstellung in der chinesischen Literatur von ihren Anfängen bis heute, München 1989.

Bauer, W.: China und die Hoffnung auf Glück, München 1971, auch 1974.

Bauer, W.: Chinas Vergangenheit als Traum und Vorbild, Stuttgart 1968.

Birrell, A.: Chinese Mythology. An introduction, Baltimore 1993.

Bishop, D. H. (Hg.): Chinese Thought. An Introduction, Delhi 1985.

Bodde, D.: Chinese Thought, Society, and Science, Honolulu 1991.

Chang, K. C.: Art, Myth, and Ritual. The Path to Authority in Ancient China, Cambridge, Mass. und London 1983.

Chen, K. K. S.: Buddhism in China: A Historical Survey, Princeton 1974.

Cheng, A.: Etude sur le confucianisme Han: L'élaboration d'une tradition exégétique sur les classiques, Paris 1985.

310   *Bibliographie*

Ching, J., W. G. Oxtoby: Discovering China. European Interpretations in the Enlightenment (Library of the history of ideas, Band 7), Rochester, N. Y. 1992.

Dal Pra, M. (Hg.): Storia della filosofia, Band II: La filosofia cinese e dell' Asia orientale, Mailand 1977.

Davis, M. C. (Hg.): Human Rights and Chinese Values: Legal, Philosophical, and Political Perspectives, Oxford 1995.

Day, Cl. B.: The Philosophers of China, Classical and Contemporary, New York 1962, ND. 1978.

de Bary, W. Th. (Hg.): The Buddhist Tradition in India, China, and Japan, New York 1979.

de Bary, W. Th.: Learning for One's Self. Essays on the Individual in Neo-confucian Thought, New York 1991.

DeFrancis, J.: The Chinese Language. Facts and Fantasy, Honolulu 1984.

de Groot, J. J. M.: The Religious System of China: Its ancient forms, evolution, history and present aspect, manners, customs and social institutions connected therewith, 6 Bände, Leiden 1892-1910, ND. 1989.

de Groot, J. J. M.: Universismus. Die Grundlagen der Religion und Ethik, des Staatswesens und der Wissenschaften Chinas, Berlin 1918.

Denny, F. und **R. L. Taylor** (Hg.): The Holy Book in Comparative Perspective, Columbia 1985.

Dumoulin, H.: Zen Buddhism: A History, Band I: India and China, New York 1994.

Eitel, E. J.: Feng Shui oder die Rudimente der Naturwissenschaft in China, aus dem Engl. übers. von P. Hübner, Waldeck-Dehringhausen 1982.

Elberfeld, R., M. Leibold und **M. Obert**: Denkansätze zur buddhistischen Philosophie in China: Seng Zhao – Jizang – Fazang zwischen Übersetzung und Interpretation, Köln 2000.

Eno, R.: The Confucian Creation of Heaven, New York 1990.

Fang, Th. H.: Chinese Philosophy. Its Spirit and its Development, Taipei 1981.

Feng, You-lan: The Spirit of Chinese Philosophy, aus dem Chinesischen übersetzt von E. R. Hugues, London 1947.

Fiedeler, F.: Yin und Yang. Das kosmische Grundmuster in den Kulturformen Chinas, 2. Aufl. Köln 1995.

Friedrich, M.: Hsüan-hsüeh. Studien zur spekulativen Richtung in der Geistesgeschichte der Wei-Chin-Zeit (3.-4. Jh), Diss. München 1984.

Galt, H. S.: A History of Chinese Educational Institutions, London 1951.

Gassmann, R. H.: Cheng ming, Richtigstellung der Bezeichnungen: Zu den Quellen eines Philosophems im antiken China. Ein Beitrag zur Konfuzianismusforschung, Bern 1988.

Geiger, H.: Philosophische Ästhetik im China des 20. Jahrhunderts. Ihre Stellung zwischen Tradition und Moderne, Bern 1987.

Geldsetzer, L.: Die Rolle der Klassiker im Verständnis östlicher und westlicher Kulturen, in: Chinese and Western Philosophy and Culture, Band 2, Beijing 1993, S. 12-24.

Geldsetzer, L.: Über abendländische Verständnisgrundlagen des buddhistischen Denkens, in: Zhong Guo Zhu Yi Xue (Chinesische Hermeneutik-Studien) 3, Jinnan/ Shandong 2006, S. 1-27.

Geldsetzer, L.: Abendländisches Recht und chinesische Sitte im Vergleich. Ein Beitrag zur transkulturellen Philosophie, in: Rechtsdenken: Schnittpunkte West und Ost, hgg. v. H. Holz u. K. Wegmann, Münster 2005, S. 37-77.

Geldsetzer, L.: Eurocentrism, Sinocentrism, and Categories of a Comparative Philosophy, in: K.-H. Pohl (Hg.), Chinese Thought in a Global Context. A Dialogue Between Chinese and Western Philosophical Approaches, Leiden 1999, S. 287-303.

Girardot, M.: Myth and Meaning in Early Taoism, Berkeley und London 1983.

Goody, J. u. a. (Hg.): Entstehung und Folgen der Schriftkultur, Frankfurt a. M. 1986.

Graham, A. C.: Later Mohist Logic, Ethics, and Science, Hongkong / London 1978.

Graham, A. C.: Disputers of the Tao: Philosophical Argument in Ancient China, La Salle 1989.

Granet, M.: Das chinesische Denken. Inhalt, Form und Charakter, aus dem Französischen übersetzt und eingeleitet von M. Porkert, München 1963, 5. Aufl. Frankfurt a. M. 2000.

Hansen, Ch.: Language and Logic in ancient China, Ann Arbor 1983.

Hansen, Ch.: Ancient Chinese Theories of Language, in: Journal of Chinese Philosophy, Band 2 (S. 245-283), 1975.

Hansen, Ch.: Chinese Ideographs and Western Ideas, in: The Journal of Asian Studies, Nr. 2 (S. 373-399), 1993.

Haas, W. S.: Östliches und westliches Denken. Eine Kulturmorphologie, Hamburg 1967.

Henderson, J. B.: Scripture, Canon, and Commentary. A Comparison of Confucian und Western Exegesis, Princeton 1991.

Henderson, J. B.: The Development and Decline of Chinese Cosmology, New York 1984.

Holz, H. H.: China im Kulturvergleich. Ein Beitrag zur philosophischen Komparatistik, Köln 1994.

Hong, Han-ding: Der Geist der chinesischen Philosophie und das Schicksal der chinesischen Philosophen. In: R. Dodel, E. Seidel und L. Steindler (Hg.): Ideengeschichte und Wissenschaftsphilosophie. Festschr. f. L. Geldsetzer, Köln 1997, S. 107-113.

Hua, A.: Chinesia. The European Construction of China in the Literature of the 17th and 18th Century, Tübingen 1997.

Ikeda, Daisaku: Der chinesische Buddhismus, aus dem Englischen von H. Triendl, München 1987.

Ivanhoe, Ph. J.: Confucian Moral Selfcultivation, Bern / New York 1993.

Jullien, F.: Procès ou création: stratégies du sens en Chine, en Grèce, Paris 1995.

Krieger, S., R. Trauzettel (Hg.): Konfuzianismus und die Modernisierung Chinas, Mainz 1990.

Lang, H.: Die chinesische Sprache und das „sprachliche Relativitätsprinzip", Diss. Frankfurt a. M. 1981.

Larre, Cl. und **E. Rochat ˋde la Valée**: Les mouvements du coeur: Psychologie des Chinois, Paris 1992.

Lenk, H.: Logik, Cheng-ming und Interpretationskonstrukte, in: Zeitschrift für philosophische Forschung, Band 45, 1991, S. 391-399.

Lenk, H. und **Gr. Paul** (Hg.): Epistemological Issues in Classical Chinese Philosophy, Albany, N.Y. 1993.

Li, Ze-hou: Der Weg des Schönen. Wesen und Geschichte der chinesischen Kultur und Ästhetik. Aus dem Chines. übersetzt im Seminar für Sinologie der Universität Tübingen, hg. v. K.-H. Pohl und G. Wacker, Freiburg 1992.

Lindquist, C.: Eine Welt aus Zeichen. Über die Chinesen und ihre Schrift, aus dem Schwedischen von L. Schneider, München 1990.

Liu, J. J. Y.: Chinese Theories of Literature, Chicago und London 1975.

Loewe, M.: Chinese Ideas of Life and Death: Faith, Myth, and Reason in the Han Period (202 BC - AD 220), London 1982, ND. 1994.

Louie, K.: Inheriting Tradition: Interpretations of the Classical Philosophers in Communist China, 1949-1966, Hongkong / New York 1986.

Mair, V. H.: The Language of Chinese Thought, in: Philosophy East and West, Band 41 (S. 373-386), 1991.

Makeham, J.: Name and Actuality in Early Chinese Thought, Albany, N.Y. 1994.

Malek, R.: Das Tao des Himmels. Die religiöse Tradition Chinas, Freiburg 1996.

Meissner, W.: China zwischen nationalem 'Sonderweg' und universaler Modernisierung. Zur Rezeption westlichen Denkens in China, München 1994.

Möller, H.-G.: Die Bedeutung der Sprache in der frühen chinesischen Philosophie, Diss. Bonn (Berichte aus der Literaturwissenschaft), Aachen 1994.

Moore, Ch. A. (Hg.): The Chinese Mind. Essentials of Chinese Philosophy and Culture, Honolulu 1967, auch 1986.

Moritz, R.: Die Philosophie im alten China, Berlin 1990.

Mou, Bo (Hg.): Two Roads to Wisdom? Chinese and Analytic Philosóphical Traditions, Chicago 2001.

Mou, Bo (Hg.): Comparative Approaches to Chinese Philosophy, Burlington 2003.

Munro, D. J.: The Concept of Man in Early China, Stanford 1969.

Nakamura, Hajime: Ways of Thinking of Eastern People, hg. v. Ph. P. Wiener, Honolulu 1968.

Nakayama, Shigeru: Academic and Scientific Traditions in China, Japan, and the West, Tokio 1984.

Needham, J.: Science and Civilisation in China, 6 Abteilungen in 14 Bänden, Cambridge 1954-1988 (Vol. I: Introductory Orientations, Cambridge 1954, ND. 1961, mit Bibliographie S. 249-298; Vol. II: History of Scientific Thought, Cambridge 1956, mit Bibliographie S. 590-653, enthalten philosophiegeschichtliches Material). Needham, J.: The Shorter Science and Civilisation in China: An Abridgment, Band 1, hgg. v. C. A. Ronan, Cambridge 1978.

Opitz, P.-J.: Chinesisches Altertum und konfuzianische Klassik, München 1968.

Paul, Gr.: Die Aktualität der klassischen chinesischen Philosophie. Rationalitätskonzepte im frühen Konfuzianismus, im Neo-Mohismus und im Legalismus, München 1987.

Paul, Gr.: Asien und Europa - Philosophien im Vergleich, Frankfurt a. M. 1984.

Pfister, L. (Hg.): Hermeneutical Thinking in Chinese Philosophy, Oxford 2007.

Raphals, L.: Knowing Words. Wisdom and cunning in the classical traditions of China and Greece, Ithaca 1992.

Reding, J.-P: Les fondements philosophiques de la rhétorique chez les sophistes grecs et chez les sophistes chinois, Bern 1985.

Reding, J.-P.: L'utilisation philosophique de la métaphore en Grèce et an Chine. Vers une métaphorologie comparée, 1997.

Reding, J.-P. :L'origine de la philosophie en Grèce et en Chine, 2006

Röllicke, H.-J.: „Selbst-Erweisung". Der Ursprung des ziran-Gedankens in der chinesischen Philosophie des 4. und 3. Jhs v. Chr., Frankfurt a. M. 1996.

Roetz, H.: Mensch und Natur im alten China. Zum Subjekt-Objektgegensatz in der klassischen chinesischen Philosophie, Zugleich eine Kritik des Klichees vom chinesischen Universismus, Frankfurt a. M. 1984.

Roetz, H.: Die chinesische Ethik der Achsenzeit. Eine Rekonstruktion unter dem Aspekt des Durchbruchs zu postkonventionellem Denken, Frankfurt a. M. 1992.

Schmidt-Glintzer, ·H.: Geschichte der chinesischen Literatur, Cambridge, Mass. 1985, auch Bern 1990.

Schmidt-Glintzer, H. (Hg.): Lebenswelt und Weltanschauung im frühneuzeitlichen China, Stuttgart 1990.

Schmidt-Glintzer, H.: China. Vielvölkerreich und Einheitsstaat. Von den Anfängen bis heute, München 1997.

Schwartz, B.: The World of Thought in Ancient China, Cambridge, Mass. 1985.

Shimada, Kenji: Die neo-konfuzianische Philosophie, aus dem Japanischen übersetzt von M. Übelhör, Hamburg 1979.

Sivin, N.: Medicine, Philosophy, and Religion in Ancient China: researches and reflections, Aldershot 1995.

Smith, R. J.: Fortune-tellers and Philosophers: Divination in traditional Chinese society, Boulder 1991.

Smith, R. J. und **D. W. Y. Kwok** (Hg.): Cosmology, Ontology, and Human Efficacy: Essays in Chinese thought, Honolulu 1993.

Staiger, Br. (Hg.): Länderbericht China. Geschichte – Politik – Wirtschaft – Gesellschaft – Kultur, Darmstadt 2000.

Tomala, K.: Das chinesische Selbstverständnis und die Frage der Menschenrechte, Warschau 1993.

Trauzettel, R.: Zum Problem der chinesischen Ontologie unter dem Aspekt der Sprache, in: Zeitschrift der morgenländischen Gesellschaft, Band 119 (S. 270-277), 1970.

Unger, U.: Einführung in das klassische Chinesisch, 2 Bde, 2. Aufl. Wiesbaden 2004.

van Zoeren, St.: Poetry and Personality. Reading, exegesis, and hermeneutics in traditional China, Stanford 1991.

Waley, A.: Three Ways of Thought in Ancient China, London 1939.

Wang, Fang-yü: Introduction to Chinese Cursive Script, New Haven 1958.

Widmaier, R.: Die Rolle der chinesischen Schrift in Leibniz' Zeichentheorie (Studia Leibnitiana, Suppl. 24), Wiesbaden 1983.

Widmaier, R. (Hg.): G. W. Leibniz. Der Briefwechsel mit den Jesuiten in China (1689-1714), Hamburg 2006.

Wright, A. F. (Hg.): Confucianism and Chinese Civilisation, New York 1974.

Wu, J. S.: Chinese Language and Chinese Thought, in: Philosophy East and West, Band 19, 1967.

Wu, L. C.: Fundamentals of Chinese Philosophy, Lanham 1986.

Zürcher, E.: The Buddhist Conquest of China: The Spread and Adaption of Buddhism in Early Medieval China, 2 Bände, Leiden 1959, ND. 1972.

Namenregister

Sachregister

為己之學